阅读成就梦想……

Read to Achieve

THE DEATH OF CORPORATE REPUTATION

How Integrity Has Been Destroyed on Wall Street

声誉至死

重构华尔街的金融信用体系

［美］乔纳森·梅西（Jonathan R. Macey）◎著

汤光华◎译

中国人民大学出版社
·北京·

耶鲁大学法学院教授乔纳森·梅西在本书中新锐、大胆、深刻地分析了声誉与监管之间的关系。梅西教授以其独特的方式，运用娴熟的经济学、金融学及政治学知识，借助周密的制度及法律分析方法，描述出美国金融体系发生的一系列深刻变化，而监管者、市场参与者及大众都忽视了这些变化，且正在自食其果。本书对于所有关心金融体系生死存亡的人，所有依赖这一体系运转的人来说，都是不可或缺的读物。

罗纳德·丹尼尔斯（Ronald Daniels）
约翰·霍普金斯大学校长，曾任宾夕法尼亚大学教务长和多伦多大学法学院院长

本书坦率而又令人叹服地论述了困扰我们的所谓公司民主的若干问题。依据本书总结出的教训，我们能够精巧地重构更强大的规则，要求公司董事、律师事务所、投资银行及其他商业组织代表股东而不是代表他们自己工作，并应根据股东财富获得报酬。声誉是一个重要的主题，金融领域中的公司都应该关心这一问题。

卡尔·伊坎（Carl Icahn）
美国历史上最成功的投资家之一

在本书中，乔纳森·梅西以一种类似编年史的方式描述了道德及正直是如何从对个人及经济发展都相当重要的时期逐步走向死亡的整个过程。梅西运用精心挑选出的、耀眼的历史真实个案，描绘出一个崭新的时代。在这个时代里，监管（还有其他）的力量错误地取代了构成个人及公司行为支柱的、传统的激励机制。金融学的学生及资本市场的参与者们都会从这本令人激动、引人入胜的书中受益良多。

大卫·斯文森（David Swensen）
耶鲁大学首席投资官

本书以特色鲜明、直言不讳、令人信服的方式探讨现代金融市场中声誉的失败根源，并认为这一失败源自法律制定者、监管者、检察官、律师及会计师。公司行为系统的变化不会完全受外部施加的力量影响，它必定源自内部。在这一开创性的工作中，梅西教授以其精准的眼光、不容置疑的逻辑以及非凡的睿智，阐述了现代金融规则如何毁坏并废除了针对公司不法行为最有效的解毒剂——内部创建、维护及强化正面组织声誉的动力。对于所有关心资本与金融市场健康及福祉的人们，这是一本必读之书。

哈维·皮特（Harvey Pitt）
Kalorama 咨询公司 CEO，
2001 年 ~2003 年任美国证券交易委员会第 26 任主席

本书是一本革命性的书籍。它将深刻的分析与生动的叙述结合起来，探索传统声誉理论的死亡，其焦点集中于华尔街银行的衰落，以及其支持网络即会计师事务所、律师事务所、信用评级机构以及监管机构的功能紊乱。耶鲁大学法学院教授乔纳森·梅西，曾经是一位传统声誉资本理论的重要拥护者，这次一反其先前一些著作的观点，其坦率与精湛让人耳目一新。在这本著作中，梅西教授系统地对曾支持那套理论的假设逐一进行深刻剖析，认为在现代金融市场及其监管机构高度复杂的条件下，传统理论更值得高度怀疑。可以说，一场有关声誉理论的新讨论已经开始。梅西教授作为这场讨论的引领者，带着这本涵盖面广、引人入胜的书，以其非常令人叹服的观点出现在人们面前。

弗兰克·帕特诺伊教授（Prof. Frank Partnoy）
圣迭戈大学法学与金融学的乔治·E·巴雷特教授，
《泥鸽靶》、《传染性贪婪》及《火柴大王》的作者我写这本书的主要目的是描述声誉曾经对营造高信任环境所起的作用，这种高信任环境对整个资本市场的成功运行，对所有公司的融资交易都至关重要。本书也试图解释是什么导致那么多金融行业的公司失去了培育及维护其正直声誉的兴趣。依据传统理论，公司金融交易和资本市场是高度依赖公司及其他机构在培育所谓的声誉资本方面的能力。对于本书所关注的行业，如信用评级机构、律师事务所、投资银行、证券交易所以及会计师事务所，声誉资本一直都是这些商业组织在市场及交易关系中建立信任的主要机制。

我将在这本书中论证，市场对声誉的需求已经出现坍塌，至少这种现象发生在像美国这类监管严格的国家，因为这些国家越来越依赖监管，而不是依靠声誉来保护市场参与者免遭欺诈及其他形式的权力滥用。过去的情形是，与资本市场相关的各类公司或行业组织培育及维护组织声誉，这绝对是它们成长及持续成功的法宝。我在此要说的是，至少在美国，这种情形几乎不复存在了。

在华尔街，公司声誉的重要性远不及过去那么重要，其原因有以下三点。

首先，信息技术的发展已经降低人们查找他人信息的成本。反过来，这会使得参与金融市场的个体——律师、投资银行家、会计师、分析师及监管者——将其精力更多地集中在发展个人的声誉，而不是发展他们为之工作的公司的声誉，且这种做法被认为是值得的。

其次，至少在监管者和市场参与者看来，法律和监管在发挥着替代声誉资本的作用。如今，特别是自证券法颁布以来，市场参与者在做出投资决策，决定是否与某一特定对手从事交易时，开始越来越多地依赖法律的保护，这大大减少了对声誉提供的惬意的偏好。在我看来，当前的金融危机以一个现实的实例证明，在确保合同有效执行、财产权利得到应有尊重的问题上，监管根本替代不了声誉。

最后，整个世界特别是金融世界变得愈加复杂，就连火箭科学家也在设计复杂的金融工具，这些人已经取代那些单纯的、高声誉的实践家，后者属于"老派金融"帮。

从现实中，我们应该可以预见，金融服务行业的公司相对于其他监管不那么严格的行业公司，其拥有的声誉更弱。另外，在像美国这样金融服务业有着系统的、无处不在的法律体系及监管体系的国家里，金融企业不会有更强的激励动因来投资培育及维护其自身声誉。本书将要讨论的证据与本书提出的假设相一致。

在每一章中，我提供的故事会围绕一个单一主题来谈论其重要的变化。这个主题就是一个简单经济学模型的兴起与衰落。在这个模型里，处于第 0 期的公司或企业发现在声誉资本上做投资是理性的（有利可图）。然而，在进行到第 1 期时，这些公司或企业发现这样做不再理性，于是停止投资。为了在商业竞争中获胜，公司或企业会先在人力资本上做投资，接下来要求他们不惜花费成本，承诺诚实行事，赢得信任。再后来，这些公司或企业在声誉资本方面的投资开始衰减，其结果是，在这些公司所运营的行业部门里，诚实度和可信度都呈现大幅度衰落趋势。在我看来，安然公司的倒塌及麦道夫的东窗事发就是声誉衰落理论的最好阐释。这种声誉衰落理论即为本书的核心。

我把传统的声誉经济学模型作为历史的基准线。其内容很直白，即公司或企业发现声誉有利可图，便理性地投入资金来建立诚实、正直的声誉，这样做可使公司或企业收取更高的价格，以便在后期获得超额的回报。该理论认为，将资源用来建立强大的声誉，能使已开发出此类声誉的企业向那些同样诚实、可信赖的客户或交易对手作出值得信任的承诺，于是，在彼此之间形成良好的商业伙伴关系。

这一声誉模型假定，公司或企业开始其商业生命时是不拥有任何声誉的。声誉的匮乏是相当严重且关乎成败的一件事，在某些商业领域尤其如此。当一家企业提供的产品或服务能在短期零成本的情况下得到准确评价时，声誉的重要性微不足道。人们愿意在一个报摊或便利店购买有厂家品牌、包装好的糖果，或一份报纸，因为业主的声誉（或本身就缺乏）对理性的购买者来说基本不重要。婴儿棒棒糖或《华尔街日报》在任何一个报摊都是同样的价格，同样的质量。

相比之下，我所感兴趣的行业——投资银行、资本市场、会计师事务所、律师行、信用评级机构，等等——需投入大量的人力资本才能提供其产品或服务。实际上，在这些经济部门，人力资本是参与者实际拥有的最为重要的资产。从事这类商业活动所必需的实物资产很少。在这些行业，声誉在经营中发挥着非常重要的作用。

在商务活动中，客户要花费大量的时间来观察这类企业的人力资本质量。然而，在我看来，这种分析即使在历史上是准确的，在今天也已完全过时了，因为历史分析不再能够描述今日世界。尤其是，尽管曾经出现过因声誉丧失使相关企业遭受致命打击的例子，比如会计师事务所中的安达信，律师事务所中的文森艾尔斯，信用评级业中的穆迪（这些企业看起来都是因为在安然丑闻中没有精心保护好自身声誉）。我在此要论证的是，这已不再成立。不管这类企业过去是如何依靠声誉来吸引和维持其业务的，这些企业现已不再将维护声誉作为生存的法宝。相反，监管部门经常地，或直接或间接地要求发行证券的企业继续保留各式各样的华尔街服务提供商，如外部审计师、信用评级机构、投资银行和律师事务所。在监管的驱使下形成了对这些服务提供商的服务需求，这些服务提供商不需要维护其声誉就可以吸引到业务。在这种情况下，声誉不再是一项理性投资。

THE DEATH

OF CORPORATE REPUTATION

第 1 章

建立声誉昂贵，毁掉声誉容易

金融市场中传统的声誉理论描述的是声誉的旧经济模型，即以简单的成本—收益分析法的角度来看，金融企业不应该从事欺骗或不诚实的商业行为。而且，在金融市场中，除非理性的个体相信他们的钱财有安全保障，否则他们不会投资，而这样的信任只有通过政府的监管或良好的声誉才得以培育。

　　但金融公司不能像制造与消费品行业的公司一样通过质量保证和其他担保方法来培育良好声誉。因为它们的产品可以以多种复杂、难以理解的方式出现价值的损失或下跌。这种产品上的差异使得Facebook的首席承销商摩根·士丹利公司坚持认为，Facebook尽管在IPO过程中有拙劣的行为，但依然能够继续成功地经营。这突显了传统声誉理论的死亡。

在商业世界，特别是在金融领域，培养出一个"好"的声誉历来被视为成功的关键所在。经济学家提出了简洁明了、高度有用、极其伟大的声誉理论来解释良好的声誉对公司成功，特别是对金融行业，如保险公司及银行的成功至关重要的原因。本书的核心就是要解释为什么这一理论在当今华尔街的运行方式下已经失去作用。

在商业世界，特别是在金融领域，培养出一个"好"的声誉历来被视为成功的关键所在。经济学家提出了简洁漂亮、高度有用、极其伟大的声誉理论来解释良好的声誉对公司成功，特别是对金融行业，如保险公司及银行的成功至关重要的原因。

这个旧理论很简单：企业在声誉上做投资，客户与这样的企业做生意。理性的客户喜欢与声誉好的公司做生意，因为对客户来说，诚实、正直的优秀声誉可充当一种契约，或可信赖的承诺，保证其生意不会以不诚实或不道德的方式来进行。这一理论的原理是，声誉破灭容易，但建立起来却困难且昂贵。于是，一家拥有良好声誉的公司为了短期的、一次性的利益而不惜采用不诚信或不道德的方式来对待哪怕是一位不起眼的客户，也是不理性的，因为这样做，所得利益不可避免地会小于因公司声誉受损或遭破坏给公司带来的长期成本。换句话说，根据传统的声誉经济学理论，简单的成本—收益分析可预计公司在声誉上做投资是因为这样做能使公司吸引到客户，客户会在与拥有良好声誉的公司做生意时支付一个溢价。

由于信任在金融交易中特别重要，声誉模型过去总是被认为特别适用于投资银行、大型律师事务所、信用评级机构、各大会计师事务所，以及其他从事金融市场业务的企业。究其原因，对公司特别是对金融公司来说，骗人是异乎寻常地容易：金钱相对于其他种类的资产，很容易盗取和藏匿；金钱也很易互换，这一美元看起来与另一美元没有差异，并且如果采用电子化方式，可以即刻转移到海外。除了金钱以外，证券也许是仅次于金钱的很容易被盗取的资产。证券可以很容易地转化成现金，也能通过电子化手段转移出去，甚至常常是匿名的。

人们给保险公司支付保费，把钱存入银行或经纪交易商的账户上，他们很清楚，他们托付的这些公司是极容易窃取他们钱财的。一个人可轻易盗取小额钱财，又不会被发现。而且银行可以通过很多的方式来做这种事，它们可以藏匿费用，滞纳罚款，操纵外汇汇率，或是在服务或交易的佣金上做手脚。

伯纳德·麦道夫投资诈骗案以及其他著名的庞氏骗局证明，欺诈成性的银行家和不诚信的职业投资人带着骗来的大量钱财侥幸逃脱很长时间，这不是不可能的，尽管不可能永远逃脱。他们不断地从新的受害者那里骗取钱财，然后只盗取这些人的"一部分"钱财，其余的用来支付第一批入场的人，通过变戏法让第一批投资者误认为他们的钱已经投下去了，这样的骗术被称为"庞氏骗局"。只要隐藏在骗术后面的人能够吸引到新的投资者进场，只要管理好，保证前面有足够的投资者不要求提取投资收益，这个骗术就可以玩下去。历史教训告诉我们，骗子有可能让这个庞氏骗局持续运转，直到纸牌屋坍塌为止。

问题是，人们很难区别这个行业中的好人与坏人。他们穿着一样，长相也相近，同样地宣称他们计划用你的钱做大事，宣称他们是值得信赖的。区分好人与坏人的难度非常大，对这个两难问题，经济学家给出的定义叫"逆向选择"（adverse selection）。企业界和政府部门必须找到一种方法来解决这一问题，否则，强劲有力的经济增长将变得不可能。如果人们对其财富的安全保障缺乏信心，他们就会拒绝投资。

没有了投资，经济增长就会失去动力。可人们都不想失去他们所拥有的财富。如果周围有很多的骗子，人们只得将钱财带在身上才会感到安心，除非人们将钱财托付给他们信任的人，这个人能保证其钱财安全，不会遭受窃取。

> 增强人们投资安全信心的途径只有两种，其中一种是利用政府监管。

增强人们投资安全信心的途径只有两种，其中一种是利用政府监管。这种方式可以直接起作用。政府颁布法律，规定盗取钱财行为非法，并严格执法，人们的投资信心就会被提升。政府监管也可通过保护私人合同、提升消费者信心来实现，让消费者相信产品保证或类似的承诺会得到执行。政府监管还会有利于公司或民众提升其参与私人签约的能力，这意味着，当人们购买了金融资产，比如保险或证券时，政府会利用其拥有的国家权力来帮助人们强制执行已作出的承诺。

不管监管是独自行动，还是与私人部门联合行动，都不可能做到十全十美，这背后有很多原因。事实上，政府监管往往起不到很好的作用，有时候它似乎就根本没有发挥作用。这就是需要声誉在资本市场发挥关键作用的原因所在。

鉴于金融领域中监管的存在，投资声誉的主要目的就是确保投资者对他们将来不会遭受欺诈拥有一定的信心。如同监管有着昂贵的成本，开发并维持诚实的声誉也很昂贵。并且，维护诚实的成本比维护不诚实的成本更高。如果不是这样，那么，人人都会始终以诚相待了。

"声誉树立起来要花费好几年，但毁掉它只需几秒钟"，这一经常被很多人提及的谚语依旧成立。例如，美国心理学会在其网站劝告新晋的心理学家："树立良好的职业声誉要花几年的时间，但毁掉它只要几秒钟……一个大的错误就会极大地损害你的声誉，导致机会的丧失，要恢复别人对你的信任是很困难的。"

> 声誉树立起来要花费好几年，但毁掉它只需几秒钟。

监管与声誉的另一个相同特点是，两者谁都不是十全十美的。美国经济史教会人们的一个重要教训就是：在实践中，不管是监管还是声誉，都没有发挥出如理论所假想的那么好的作用。

当然，有效的监管让欺诈变成非法行为，制定的相关法律会让违法者受到处罚。由此，金融骗子们就会想，如果行骗就会被抓，就会受到严厉惩罚，他们至少能有所收敛。反之，投资者也会想，金融骗子会被抓，他们将会更愿意投资。

从这个意义上讲，监管帮助了所有受监管约束的企业。比如，对共同基金业的严格监管对所有的共同基金都有利，因为如果投资人看到适用的监管措施会保护他们，他们就会有信心，也就更有可能投资共同基金。

声誉的作用方式稍有不同，它不会作用于整个行业。监管会影响行业中的所有公司，但声誉是在某个时间由某家公司建立起来的（或曾经建立起来的）。

声誉理论假定声誉就像建筑物一样，需长期建造，缓慢且昂贵。有一种说法认为，公司通过从事一些提供昂贵保证或担保的活动，严谨地维系所作出的承诺，就会建立起良好的声誉。如公司提供"无理由退款的保证"，为制造商做担保，即使他们没有义务这样做。依据传统的声誉理论，为树立及维护其声誉而努力的企业在遇到客户抱怨的时候，会主动放弃费用收取，哪怕法律并没要求它们这样做。

然而，追求利润最大化的企业只有在投资获益的条件下，才可以相信它们会在声誉上进行有成本的投资。如果投资声誉的成本大于投资收益，投资声誉就会造成亏损，完全诚实的人若再继续坚持投资声誉，那他将被驱逐出商界。

换句话说，建立声誉是一项投资。声誉是一种有价值的投资品，人们愿意与诚实、值得信任、声誉良好企业做生意。从商业的角度来看，声誉是一种"可置信的承诺"，它能给客户和交易方传递十分强烈的信息，使他们对企业从事的商务活动更有信心。

> 只要从欺骗中获得的利润小于因欺诈而带来的声誉损害所造成的损失，拥有可靠声誉的企业就会控制自己不进行欺诈。

研究声誉的经济学家早就认识到，纵使生意场上讲究良好的声誉，但靠哄骗、误导消费者也是可以赚到钱的。思考这个问题有两种方式。首先，声誉理论假定，拥有优良声誉的公司极少有可能会欺诈客户、投机钻营、玩弄诡计，因为他们这样做会损失更大；拥有少许或根本没有（或坏）声誉的企业骗了人也损失极小，甚至没有损失。只要从欺骗中获得的利润小于因欺诈而带来的声誉损害所造成的损失，拥有可靠声誉的企业就会控制自己不进行欺诈。

以下是监管和声誉共同发挥作用的一种方式。政府制裁行骗者的行动有着弥补和鼓励企业投资声誉的潜在作用，因为当政府成功起诉（并且政府控告）一家公司欺诈时，该公司的声誉就会受损。对于那些从事欺诈的企业，政府行为的公众效用极大地增加了他们的声誉成本，这样，政府监管就弥补了企业在声誉上的投资。

其次声誉理论假定，除非公司从投资诚实和值得信任的声誉中获得的收益大于其成本，否则企业不会为此做出投资。通过公开强制实施反欺诈的规章制度，政府监管可以增加声誉投资的收益。同样，政府监管也可以减少声誉投资的收益。例如，如果企业认为政府可通过错误或不公正地控告来诋毁其声誉，企业就不大可能把投资声誉放在首要位置。正因如此，像美国证券交易委员会（the U. S. Securities and Exchange Commission, SEC，以下简称美国证监会）的金融监管者们有时会不遗余力地保守调查机密，直到他们认为有充足的证据，才会宣布他们正在依据法律对某家金融企业实施法律诉讼。在其网站，美国证监会承认其自身行为会给所监管的公司声誉带来威胁：

> 通常美国证监会的调查是秘密进行的，以保护证据和声誉……如果美国证监会发现这些受调查的公司或个人并没有干坏事，这种秘密的过程……就会保护他们的声誉。因此，美国证监会通常不会肯定或否定调查

的存在，直到调查变成一项公开记录的事情为止。

另一方面，美国证监会在提起诉讼时不会置公开报道于不顾。媒体会公开报道美国证监会是否确实在进行诉讼，或只是宣布已经达成某种和解协议，或正在寻找对和解协议的司法批准。正如美国证监会所说："当我们提请法院介入，或进入行政程序，调查才公之于众，在我们的网站上会公布关于公开强制执行措施的信息。"

不幸的是，像美国证监会这样的政府监管机构有时会有过早的行动，提前宣布诉讼案件。有时，监管者这样做是为了维护自己的权威声誉。有时，监管者和其他人认为很多企业正在从事不良行为。他们从公众或国会监督者那里感受到相当大的压力，要对实际存在的或感觉存在的问题有所行动，于是他们便对无辜的市场参与者采用法律诉讼（称之为"强制执行措施"），以通过抓一两家"典型"的企业来制止坏事的发生。

美国证监会的官员之所以常常看起来就像一群热衷于抛头露面的人，是因为他们本来就是这种人。美国证监会的业绩主要是靠其执法部门的表现来评估的。美国证监会在其网页上写着："首先，美国证监会是一个法律执行机构。"正如经济社会学家威廉·毕林（William Bealing）的评述，美国证监会执法部门所从事的活动就是"赋予这个委员会以存在的合法性，使国会拨付的联邦预算有了正当理由"。政治学家们也已经观察到，美国证监会的执法议程被设计成符合负责美国证监会资金的相关国会议员的利益。

美国证监会通过聚焦于可测量的指标来使国会、学术界及新闻界的监督者们感到满意，尤其是美国证监会集中于两个指标：（1）它提起诉讼的案件总数；（2）它收缴的罚款总额。在某一特定时间内，它提起诉讼的案件数越多，它收缴的罚款额越大，美国证监会执法部门的人员就被认为业绩越好。这样的现象已经持续很久，但该问题却因为美国证监会面临的一次政治挑战而变得更加糟糕。这次挑战的发起者是大名鼎鼎的机会主义者、州首席检察长艾略特·斯皮策（Eliot Spitzer）。这位前纽约州首席检察长因反对华尔街而声名大噪，并被选为纽约州州长，但却因涉嫌卷入一起高级妓女的色情事件而被迫辞职。

更糟的是，监管者有时专挑行业中最弱的企业。它们这样做不仅是因为最弱的企业面对强大的政府是最没能力为自己辩护的，还因为对这样的企业采取行动能产生最大的效果。政府想把美国银行或高盛公司这样的庞然大物驱逐出界那是很难的。这样的企业拥有太大的政治保护网和太多的资源，以至于政府不得不三思而后行。但政府要驱逐一些较小的企业或新进入者，则易如反掌。

也许，小企业被挑选出来的最重要原因是所谓的"旋转门"。小企业不会像大公司那样雇用那么多的人。很多政府律师想的更多的就是从低报酬、低社会地位的政府岗位跳槽到大公司，如德意志银行或花旗银行这些私营部门（前政府官员现在占据这些大企业的重要法律岗位）。起诉自己可能的雇主，对于将来想要获得一份好的工作，无疑不是明智之举。

换句话说，虽然声誉总的来说仍然重要，但要将它运用于现实世界时，总会出现一些市场失效的情况——经济学家在他们的理论中称之为重要的小瑕疵（major dlitches）。

> 在金融领域，人们对声誉的需求比在制造业，甚至比在技术领域都要大得多。

传统理论有一点看起来依然是成立的，那就是在金融领域，人们对声誉的需求比在制造业，甚至比在技术领域都要大得多。这是对的，理由有几方面。第一，正如本章一开始提到的，金融交易比其他种类的交易更容易敲诈客户。在金融世界，买者付出金钱，换取瞬息万变的金融资产；卖者让渡金融资产，换取现金。他们必须相信金融中介是代表他们来完成相关交易的。不怀好意的金融机构有很多方式来欺骗客户，其手法不胜枚举，在此列举其中一些。

- 客户通常会给经纪商发出以"市场价"购买股票的指令。这时，法律上授予客户获得的是此时市场上最适当的价位，法律上还要求经纪商收取的加价或佣金应是合理的。不幸的是，这些为客户执行市场指令的经纪商很难被监督，且经常发生的情形是，经纪商会从其库存中，而不是到市场中去购买股票，以此来满足客户的指令需求。并且，经纪商从一位客户手中买入股票是为了卖给另外一位客户，理所当然地，这中间就会存在利益冲突。
- 另一个问题称之为"抢先交易"。如果股票经纪商收到一个购买量相当大的指令，股票价格会在巨大买入指令的驱动下上涨，股票经纪商可以在执行客户的买入指令之前先输入自己的买入指令，从中渔利。这导致的问题是抢先交易会驱使股票价格上涨，这当然不利于那位想要买入股票的客户。

- 抢先交易也会发生在客户卖出股票的时候。手段卑劣的股票经纪商在执行客户卖出指令之前卖出股票，在价格下跌前出局。这当然也会损害客户的利益，因为股票价格通常会在股票经纪商卖出时下跌，这使得客户只能在一个更低的价位卖出。如果没有经纪商先前的卖出，客户的成交价本可以高一些的。

- 问题还可以发生在客户咨询股票经纪商投资建议时。在为客户提供买入股票的建议时，股票经纪商受利益诱惑会建议客户买入其库存的股票，特别是在经纪商很难卖出股票的情况下，或担心手中股票的价格将会下跌时。

- 股票经纪商的工作以佣金为基础，所以，他们有动机卖出能为他们带来更高佣金的股票，而不是对客户最好的股票。

- 股票经纪商为投资银行工作时，会尽力承揽公司客户的承销业务。最常见的承销方式是，当一家投资银行如摩根·士丹利或高盛，从一家正在发行股票的公司买入股票，再把这些股票卖给公众。投资银行为了从这些客户中承揽到承销业务，就要向这些潜在的公司客户展示他们在高价位交易过很多这样的股票。这会诱导投资银行激励其股票经纪人兜售那些受其优待的公司股票，或预期会成为其客户的公司股票，而不是为客户寻找最好的投资目标。

- 客户把钱存入经纪商的账户里。这些钱理应是用来购买股票的。对于经纪商来说，盗用其中的一部分（或全部），并告诉顾客钱在短线交易中亏掉了，这并不困难。

- 股票经纪商可同时买入和卖出相同的股票。然后，如果股票价格下跌，他们可宣称自己手中持有这一股票，其实已经卖出了。如果股票价格上升，他们也宣称自己手中已拥有这一股票，其实自己才买入。而其他股票则进入到客户的账户。

- 最流行的一种方式是，股票经纪商采用在证券行业熟知的"过度交易"客户账户的方式滥用客户账户。为了获取交易佣金，而不是为客户带来利润，股票经纪商在客户账户上短期频繁交易，于是过度交易就发生了。在交易频率异乎寻常地高的情况下，识别股票经纪商是否在进行过度交易并非难事。但有时，这不怎么容易看得出来。还有更糟糕的情况，一些缺乏经验的客户可能一时察觉不了这种事正发生在他们身上，待到发现时却为时已晚。

- 另外一个常见的问题是让客户买卖不合适的股票。正如一位原告代理律师在其网站所言："经纪人中有一种相当流行的滥用客户账户的方式，那就是经纪人直接欺骗客户，或提供半真半假的信息诱骗客户购买或出售（特定）股票……常见的误导内容及省略的重要信息包括：（1）告知客户某家公司'前景炙手可热'，实际上却濒临破产；（2）暗示经纪人掌握公司计划中的或有前景的内幕消息（'我知道这只股票在公司宣布新合同后股价会翻番'）；（3）把某一投资描述成安全的、保险的、有保证或有政府支持的，其实并没有；（4）经纪人或经纪公司推荐股票，但不告诉客户他们正从发行人或其他人那里接收秘密的酬金。"

金融企业容易欺诈或直接盗取客户钱财的理由之一是：股票、债券和其他证券产品不同于常见产品，当其价格下跌时，通常很难或不可能告诉你这是否与欺诈有关。如果一台冰箱或一台汽车爆裂了，原因经常会归结为两方面：制造缺陷或客户没有恰当地使用产品。要将这两者区分开来并不难，特别是在像机械师或修理工这些专家的眼里。相比之下，有很多造成股票价格下跌，甚至成为一文不值的废品的原因。

譬如，金融资产可以因为一些与特定公司或证券完全无关的原因而出现价格下跌。如当金融市场整体下跌时，按定义，单个证券资产，如股票和债券，也会随之下跌。但当某一只股票价格下跌而市场整体上涨时，造成个股价格下跌的可能并不是欺诈。可能是公司在产品生产过程中有瑕疵，可能是在专利或其他知识产权上有问题，也可能是新产品被其他公司仿造出来，对手在竞争中胜出，超越了公司产品，从而带来公司股价大幅下跌，甚至可能纯粹是消费者偏好发生了改变。

在金融市场上骗人比在其他市场更容易的另一个重要的原因是，证券完全没有担保。公司出售股票和债券，投资银行为这些发行证券的公司承销证券，他们都没有保证产品可信的能力，没有在合同中捆绑产品高质量的承诺。来看看生产新汽车或冰箱的厂家吧。我们知道，对于大多数人来说，要识别这些制造品的价值也是很难的，除非他们真正开始使用这些产品。还有就是，制造商有财务动机去想方设法削减制造成本、降低质量从而控制费用。但是，产品质量高但缺乏声誉的制造商也有方法让自己与其他竞争者区分开来。

例如，2009 年韩国的汽车制造商起亚公司宣布，为每一台在欧洲出售的新起亚车提供 7 年、15 万公里的整车质保保证，此方案适用于所有出售和登记的汽车，开始执行日期是 2010 年 1 月 1 日。正如正受欧洲热捧的且有影响力的网络观察人士吉兹麦格（Gizmag）所言："这无疑是汽车厂家有史以来提供的里程最长的整车质保保证，这一举动可能产生很大的影响。"

吉兹麦格充分理解，起亚新提供的这份保证与起亚努力要进入欧洲汽车市场，和已经建立声誉的现有厂家展开竞争有着密切的关系。这些现有的品牌厂家收取的价格比起亚高出很多，但很显然，他们不愿意在财务上以相同的方式为其质量提供支持。因而，公众也许最终会了解新价格没有反映质量，质量是可以度量的，并且质量声誉与现实严重不符的情况。

换句话说，起亚通过提供一个长期的、极其慷慨的保证来弥补自己在市场上缺乏声誉的劣势。这个保证几乎没有例外或排除条款，甚至还可以转让给后续的所有者。

正如吉兹麦格所写的："我们希望新的保证成为汽车市场上一股破坏性力量，因为它将给其他汽车制造厂家带来巨大压力，使其保证产品质量并提供类似的工作质量担保。"

其他汽车公司曾经同样提供过慷慨的保证。15 年前，克莱斯勒公司颠覆了行业的做法，提供一个 5 年、5 万英里[①]的保修单。但克莱斯勒车配不上这份保修单，公司在旧车型上为维持这份保修承诺花费了巨资，因为这些旧车型的故障率出乎意料的高。虽然竞争对手被迫跟进克莱斯勒的保证，但这些公司包括克莱斯勒公司在内都迅速地回归到曾实行的为期 12 个月、1.2 万英里的保修保证，这更准确地反映了那个时期的产品质量。

---

① 1 英里 =1.609344 公里。——编者注

保修承诺同声誉一样，对产品质量起着信号作用。如果产品质量没有达到产品保证书或公司声誉作出的承诺，那么，提供声誉和保证的公司最终损害的将是公司的最痛之处——公司的钱袋子。随着产品质量的提高，公司可以低成本提供更好的售后保证，因为，高质量产品不会像劣质产品那样经常出故障。

证券行业的企业则不能像汽车制造商那样提供保证。保证书如同某些形式的保险，只是按概率法则工作。制造商会算出，在产品生命期的某个时点，会有多少比例的产品将不能正常工作，需要修理。当然，制造商比消费者拥有更多的有关其产品可靠性及寿命的信息。如果制造商能在很长时期提供可靠的、耐用的产品，他们就能培育出质量声誉。另一种可选择的方式是，通过研究与开发，制造商不断地改进其产品质量，通过产品检验，制造商可测试产品质量及可靠性有了哪些提高。因此，制造商变得可信赖。虽然对消费者作出承诺需要付出成本，但提供更慷慨的保证，如起亚公司那样，也使公司制造出更好的产品。这也给行业中的其他公司带来压力，使他们不得不提供类似的保证，或解释清楚为什么他们不能或不愿提供。

> 尽管保证能起到弥补和强化声誉在增强客户对产品质量信心方面的作用，但对金融产品，比如股票、债券和金融衍生品，同样的做法并不能发挥作用。

因此，尽管保证能起到弥补并强化声誉在增强客户对产品质量信心方面的作用，但对金融产品，比如股票、债券和金融衍生品，同样的做法并不能发挥作用。因为这类产品在一个重要方面存在着重大差异：对汽车和冰箱这类产品缺陷的担心可通过制造商提供的保证而减轻，但对股票和债券之类金融产品遭受欺诈或其他不轨行径的担心则不能通过发行人的保证而得以减缓。

像起亚这样的制造商会生产出成千上万件产品，生产出来后可以用统计学的方法估算问题产品的出现比例。厂家也有办法降低生产总量中问题产品的发生率，这样，就能通过提升声誉，并通过提供比竞争对手条件更优、成本更低的保修保证来促进销售。但这一动态过程对于金融产品不起作用。当证券发行人雇用一家投资银行销售其证券时，所销售的证券与出售的制造品在很多方面是不同的。可能几十台冰箱都工作得很好，唯独这一台出问题，而证券不会一只只地出问题，发行人不能只在某一只证券上实施欺诈。如果发行人濒临破产，公司发行在外的所有证券都同时面临着价格的下跌。所有股票持有人都可能会血本无归，像债券持有人等债权人的财产通常也会所剩无几。

也就是说，证券市场有着特殊的问题。它很容易骗人。有时，人们很难发现自己什么时候已经上当受骗了。社交媒体巨头 Facebook 公司在 2012 年春季的 IPO 就是一个很好的案例，恰好说明在金融市场里区别出无心之过与欺诈是很困难的，这个案例也很好地说明了在金融世界保证是没有用的。

Facebook 的 IPO 欺诈

Facebook 公司股票的发行价确定在每股 38 美元。这个价格也是作为主承销商的摩根·士丹利和其他与本次交易相关的 32 家承销商能够在 Facebook 本次 IPO 出售时购买总价 160 亿美元股票的价格。那些被挑选出来的幸运儿（都是受到优待的机构和大客户）能够以这个价格买到本次 IPO 发行的股票。发行上市后，Facebook 的股票立刻上涨到每股 42.05 美元。

仅仅在 IPO 后的第四天，Facebook 公司及其投资银行承销商就面临着欺诈起诉。而这还只是开始，该公司 IPO 之后的一个月里就发生了几十宗诉讼案。这些案件的原告主要指控的是 Facebook 公司及其众多高管、董事在他们提供给美国证监会及分发给投资人的正式文件上撒谎。像 Facebook 这样的公司要进行 IPO，需向美国证监会提交表 S-1/A 的申请书（特定"表格"），提交包含公司财务状况重要信息的招股说明书，以及所谓的"MD&A"，即管理层对公司当前经营状况及未来前景的讨论与分析。

在这些各式各样的诉讼案里，主要的控告是指责与 Facebook IPO 相关的申请书和招股说明书存在虚假与误导，因为这家公司及其管理层以及承销商没有将 Facebook IPO 时正经历的收入增长明显放缓的信息告诉投资者，收益增长放缓的原因在于越来越多的用户通过移动设备而不是通过传统的个人电脑来使用 Facebook 应用软件（APP）或访问 Facebook 网站。此外，控告还怀疑这家公司把这一重要的负面信息提供给了几家最大的承销商，提示它们应该降低对 2012 年公司业绩的预估，但这一信息直到很久以后，也就是 IPO 后所有股票被初始投资人在盈利状况下卖出之后才传达到普通大众。有控告称，Facebook 公司的一位财务高管将公司内部针对公司盈利估计所做出向下调整的信息泄露给了某承销商，于是，这些承销商将他们分得的股票配额卖给那些不知情的客户和社会公众股东。

不用说，还有很多的地方让投资者很不开心。可以说，Facebook 的 IPO 是一场灾难，甚至在维基百科上有了自己专门的条目！该条目告诉读者，IPO 之后，Facebook 股价在不到一个月的时间内下跌了四分之一，三个月后跌到不及 IPO 价格的一半。对于那些当初为 Facebook 兴奋不已、之后又难掩悲伤的投资者来说，看一眼 Facebook 的股价走势图（如图1—1），看一看 IPO 结束后浮光掠过之后的景象，就知道这是一个怎样的故事。

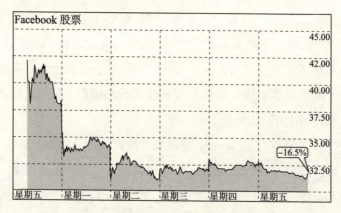

图 1—1　Facebook 股价走势图

私人投资者不是 IPO 后对 Facebook 气愤不已的唯一群体。Facebook 的 IPO 对监管者来说也是一个大污点。作为最大的、也必定是历史上最受公众关注的证券交易之一，Facebook 的 IPO 并没有让监管者脸上有光，而是令人相当尴尬，脸色难堪。因为有很多大的、精明的投资人远离 Facebook 的 IPO，而那些不精明、财力中等的公众投资者在 Facebook 上市后随即买入大量的股票，其买入比例明显高于通常情况下这些投资人在新股上市之初买入的比例。平常，像 Facebook 这类"热门公司"的 IPO 股票只会让挑选出来的一群大客户和内部人士接触到。这一点就说明了为什么绝大多数精明的观察家会认为整个 IPO 过程就是一场"骗人的游戏"。

正如一位博主在风险格斗网站（VentureBeat website）上的留言："这是个被设计成从蠢人手中取钱，再送到银行家和强势公司手中的游戏。如果人们对'华尔街是骗人的游戏'这种说法还感到怀疑的话，Facebook 的 IPO 应该把这个怀疑一扫而光。"另一位人士在一篇博文上写道："绝大多数 IPO 是骗人的游戏。每出现一次谷歌（自 IPO 以来上涨了 8 倍）的例子，就会出现几次像 Facebook 和高朋（Groupon）的例子，"这位人士继续写道："个人理财博客瞄准的就是普通大众。"紧随其后，另一篇文章的作者这样评论：

> 对那些从承销 IPO 中赚取数以百万计承销费的承销公司来说，IPO 是再好不过的生意。且对持有向公众发行股份的创业者、初始投资人及风险投资公司来说，通常也是一件大好事。在死亡前一刻进场的是那些个人投资者，他们以承销商做出来的价格买入公司股票，还希望股价立即飙升或持续攀升。

这些愤怒的博主表现出的洞察力有着坚实的经济学理论基础。早在 25 年前，在当时最著名的财经报纸上，芝加哥教授凯文·洛克（Kevin Rock）曾作出这样的解释："美国的 IPO 市场染上了一种瘟疫，那就是众所周知的'赢家的诅咒'（'Winner's Curse'），这意味着所谓的'赢家'——那些在 IPO 出售股票时兴高采烈买到股票的投资者——是真正的输家，他们成功买到的股票通常都会下跌，是因为大的、有影响力的投资者有机会接触到有关股票发行的内幕消息，这些人不仅能够规避将来成为'输家'的 IPO，还可借助 IPO 利用私密通道使自己有可能成为赢家。"这意味着，实际投资大众有能力获得的股票只会使自己成为输家。因此，依据洛克教授的观点，为了让股票能卖得出去，新发行的证券必须要定低价，并且实际来看，也是如此。这一定价策略使一些人在 IPO 时成为大赢家，同样也使一些人成为大输家。大赢家大多是些内部人，而大输家则是"外部人"，也就是说，输家是一群没有足够财富为银行家及投资顾问支付数百万美元费用的普通投资者。

因此，一点儿也不奇怪，监管者要面对汹涌而来的诉讼案。美国证监会、美国金融管理局（the Financial Industry Regulator Authority，FINRA）以及像马萨诸塞州官员威廉·高尔文（William Galvin）这类官员对原告提出的有关摩根·士丹利及其他参与 Facebook 发行的承销商向一些客户泄露消息的指控并进行调查。

随之而来的问题是，律师和监管者发起的这些集体诉讼会对金融公司的行为产生什么样的影响（如果真有影响的话）。我们将在本书第 3 章对这个问题进行详细讨论。可以肯定的是人们不再像从前那样对吃官司感到尴尬难为情了。这只是做生意的一项成本，而且，诉讼中鱼龙混杂，里面存在太多不值得称道的案件，从而使得打官司这件事并没有向金融业传递出一种强烈的负面信号，看不出打官司所带来的成本。这些公司和个人向来都是被起诉的对象。加之，所有的诉讼几乎都以和解告终。结果诉讼案是了结了，但没有银行或投资银行承认（或否认）有罪或承担责任。于是，公众也永远不会知道法官或陪审团是否做出了这些机构有罪的判决。总之，不论是由私人还是由像美国证监会这样的政府部门提起的诉讼，都不能得到让人信服的结果，证明被告有错。

有趣的是，不管承销之后公司股票价格（或实际上公司本身）发生了什么变化，承销商都会有大把钞票进账，这是 IPO 最令人恼怒的地方之一。即使上市公司走向破产，承销商也仍然保有它在承销时获得的数百万美元报酬。更奇怪的是，作为提供 IPO 承销服务的投资银行，不管所承销的股票的价格是走高还是走低，在 IPO 发行之后立即会得到这笔钱。事实上，在股票价格走高时，承销商赚到的钱比股票价格走低时更多。这是因为在这种情况下，承销商照例会从公司买入比初始承销时更多的股票，然后卖出获利。对于它们卖出的这部分额外股票，承销商通常会与发行人签订一个协议，授予承销商从发行人那里直接购买这部分额外股票的期权（也就是有权利但没有义务），以满足客户的申购需求。如果股价在承销后立即上涨，承销商就会从发行人那里折价购买股票，然后把它们卖给需求者，从而获得稳妥的无风险利润。

即使 IPO 的股票价格在承销后立即下跌，承销商仍然可以赚取大量的财富。股价下跌，承销商可拒绝执行从发行人那里直接购买用来满足客户申购需求的额外股票的期权。取而代之的是，他们可以利用发行后股价下跌的机会，在公开市场买入低定价的股票。如果股价下跌得足够多，承销商在公开市场上购入便宜的股票，利用这些股票来满足客户先前下达的订单，这样他们可以赚得更多。这正是 Facebook IPO 时发生的一幕。以摩根·士丹利为首的承销集团利用下跌的价格购入 Facebook 股票，用这些股票填满客户的订单，赚取巨额利润。

另一方面，作为 Facebook IPO 的主承销商，摩根·士丹利的声誉会因在 Facebook 上的溃败而受到怎样的损害？ Facebook IPO 事件造成的声誉余波效应，必然会对摩根·士丹利这样的公司造成巨大的损害。有人提出这样的指控，认为 Facebook 存在问题的信息被人有选择性地泄露出去的，并且承销商知道卖给个人投资者股票的价格是虚高的。这样的指控特别有杀伤力。

按照传统的声誉经济学模型，这种事情简直不可能发生。像摩根·士丹利这样的公司还能从这种声誉溃败中幸存下来，是根本不可能的。但现在这种情况似乎表明，这一传统理论有着某些很严重的缺陷。

首先，毫无疑问，摩根·士丹利的声誉因其在 Facebook IPO 时的所作所为受到了损害。虽然测算公司声誉很困难，但证实一家公司的盛衰也不是不可能的，而且根据人们的关注度，想知道公司声誉何时已经受到损害，这也不难。至于想了解摩根·士丹利因承销 Facebook IPO 所引发的声誉余波，了解公众对此的反应，最佳的信息源就是非常流行的网站维基百科，每年它都能吸引数以十亿计的读者（仅 2012 年 4 月就达到 4.7 亿）。维基百科不是由专业人士撰写的，其负责撰写、编辑及进行阅读的人都是普通大众，所以，维基百科是提供关于公众如何看待某些特定事件的极好信息源。

根据维基百科所述："在这次由拙劣的发行所引发的余波中，IPO 的主承销商摩根·士丹利以及纳斯达克声誉受到损害。"维基百科注意到，摩根·士丹利在技术股 IPO 中的声誉因 Facebook 发行"遇到麻烦"。并且，摩根·士丹利清楚有大量的声誉有待维护，因为像 Facebook 这样的股票发行承销是这场金融危机后摩根·士丹利业务中的重要组成部分，自 2010 年以来，这些业务带来了 12 亿美元的收入。然而，根据维基百科所述："由于签订的发行价格太高，或向市场推销太多的股票，摩根·士丹利损害了自身声誉。并且，有可能出现的情况是，Facebook IPO 中明显不恰当的处理方式可能在将来成为其他银行在争夺生意时可拿来攻击其的武器。"

可以肯定，摩根·士丹利在 Facebook IPO 中赚到了大量的钱。承销费加上在 IPO 结束后立即在二级市场买卖 Facebook 的股票，摩根·士丹利赚得数亿美元。据 Facebook 另一家承销商的一位内部人士在美国有线新闻网（CNN）《金钱》（*Money*）节目上透露："我们认为摩根在这起交易中做得相当出色……除了损害了这家银行的声誉。对摩根来说，Facebook 不算一笔糟糕的生意。"这是因为，尽管 Facebook 股价下跌，摩根在该股交易中也赚得巨大利润。已持续几年，它都是技术行业 IPO

的头号投资银行。据此，传统声誉模型可能会预测出，摩根·士丹利会在其声誉价值上遭受损失，而且声誉的损失会使其 Facebook 上赚得的一次性暴利相形见绌。

不过，几乎可以肯定的是，传统的声誉模型失效了，并且已经失效一段时间了。桑弗德－伯恩斯坦公司（Sanford Bernstein）的金融分析师布拉德·黑茨（Brad Hirtz）跟踪摩根·士丹利并推荐摩根股票，他认同："摩根·士丹利在股票承销上有着非常重要的地位，这一事实将不会改变。"虽然按照传统的声誉理论，摩根·士丹利在 Facebook 承销上非常高调、盘剥的拙劣行径会使公司声誉遭受损害，但事实上，这家公司似乎有能力挽回损害声誉后果。

摩根·士丹利肯定不是近年来声誉遭受打击的唯一企业。很多其他企业在声誉上遭受到的打击甚至更严重，其中，最著名的也许就是令人敬仰又臭名昭著的投资银行高盛了。

本章展示了传统的声誉理论为什么不再正确。在旧模型下，坏声誉的经济成本超过了一家公司从欺诈或不诚实中获得的财务收益。并且，好的声誉对金融企业赢得客户信任和投资是关键的：建立声誉昂贵，毁掉声誉容易。所以，金融行业的理性经济行为人应该选择牺牲短期利润，以维护良好的声誉。

THE
DEATH
OF CORPORATE REPUTATION

第 2 章

声誉理论在高盛的所作所为中轰然崩塌

"我们的声誉是我们最重要的资产之一。"

引自高盛 2007 年年报

　　本章将讲述三个最近发生的与投资银行高盛相关的事件，以此作为新的证据，进一步说明传统的声誉理论已死。这三个事件汇集在一起，足以毁掉高盛的公众声誉，但这家银行仍继续位于最赚钱的美国金融机构之一。由此，我们可以看到传统的声誉模型不再正确无误。

如同摩根·士丹利以及华尔街的其他任何一家企业一样，高盛也宣称自己很在意自己的声誉。高盛核心的商业理念之一就是："我们的资产是我们的员工、资本和声誉，如果说它们中任何一项都会失去的话，那最后一项最难恢复。"

对声誉的这一颂词即使在格瑞格·史密斯（Greg Smith）发表了措词严厉的专栏文章后，仍然保留在了高盛的网页上。格瑞格·史密斯——这位高盛的执行董事，曾负责公司在欧洲、中东和非洲地区的美国权益衍生品业务，他辞掉高盛工作的当天，就在《纽约时报》发表了一篇专栏文章。文中写道："高盛高调地、频繁地、公开地宣称自己在意声誉，其描述的只不过是这家公司处于黄金年代的情形，而不是当前的事实。"史密斯先生对声誉在金融世界的作用方式有其独特的观点。他相信信任与声誉是很重要的。他称让他感到震惊的是："没有几位高管了解一个基本事实——如果客户不相信你，他们最终将停止与你的生意。至于你有多么聪明，这并不重要。"

本书的主要观点之一是，也许错的是史密斯先生，而不是像高盛这样公司中的高管。史密斯似乎被传统的声誉经济学模型束缚住了，该模型的核心信条是：失去客户信任的成本通常会大于其收益。如 Facebook 事件所显示的那样，它也很好地说明像高盛、摩根·士丹利这类金融巨头可以欺骗客户却免遭灾难性的后果，这正是我们提出的声誉理论所预见的结果。

在其专栏文章中，史密斯先生写道："高盛在历史上以'团队合作、正直、善良以及为客户着想'而闻名"。这种企业文化帮助这家有着 143 年历史的银行成为金融行业的巨头。然而，史密斯先生解释说他离开高盛是因为这一文化已经变成了"有毒的、充满破坏性的……客户的利益往往被抛在一边，公司所做所想的就是如何赚钱"。现在，高盛的文化不是鼓励为客户创造有价值的投资，而是奖励那些为公司自身利润最大化而怂恿客户多交易的员工，鼓励客户买卖衍生工具，把客户当成交易对手。在高盛的办公室里，员工视客户为"木偶"，吹嘘着自己如何能"压榨"，如何能"赚钱"。在史密斯先生看来，这种文化的改变预示着高盛即将垮台，因为没有一个客户会继续为一家不尊重自己利益的银行买单。

史密斯的预言真的会成真吗？如果他是对的，那么，高盛就应该遇到大麻烦了。事实上，在高盛自己看来，高盛确实应该遇到不小的麻烦。不管怎样，这家公司自已把声誉列为自己重要的资产之一，并且承认失去的声誉是很难恢复的。但看起来史密斯先生确实错了。他没有看错高盛的行为，也没有估错高盛的声誉，但他很有可能错误地预测了高盛的冷酷行为会给这家公司带来灭顶之灾。不管是从哪方面的客观指标来看，这家公司做得很好，特别是从当前经济条件来看，更是如此。

对此，一种可能的解释是，高盛依旧有着极佳的声誉。换句话说，也许史密斯先生完全被误导了，被什么事激怒了，高盛的声誉相当地好。谢天谢地，幸好不是这么一回事。一个恰当的例子就是，在 2007 年 ~2008 年的金融危机期间（它至今还在欧洲蔓延），《金融时报》（*Financial Times*）发表了一篇影响很大的文章，标题就叫"被玷污了的高盛声誉"（Gddman Sachs' Reputation Tarnished）。

这篇文章指出，高盛已经被庞大的负面曝光所包围，众多法律界人士、公司治理专家和新闻媒体指责这家银行应对这场金融危机负责。"这家银行在泡沫的 2006 年和 2007 年为那些离职人员同等支付奖金的计划……并且宣称高盛是依赖自己在华盛顿的前职员网络，成功将自己与美国国际集团失败引发的后果隔离开来。"

根据《金融时报》的报道，批评之声始于雷曼兄弟垮台，美国政府在 2008 年9 月营救美国国际集团，其后数月随着美国陷入近几十年最严重的衰退，批评之声持续发酵。在高盛返还了纳税人的救助资金，报告出创纪录的利润额，并且发现高盛派发奖金大礼包之后，且其派发数量足以媲美金融危机之前的水平，批评达到高潮。

就在前不久，《滚石》杂志上的一篇文章，将高盛形象地描述成一位"伟大的吸血鬼，披着仁慈面纱的乌贼"。《纽约》杂志最近在其封面头条问道："高盛是魔鬼吗？还是说它只是太好了？"这篇文章清楚地表明其倾向于高盛是魔鬼而不是太好了。

高盛的行为很有趣，完全是因为以传统的声誉经济学理论来看，它这样做是在自取灭亡。一家具有如此显赫声誉的公司理应不会按现在的所作所为行事。

高盛的行为激怒了法官以及新闻记者。不过，很明显，法官也像新闻记者一样，除了动动笔头，也没有权力对高盛采取措施（并且，法官的读者群比记者的读者群小得多）。

2012 年，在一场参会人员十分广泛的《公司法》法律意见征询研讨会上，美国最著名的一位法官公开指责高盛，指责它在一起与高盛有明显利益冲突的、数额庞大的交易中道德沦丧。这位法官叫利奥·斯特林（Leo Strine），被人们认为是"非常值得尊敬的人"，他还被称为"特拉华州的首席法学家"、"特拉华州最热门的法学家"以及"一位值得信赖、令人钦佩的法学家"。

对于这起埃尔帕索公司案，斯特林主要针对的是高盛在一桩涉及埃尔帕索公司出售案中的行为。埃尔帕索是一家业务涉及石油和油气勘探、生产、运输（通过管道）的大型公众持股公司，现将被出售给另一家大公司金德尔摩根。他的见解表现出强大的洞察力，即哪怕再少的声誉对于像高盛这样的金融机构都已经足够了。

这个案子中的事情再简单不过了。当一家公司想把自己出售给另一家公司时，公司及其董事会、CEO 和财务顾问的工作直接又明了。人们会假定他们会为出售价格最大化而工作，因为无论是在道德上、法律上还是受托人义务上，他们都是代表股东工作的。也就是说，正如任何一桩出售交易，购买者的目标是按最佳条款，即通过谈判获得最低价格，使交易得以实现。这些基本的规则不复杂，不含糊，也没有争议。但它们似乎并没有被高盛运用到这一桩案例中，并且似乎法律对此也显得无能为力。

在这起交易中，令人吃惊的是，高盛得到出售方埃尔帕索公司的许可，为交易提供财务及策略咨询，即使高盛在买方那里有大量的投资。高盛持有金德尔摩根19% 的股份，相当于 40 亿美元。高盛也控制着两个金德尔摩根的董事会席位。换句话说，虽然高盛受雇于埃尔帕索公司，理应帮助该公司获得最有利的价格，出售给出价最高的购买者，但高盛有很强的动机，想把它卖给金德尔摩根，即便（特别是如果）金德尔摩根不是最高的出价者，高盛也很有可能会将其低价出售给金德尔摩根，因为这可以使自己在这家公司大量持股的价值最大化。

还算公正的是，高盛将其利益冲突完全披露给了客户埃尔帕索公司。埃尔帕索公司处理这一冲突的过程简直具有史诗般的意义。他们没有一脚踢掉高盛，而是把另一家投资银行摩根·士丹利请进来做顾问。将摩根·士丹利请进来的理由，当然是摩根·士丹利没有与高盛相同的利益冲突，他们或许能提供客观独立的咨询意见。

但是，摩根·士丹利并不客观，因为它是在有前提条件的情况下受雇的。只有在埃尔帕索成功出售给金德尔摩根的情况下，它才会收到顾问费。也就是说：

　　高盛可继续插手埃尔帕索公司，为该公司提供战略咨询。利用自己与埃尔帕索公司高管的交情，高盛能够施展一项卓越的技能：为新进入的投资银行（摩根·士丹利）提供一项激励机制，激励它在这一合并（与埃尔帕索）中偏向收购方，其方式是只要埃尔帕索采纳了出售给金德尔摩根的战略期权，就确保这家投资银行只管收钱。也就是说，如果高盛为摩根·士丹利提供的财务期权激励足以获得对方偏爱，得到认可，这家用来清除冲突的银行就只管收钱。

　　高盛在金德尔摩根上的投资不是这家企业面临的唯一冲突。史蒂夫·丹尼尔（Steve Daniel）是为埃尔帕索提供咨询服务的高盛首席银行家，个人拥有金德尔摩根市值约为 340 000 美元的股票。但这一事实他没有披露给他的客户——埃尔帕索公司。

　　既然在埃尔帕索的顾问中存在这些利益冲突，也就不奇怪这家公司会采纳一种如大法官斯特林所说的"一点儿也不具进攻性的谈判策略"，加上其他因素，当金德尔摩根对埃尔帕索做出报价时，目标公司不会对其他有可能出高价的出价者做出任何想要试探的举动。

　　在埃尔帕索宣布它想要出售其业务中的能源和生产部门，好让自己更有能力聚焦其剩下的管线业务之后，金德尔摩根就对收购埃尔帕索产生了浓厚的兴趣。在保密的基础上，金德尔摩根开始与埃尔帕索接触，想收购整个公司，既包括能源和生产，又包括管线业务。虽然埃尔帕索业务中的管线部门并不是金德尔摩根特别感兴趣的资产，但其不想在能源和生产部门售出后，还要为收购处于独立状况的管线部门面临一场报价大战。

　　当然，与并购时常见到的业务情形一样，金德尔摩根想要避免陷入争夺埃尔帕索的公开报价的消耗大战。而且，似乎埃尔帕索也想避免这一情形出现。有时，像埃尔帕索这样的目标公司同意私下谈价而不是拍卖，也是合理的、谨慎的做法。当一个出价者给出一个特别有吸引力的报价，但出价者附带有私下谈价而不是拍卖的条件时，这种情况就会出现。如果目标公司认为通过谈判能卖出一个较高的价格，它会同意谈判而不是拍卖。毕竟，这个世界充满不确定性，没有人能保证拍卖就能得到一个比卖家掌控中的谈判出价更高的价格。有时，拍卖流产，根本得不到一个报价，因而，对于为一家大公司而且是参与拍卖的竞买者来说，拍卖很有风险，且很昂贵。

然而，在金德尔摩根公司对埃尔帕索公司报价的情况下，支持拍卖的证据很强。拍卖可以让明显有污点的买卖过程变得合法。谈判过程也显示，拍卖是本该发生的。

2011 年 9 月 16 日，金德尔摩根公司和埃尔帕索公司间的谈判开始了。当日，埃尔帕索公司接触金德尔摩根公司，并提议出售公司以换取现金加金德尔摩根的股票，两者总计每股 28 美元，以此换取埃尔帕索的股票。谈判后，金德尔摩根将价格下调到每股 27.55 美元，埃尔帕索的 CEO 道格拉斯·福希（Douglas Foshee）这位被公司任命为本次交易的唯一谈判者，与金德尔摩根首席谈判者里奇·金德尔（Rich Kinder）达成原则协议。协议备忘录用文字记录并保存下来，行业中称为"条款清单"（因为它们备忘的是一笔商业交易的条款）。但这还不是故事的结局。就在福希和金德尔签署协议后的一两天，收购方认为，之前同意的价格太高了。

斯特林大法官文雅地描述了这部分故事："金德尔说：'哎，我们犯了一个错误。我们听信一群乐观的分析师的预测报告来给出我们的出价。我们搞砸了……我们真不能遵守我们的出价。'"最终，埃尔帕索的 CEO 让步，斯特林将此描述为"螺旋式下调"。埃尔帕索在签署日 2011 年 10 月 16 日接受了每股价格 26.87 美元的出价，包括 25.91 美元的现金加股票，以及一种期权，它在金融行业叫做"权证"。这种权证授予埃尔帕索股东以每股 40 美元的价格购买金德尔摩根股票的权利，这一价格比金德尔摩根当时的每股 26.89 美元股票现价高出 13 美元。也就是说，如果金德尔摩根股价能从当时价格 26.89 美元上涨到每股 40 美元的"执行价格"（即这个价格是期权可能被执行的价位）以上，他们要求执行就会有利润；如果后来金德尔摩根股价没有上涨到 40 美元以上，股东如果执行以每股 40 美元的价格买入股票的期权，就会出现亏损。除非金德尔摩根股价上涨到 40 美元以上，否则，没有任何一位有兴趣成为金德尔摩根股东的埃尔帕索股东会冲进市场，以市场价买入股票。

换句话说，埃尔帕索公司的股东在重新谈判出来的交易条款下获得的权证的唯一价值与一个概率相关，这个概率就是金德尔摩根的股票将来有多大可能会上涨将近 50%，从每股 26.89 美元上涨到每股 40 美元。尽管价格如此上涨的概率并不高，按照两家公司签订合并协议时金德尔摩根报出价的总价估计得出是每股 26.87 美元。由于埃尔帕索的股东所获得价格中有一部分是以金德尔摩根股票的形式，合并方案的价值将随着金德尔摩根股价波动而变化。这一股价变动会给埃尔帕索的股票带来一个有实质意义的溢值。然而，应该注意到的是，此时权证还属于价外权证，之所以是"价外"，是因为在金德尔摩根的股票价格从 26.89 美元上涨至 40 美元之前，拥有者不会执行权证，对价外权证进行价值评估将涉及很多对金德尔摩根的股票上涨到 40 美元（更不用提估计何时、何种条件下这样的好事会发生）之上的概率的估算工作，而做这一分析的公司是摩根·士丹利。当然，这种安排给予摩根·士丹利一个强烈的激励，要为这些投机性的价外权证定出一个高的价值，这样，埃尔帕索的股东、董事会成员就会感觉这一交易看起来很好，交易就更有可能获得通过。

2011 年 10 月 14 日，就在两公司签署合并协议，将其出价公之于众的前夕，埃尔帕索的股票估价达到每股 19.59 美元。对埃尔帕索股东来说，这意味着 37% 的巨大溢价（当然前提假设是该权证真的值摩根·士丹利所说的那个价值）。

我们永远也不知道，假如埃尔帕索公司能按独立公平价格出售，即卖方拥有独立的顾问，且顾问的基本利益是最大化而不是最小化出售价，埃尔帕索的股东可以多获得多少。为了防止诉讼的发生，两公司间的合并协议授予埃尔帕索董事会适用于一种所谓的"受信出口"（fiduciary out），它允许已同意出售本公司的公司董事会接受后续更高的出价，其目的是实现董事会最大化公司价值的法律和受托责任。

在这一具体交易中，受信出口在一定程度上受到限制。如果要拒绝金德尔摩根的交易，埃尔帕索就不得不接受合并协议中的"更高出价"规定。然而，更高出价恰好不适用于能源和生产部门资产，这正好又是金德尔摩根想要的特殊资产。埃尔帕索可以出售整个公司或管线业务，但管线业务并不是金德尔摩根想要的部分，且公司又不能只出售金德尔摩根想要的能源和生产业务。于是，倘若埃尔帕索想办法找到更高出价者，其出价就必须非常之高，并且，如果埃尔帕索接受这个更高出价，它不得不向金德尔摩根支付 6.5 亿美元的终止交易费。尽管有利益冲突，高盛却在为埃尔帕索董事会提供咨询时扮演了重要角色，它建议董事会应该避免引起金德尔摩根终止谈判的举动，努力争取敌意收购。除此之外，高盛还给埃尔帕索建议，公司不应该分拆管线部门，应该将整个公司卖给金德尔摩根。

如果埃尔帕索出售给金德尔摩根的交易获得通过，摩根·士丹利会赚到 3 500 万美元，如果没有获得通过，便分文不得。摩根·士丹利两次会见了埃尔帕索董事会，每一次都表示，在他们看来，金德尔摩根提出的最后合并方案是"公平的"。

斯特林大法官在其意见中也指出，虽然高盛声称它没有为埃尔帕索就这次交易提供咨询，但它提出了 2 000 万美元的费用要求。是的，没错，高盛为其声称没有提供的咨询要价 2 000 万美元。纵然在法庭上高盛声称它没有为埃尔帕索就这起交易提供过咨询，但在一份散发的新闻稿中却宣称自己是埃尔帕索与金德尔摩根合并中的一名顾问。其对手摩根·士丹利称高盛这种自我推销"无耻至极"。

这并不奇怪，在斯特林大法官看来，高盛声称自己没有为埃尔帕索提供咨询是一个在很大程度上没法证实的说辞。

在总结自己观点时，斯特林大法官写道："虽然高盛断言没有受自身经济利益的影响，没有通过操纵埃尔帕索以次优价格出售给金德尔摩根来最大化自己在金德尔摩根 40 亿美元投资的利益，但法庭没有被高盛的说辞所左右。"

有关高盛在这起最终提交到法庭的交易中扮演何种角色的不光彩新闻还有：在交易过程开始时，高盛的 CEO 及董事会主席劳埃德·布兰克费恩（Lloyd Blankfein）给福希打了一个私人的、语气谄媚的电话，感谢他让埃尔帕索多年来一直维持与高盛的关系，并试图让对方确保自己在金德尔摩根报价悬而未决的这段时间能继续为埃尔帕索工作，虽然高盛也认为这样做"表面上有冲突"。这通劳埃德·布兰克费恩打给福希先生的电话记录读起来很有趣：

> 道格，我们又有好长时间没有见面了，（我）真想伸出双手拥抱你，为你为高盛所做的一切，说声谢谢……你一直以来都对（高盛）非常好，接下来还望在所有各类交易上为我们提供帮助……当然，我也很高兴你把最近这桩事（金德尔摩根的出价）交给我们——我知道这事非常重要……我知道，你了解（高盛在金德尔摩根）有投资，我们对出现的冲突很敏感。

我们已经要求我们的董事会成员自己回避，我也知道你们已经雇用了另一
家做第二顾问……再次感谢……请随时给我电话。我会非常密切地关注这
件事……

控告高盛、金德尔摩根和其他被告的目的是想在合并发生之前阻止它。寻找合
并解除，也就是寻找律师所称的一纸禁令。如果代表埃尔帕索股东的律师赢了这场
官司，合并就被勒令终止。不出意外地，根据这起案件中异乎寻常的事实，斯特林
大法官总结道："原告是有可能说明清楚，更忠诚、没有冲突的对手本可以保证报
出比金德尔摩根更高的价格。"但不管怎样，反正原告方败了。金德尔摩根实际
赢了，因为他们能够不通过拍卖并以其想要的价格买到埃尔帕索。并且，理所当
然地，由于高盛在金德尔摩根有数十亿美元的投资，随着金德尔摩根的胜出，高
盛也赢大了。

最终，斯特林大法官也没能看到有什么明确的方式可以阻止这起肮脏的交易，
埃尔帕索的股东只能为其股票接受一个高于市场价的价格。正如有些沮丧的斯特林
大法官在意见书中写的一样："没有任何人，甚至包括他本人，能够宣称知道如果
没有利益冲突的交易方加入到这起合并谈判会得到什么结果，因为这超越了人的能
力范围"。由于谈判桌上没有了其他报价方为埃尔帕索报价，斯特林大法官除了让
这起合并案通过之外，再没有任何选择。不然的话，他就要冒耗费无辜的埃尔帕索
股东数十亿美元的风险，也就是说，禁令可能会对埃尔帕索股东"弊大于利"。

有关高盛在这一交易中角色的新闻并没有随斯特林大法官的宣判而结束。2012
年3月6日，就在埃尔帕索判决意见公布后不久，《华尔街日报》报告了埃尔帕索
辩护人——纽约著名的沃切尔－利普顿－罗森－卡茨律师事务所（Wachtell, Lipton,
Rosen & Katz）建议埃尔帕索董事会不要让高盛以任何方式参与公司计划出售给
金德尔摩根的事务，这家事务所为很多像金德尔摩根－埃尔帕索之类的交易提供
咨询。

在原告律师努力争取禁令遭到失败之后，这起交易获得通过，金德尔摩根现在
拥有了埃尔帕索。通过支付1.1亿美元的和解费，金德尔摩根结束了这一诉讼。随
着和解的进行，金德尔摩根和高盛的官员都否认做了什么错事，不认为和解与做错

事有什么关系，这些官员说他们同意和解协议纯粹是为了避免官司再打下去会遇到的大量麻烦、巨额花销、不便以及牵扯。

高盛也同意放弃其在这起交易中 2 000 万美元咨询费的诉讼请求，但对高盛来说，这并不是损失。正如原告律师在法庭指出的那样，基于高盛在金德尔摩根有超过 40 亿美元的利益，金德尔摩根在支付给埃尔帕索的价格上每节省 1 美元，高盛都有份。算下来高盛总共节省了 1.5 亿美元。

通过分析高盛在金德尔摩根并购埃尔帕索的过程中扮演的角色，人们最终发现，高盛看起来相当地睿智。在方程等式的成本一边，高盛只是失去了 2 000 万美元的咨询费，不管怎样，这笔钱连同几百万美元的法律费用再也回不来了。在方程等式的另一边，高盛通过给埃尔帕索做咨询，帮助金德尔摩根以一个便宜的价格收购埃尔帕索，进而增加了自己在金德尔摩根数十亿美元投资的价值。从这个角度来看，即使我们不从方程等式中扣减与高盛声誉相关的任何成本，也能明显地看出，高盛从金德尔摩根－埃尔帕索交易中赚得很多了。

转到高盛的声誉损失上来，有一点非常清楚，那就是高盛的声誉遭受损害。要是在交易（以及后续诉讼）发生之前高盛的声誉相当地好，高盛也不大可能仅仅因为自己与金德尔摩根及埃尔帕索之间存在的利益冲突而使自己的声誉受那么大的损害。

值得注意的是，大约在金德尔摩根－埃尔帕索丑闻发生一年前，高盛支付了美国证监会历史上最大的一笔罚款（5 亿美元），用来化解一桩指控它在次级抵押产品上误导投资者的讼案，当时正值美国住房市场开始崩溃之时。而具有讽刺意味的是，在这起讼案中的诉讼请求也涉及利益冲突，交易双方都是高盛的大客户，高盛自己就处于交易两边，情况与金德尔摩根案完全相同。结果同样地令人大跌眼镜，该案也是与美国证监会达成和解，高盛支付了 5 亿美元，获许在没有承认或否认有罪的情况下解决此案。比埃尔帕索案更讽刺的是，在它与美国证监会达成的和解协议中，高盛承认它目前正执行的是一种综合的、接受全公司审视的商业标准，这一标准在处理该项事情时得到美国证监会的允许。

也许，最讽刺的是，在这项和解中，高盛是被永久地限制和禁止参与任何交易与活动，当然是商业交易与活动，是对购买方实施欺诈或以欺骗为目的而运营的商业交易与活动。

> 不管是高盛那个"综合的、由全公司审视的商业标准"，还是这个"永久禁令"，都没有阻止高盛在接下来的一年就在金德尔摩根－埃尔帕索交易中为交易双方而忙碌。

我们可以肯定地知道一点，不管是高盛那个"综合的、由全公司审视的商业标准"，还是这个"永久禁令"，都没有阻止高盛在接下来的一年就在金德尔摩根－埃尔帕索交易中为交易双方而忙碌。

这起案子不同于埃尔帕索案，因为在埃尔帕索那起见不得人的交易里，受害者是埃尔帕索公司的股东，人数众多、分散且无组织的一群人，还有几家投资者人数相对较小的公司。在这起美国证监会对高盛及其雇员费伯里斯·托瑞（Fabrice Tourre）实施的强制执法行动中，美国证监会起诉高盛当存在利益冲突时，没有向两家中等规模、相对重要的机构客户充分披露信息，这两家客户—— 一家是位于德国杜塞尔多夫的银行，名为德国工业银行（Deutsche Industriebank AG），另一家是以苏格兰爱丁堡为总部基地的苏格兰皇家银行（它已收购荷兰银行）。

在诉讼中，美国证监会为德国工业银行赢得 1.5 亿美元的和解费，为苏格兰皇家银行赢得 1 亿美元的和解费。事实上，美国证监会觉得有必要用纳税人的钱来代表这两家金融机构起诉高盛，其实人们很清楚，这两家机构是有能力自己承担这场法律大战的。这一事实多少告诉了我们一些美国证监会这些年来优先考虑的对象是谁的信息。把花言巧语的说辞搁置一边吧，保护中小投资者并没有在美国证监会的优先次序上。

美国证监会对高盛的诉案涉及了多少有些复杂的衍生证券，这些证券与房地产价格以及美国住房抵押贷款市场的表现绑在一起，绑定的这两个市场是这场几乎导致整个金融体系崩溃的金融危机的焦点。正如美国证监会在其诉状中陈述的，本案涉及的这些证券"通过放大与美国住房市场下跌相关的损失而对近期发生的金融危机起到推波助澜的作用"。高盛有一个非常大的对冲基金客户，名叫保尔森公司，这家公司聪明地预测到抵押贷款市场的崩溃。这并不奇怪，保尔森公司想从即将到来的崩溃中谋利。但要找到以何种方式赌对美国住房市场，则不像听起来那么容易。于是，保尔森需要从高盛那里获得大量的帮助，以便谋划自己的赌局。

众所周知，在逐步导致这场金融危机的那几年里，像美林和高盛这样的投资银

行，通过在住房抵押贷款市场从事各种方式的交易赚取了很多的钱。这个市场始于
20 世纪 70 年代，当时投资银行和其他金融公司开始大量购入住房抵押贷款，出售
方是那些发行这些抵押贷款给那些借钱买房者的银行。这些银行通过创造和出售绑
定贷款人抵押贷款支付款项的债券来赚钱。贷款人支付抵押贷款的本金和利息，用
来支付投资银行卖给投资人债券的本金和利率。住房抵押贷款被认为是可靠的投资
品，因为绝大多数贷款人不会在抵押贷款上违约，并且，当贷款人违约时，银行负
责提供取消抵押品赎回的服务，卖掉这些房产，用其收益就可以支付债券持有人。
美国房地产市场自第二次世界大战以来一直维持令人难以置信的稳定，以贷款人抵
押贷款支付款项为基础的债券也就被认为是安全的。

　　把这些像住房抵押贷款一样的资产汇入一个池子，捆绑在一些，并出售债券，
而债券的本金和利率支付来自房屋所有者每月支付的本金和利率，这一过程称为证
券化。后来，投资银行开始将抵押贷款支付（还有其他债务如信用卡债务和汽车贷
款）汇入池子，并把这个池子扩散成若干种证券发行。比如，投资银行会构建一个
池子，如 1 000 份抵押贷款，承诺首次支付会给这批证券某一类（或叫"档"）的证
券买家，下一次支付会给另一类买家。这些投资品叫做担保债务凭证（collateralized
debt obligations），或简称"CDOs"。处于次序最后的一档风险很大，处于次序最前
的一档被认为很安全，尽管在宏观经济，尤其是房地产市场在 2007 年急转直下时，
该档最终也并不是那么安全。

　　CDOs 之后，金融世界下一个重大"创新"是信用违约互换（Credit-default
swaps），通常称为 CDSs。一份 CDS 很像一份保险单：CDS 卖家从 CDS 买家那里
得到定期的支付额，支付额很像人们定期为保险单支出的保险费。这些支付额构成
发行方的收益，如果当另一份金融资产，比如 CDOs 或普遍的抵押贷款支持证券出
现违约时，CDS 发行方会同意偿付。

　　信用违约互换使投资于风险档的 CDOs 投资者可以保护自己免遭违约之苦。信
用违约互换区别于如汽车定期保险或人寿保险的重要之处在于：任何一个人只要有
足够的钱都可以买 CDS，但不是每个人都能买定期的人寿保险或财产保险。特别
是，如果一个人为别人的生命或财产购买人寿或财产险，那是违法的，除非这个买
保险的人有理由说清楚，如果被保事件真的发生，他会受到某些损失。比如，某人

可为她丈夫购买人寿保险，因为买保险的配偶可能（有希望）从她丈夫的继续存活中获得收益。一个人理应从投保的人或财产中获得的收益叫做保险利益（insurable interest）。如果我贷给你一笔钱，你提出用一项资产为我的贷款做担保，我便在这个资产上拥有了合法的保险利益，于是，法律就授予我有买保险保护我利益的权利。

大约从 1774 年以来，法律一直限制购买和销售保险合约给那些有保险利益的人。颁布这样的法律是为了解决经济学家所说的"道德风险"问题，指的是某些人会想方设法领取保单，而不惜采用任何方法让已经投保的事件发生。比如，我并不想让某位我甚至不认识的人为我的住房购买一份火灾保险，或者我确定不想让一个陌生人为我的小孩购买一份人寿保险。要求人们有保险利益才能买保险的第一部法律是在 18 世纪由英格兰颁布的，是为了防止人们（猜想是海盗）购买一旦船只沉没就要求偿付的保险。

另一个限制那些有保险利益的人购买保险的正当理由是因为这样就限制了保险公司的风险暴露，从而削弱被保事件发生后的严重影响。如果不限制那些有保险利益的人购买保险合同，接下来，无论如何，为防范某一特定事件的发生，将有大量的保单会被卖出。

CDSs 的一个显著特点是，对谁可买这些金融合约没有限制，尽管不可否认的事实是，所有购买者都是出自实际目的，知道它们是保险产品，没有特别的理由破例为 CDSs 设立保险利益规则。事实上，银行也不想要这样一个规则运用于 CDSs 的交易，因为这会使银行的这一高盈利市场极大萎缩。迄今为止，银行已经成功地游说相关机构，打消将 CDSs 划归保险类别的企图。比如，在 2010 年 5 月，《纽约时报》指出："当参议院投票否决一项禁止所谓的无标的购买信用违约互换提案时，华尔街本周赢得一局。"这一提案本来是禁止使用互换来赌一家公司可能会失败，除非你有保险利益，比如在公司中有投资。这篇文章还尖锐地指出："如果监管者早做工作，信用违约互换早就在几年前就划归保险类别了"。

当金融资产，比如抵押贷款债券或 CDOs 出问题时，实际没有拥有这些抵押贷款债券或 CDOs 的对冲基金及其他投资者，它们有能力购买信用违约互换，就可以利用这些设计出来的信用违约互换来赚钱。投资机构的这一能力在金融危机时期会有很大的意义。因为没有限制卖出 CDSs 的数量，这个市场就会变得超级大。在抵押贷款市场即将崩溃前夕，华尔街那些聪明的投资者落笔签字，购买大量的 CDSs，如果 CDOs 及那些与摇摇欲坠的抵押贷款市场相关联的金融资产一起崩溃的话，这些人就会获利。有家保险公司即美国国际集团，卖出了非常多的 CDSs，当住房市场崩溃时，这家公司也被彻底摧毁，后来靠美国政府注入的大量资金才挽救过来。然而，注入的大多数资金直接输送给了高盛，因为多年来，美国国际集团卖给高盛大量的基于 CDOs 和其他有毒衍生证券而发行的信用违约互换，它把这些救助资金偿付给了高盛。

正是这些在 CDSs 和 CDOs 上的交易将高盛拖入与美国证监会的麻烦之中，它不得不支付 5 亿美元的罚款才将自己从监管者的纠缠中摆脱出来。高盛的一位重要客户——对冲基金巨头保尔森公司想要下大注，赌抵押贷款市场会崩溃。高盛安排保尔森公司做这种事，其方式是说服另外两家客户——德国工业银行以及荷兰银行（现在叫做苏格兰皇家银行）向保尔森出售信用违约互换。高盛的部分工作是参与挑选具体的证券（CDOs 以及抵押贷款支持证券），用这些证券作为所谓的 CDSs 基准证券。简单地说，基准证券是交易方要下注的特定证券。当基准证券中一个或多个出现违约，其收益与这些证券联系在一起的 CDSs 卖方不得不向 CDSs 的买方偿付。保尔森公司是这些 CDSs 的买方。它正在赌基准证券会违约。德国工业银行和荷兰银行是这些证券的卖方。

到现在为止，看起来还没有多大问题。我们有三个精明的交易方：（1）保尔森公司，它在买保险；（2）德国工业银行和荷兰银行，它们在卖保险 /CDSs；（3）高盛，它在中间，为了一笔大的报酬正把买家和卖家撮合在一起，并且指定供买方和卖方将要下注的资产。进入基准组合中的 CDOs 和抵押贷款支持证券越劣质（越投机），对 CDSs 的买方保尔森就越好；基准组合中的证券越安全（越值得依赖），对卖 CDSs 给保尔森的银行越好。保尔森和银行用来为它们的信用违约互换作基础的 CDOs 基准组合是所谓的 "合成的" CDOs 组合，因为在这一组合中根本没有确定的 CDOs。具体的 CDOs 及其他金融资产是要由交易各方挑选并同意的。然后，交易各方观察这些资产的价格波动，当出现违约时，CDSs 卖方必须付钱给 CDSs 买方。

如果你是卖方或者是买方，你会很愿意参与挑选进入合成 CDOs 组合的基准证券。CDSs 的卖方当然会挑选最安全的可能证券，类似地，CDSs 的买方会挑选最大风险的可能证券。并且，理所当然地，如果你是卖方，你会很有兴趣想知道 CDSs 的买方是否在挑选基准组合中的证券。这就有点像一家出售人寿保险给某人的保险公司，然后，让这个人选择被投保人。寿险买方发现有个家伙快要死了，就把这份保险合约用到这个可怜人身上。

很显然，这两个银行卖方很有兴趣想知道它们的对手，也就是保尔森公司是否在挑选已通过出售 CDSs 而投保 CDOs。此时，声誉登场了。作为买方与卖方在此次交易的中介，高盛或是必须在挑选组合中的证券时保持公正与客观，赢得信任，或是必须找到某个人，这个人能让参与方认为其会公正与客观地挑选基准组合中的证券。不然的话，参与各方从事该交易就会被愚弄。

为了这项交易，高盛准备的营销材料包括一份条款说明书、一套收费的幻灯片，以及一份详细的发行备忘录，所有这些都将推销给那些对 CDSs 有意向的买家和卖家。而合成 CDO 基准组合"是由 ACA 管理有限责任公司挑选，这是一家在分析剩余抵押贷款支持证券（residential mortgage-backed securities，RMBS）信用风险方面有经验的第三方"。显然，高盛的营销材料没有披露保尔森公司在组合选择过程中发挥显著作用。接下来，在参与挑选基准组合之后，保尔森对组合下大注，进入信用违约互换市场，为在组合中它挑选出的那部分特定证券购买保护。正因如此，美国证监会在对高盛的指控中指出，高盛优待的客户——保尔森公司，有经济动机来选择 RMBS，预期在不久的将来会经历"信用事件"（信用事件是美国证监会所说的事情，如违约、评级下调）。美国证监会还指控高盛没有披露保尔森的不良的经济利益，以及它在为投资者选择组合过程中所起的作用。

在诉讼中，美国证监会怀疑在保尔森的要求下高盛安排了一项交易，在那项交易里，保尔森明显地影响了组合的选择，以便符合自己的经济利益，但高盛却没有披露保尔森在组合选择过程中的作用，也没有向投资者告知保尔森不良的经济利益，理由是组合选择过程的部分描述包含在用来推销交易的营销材料里了。美国证监会以及一些遭受亏损的投资者还称，他们知道保尔森公司涉及挑选组合中的证券，不过，他们受别人的诱导，相信保尔森公司与他们一道在卖出 CDSs 保险，事实上，保尔森是在交易中买入了 CDSs 保险。

根据美国证监会的指控，保尔森公司对近期发行的抵押贷款支持证券和其他金融资产进行分析，预计会发生违约，并找出了超过 100 只它认为会发生违约的证券。保尔森公司请求高盛安排它买入 CDSs 保险，以防这些它所识别出来的资产发生违约。有趣的是，卖出 CDSs 保护的交易方不相信高盛选择出的组合是投了保的。美国证监会指出，高盛看起来早已充分意识到，找到富有经验的独立第三方担保的经理来挑选组合，会使得在这个开始显露违约迹象的市场上安排 CDOs 债务变得更便利。此外，高盛特别清楚，至少德国工业银行是不愿意投资 CDOs 债券的，它没有使用一家独立企业来分析和挑选基准组合。负责该项交易的高盛高管费伯里斯·托瑞（Fabrice Tourre）曾在邮件中说："我们必须要做的一件事就是，确保 ACA（独立的组合选择公司）明白，在这项交易中我们需要它的名字。它在交易中所做的就是充当组合选择代理人。重要的是，我们可利用 ACA 的牌子帮助分销债券。"

换句话说，似乎交易各方并不十分信任高盛，虽做过尝试，但还是没有保护好自己，落入到了高盛的诡计中。它们有很好的理由不信任高盛。如受优待的客户保尔森公司，高盛看起来也早就意识到所有的抵押贷款支持证券市场即将崩溃，某一事件就可能会理所当然地给那些在这些证券上卖出 CDS 保险合同的客户带来灾难性后果。正如高盛的费伯里斯·托瑞在邮件中所说："系统中的杠杆越来越大。整个大厦从现在开始随时有可能崩塌……只有有能耐的幸存者，那个神奇的费伯（里斯·托瑞）……站立在他创造的所有这些复杂的、高杠杆的有毒交易中间，没有必要理解这些怪物的全部含义！！！（原文如此）"

可以说，高盛的道德沦丧是广泛而又严重的，这可从一名美国联邦地方法院法官对一起针对高盛提请的诉讼的反应中看出来，该诉讼声称高盛犯欺诈股东罪，因为它没有披露自己允许保尔森挑选计划做空的证券，这关系到股东利益。根据原告方的指控，高盛的欺诈在于它对股东做出了错误的、误导性的披露。高盛自己宣称按道德行事，但它实际没有。特别是，在诉状中高盛被指控做了如下欺骗性的陈述：

> 我们的声誉是我们最重要的资产之一。
>
> 正直与诚实位居我们商业的核心。
>
> （我们）必须不断地解决潜在的利益冲突，包括我们服务于某一特定

客户以及我们自己的专有投资或其他利益冲突，甚至被认为与其他客户的利益的冲突……

我们设计出范围广泛的程序和控制方法……解决利益冲突。

我们客户的利益始终处于首位。我们的经验显示，如果我们很好地服务我们的客户，我们自己的成功就会随之而来。

我们致力于全面遵守法律、规则和道德原理的字义和精神，让它们统领我们。我们持续的成功依赖于坚持不懈地坚持这一标准。

最为重要的，我们成功的基础是我们以客户为中心。

不应该感到奇怪，该法官对这一诉讼的认可受到人们的关注。《纽约时报》称该案件是"让高盛困扰的诉讼"，这看起来是对的。不管怎样，起诉一家大公司欺诈，这是相当不同寻常的，对公司来说也是令人烦恼的，因为这家公司口口声声说自己努力做到不撒谎，尽力避免欺骗客户。

当诉讼提出时，高盛建议在证据显示之前搁置此案。这一提议遭到否决。《纽约时报》的一篇文章指出，高盛做出的陈述（先前引用过）"实属一般，无非是公司发布一些他们多么重视遵守法律之类的典型的冠冕堂皇之辞"，譬如"我们的声誉是我们最重要的资产之一"以及"正直与诚实位居我们商业的核心"。

甚至在诉讼辩护时，高盛提出的反驳证据似乎支持了原告的观点，那就是高盛认为它自己的声誉对投资者特别重要。在其答辩书上，高盛声称没有人对宣称的诚实和正直信以为真。高盛称这些表述在法律上被称为鼓吹性广告，鼓吹性广告由主观性观点组成，包含在推销介绍书中，用于销售和广告，没有理智的人会从字面上理解。在回应这一辩护时，法庭抛出自己的观察，这也是本书要讨论的核心所在。法官认为，高盛提出的这些表述不意味着任何一位理智的人都会相信的观点是不可信的。他把高盛的观点描述成"奥威尔式的"[①]，并前瞻性地认为："如果高盛所声称的'诚实'与'正直'只是鼓吹性广告，那么金融世界可能会遇到比我们认识到的还要多的麻烦。"好哇，金融世界会陷入比绝大多数人认识到的更多的麻烦中。

---

① 此处奥威尔源自英国小说家乔治·奥威尔，他因创作《动物庄园》和《一九八四》而闻名，由他的名字衍生出"奥威尔主义"、"奥威尔式的"等词汇，"奥威尔式的"一般指某一组织藉宣传、误报、否认事实、操纵过去来实施某种控制。——译者注

高盛宣称的第二个观点是，上述表述并非"实质性的"，也就是，并非重要到足以引起重视的程度，因为理智的投资人不会认为这些很重要。真是天下奇事，高盛称，当它称自己诚实时，应该没人会相信这点；同样啧啧称奇的是，高盛狡辩自己诚实经商的表述对普遍投资者并不重要。在那些挂在互联网上，同时派送给股东，也在美国证监会存档的文件里，高盛称它的声誉是"自己最重要的资产之一"。然而，在法庭申诉时，高盛辩解道，它那关于诚实的宣言是非实质性的，意思就是投资者不会认为这些与投资相关或重要。

在公共组织对其声誉进行一系列打击之下，高盛的声誉已经遭到严重损害。一方面，所有这些负面的曝光给高盛带来了掠夺行径的声誉；另一方面，高盛该怎样才能保住世界领先、最盈利、最成功银行的宝座，这个问题既有趣又难以回答。高盛继续在金融世界占据主导地位，这提供了强有力的证据，证明传统的声誉模型，已不再能解释现在的状况，因为该模型是预测像高盛这类投资银行会把客户的利益置于自己利益之上，会避免利益冲突。在第 3 章中，我会论证这一模型曾经发挥过很好的作用。事实上，几大主要投资银行，包括银行家信托和所罗门兄弟的死亡完全是这些企业的所作所为使其声誉尽失，继而引发客户或同行不再与之交易的结果。即使这个世界不存在了，这一点也值得好好铭记。

有趣的是，旧声誉模型不再适用的另一个原因是，当像安达信、所罗门这类公司消失时，没有新的金融巨头出来填补它们的位置。高盛和摩根·士丹利在投资银行中是极少数的、依然挺立的两家。但其市场实力与市场主导地位让这两家银行严重地偏离航道，玩弄一些在过去激烈竞争的金融世界里不会玩的花招。由于没有太多可选择的余地，高盛和摩根·士丹利承揽了大量的生意。事实上，这两家公司是美国现存的、最后的投资银行。最近，它们从投资银行转变成银行控股公司，以便更容易获得政府贷款，特别是来自美联储理事会的贷款，该理事会监管着银行控股公司，拥有以最优惠利率发放贷款的权力。

高盛在一次次的丑闻面前显然毫发无损，无需道歉，仍旧前行，这其中的另一个原因在于它有可验证的完整生意的业务记录。像埃尔帕索这样的客户可能会合乎逻辑地得出结论：让高盛以一个次优价格来完成交易，总好过交易根本完成不了。并且最后不容置辩的事实是，卖给金德尔摩根比不卖，对埃尔帕索股东更有利。假若埃尔帕索的股东不同意金德尔摩根的条款，不同意高盛在这一交易中的优先结构安排，埃尔帕索的股东是否能为自己赢得一些更多的利益，能赢得多少更多的利益，这个问题根本没有办法回答，这一残酷的现实也保护了参与该交易的银行。

正如第 3 章将要解释的，声誉在华尔街不再重要的另一个原因是，计算机交易模式方面的技术进步让投资银行家们相信，他们不需要传统"客户"字面意义上的客户。他们需要的是同行，意指愿意与他们在平等基础上交易的那些人，这些人不会要求或接受建议，不会声称自己相信银行所做的任何事，只是进行买入或卖出交易，买卖的价格通过（录音的）电话商定，并保存好银行与其所谓"客户"间沟通的电子记录。

总之，通过涉及高盛的几个最新事件，展现了传统声誉理论的失败：首先，一位愤然离职的前高盛雇员在《纽约时报》专栏上发表了描述高盛合伙人和经理如何一贯地将企业利润置于客户财务利益之上的文章；其次，埃尔帕索公司的出售案凸显了高盛追求利润的行为；另外，高盛在 2008 年金融危机爆发前夕，在信用违约互换交易中扮演了有争议的角色。高盛的推销资料未能向两家对手披露它的对冲基金客户保尔森公司帮助挑选构成 CDSs 基础的基准证券；最后，最近发生了一起指控高盛犯欺诈罪的诉讼案，在诸如"正直和诚实位于我们商业的核心"这类自我表白时的谎言。虽然这些事件引发出声誉余波效应，但高盛继续享有显著的盈利能力，这清楚地显示，传统的声誉模型不再正确无误。

THE DEATH

OF CORPORATE REPUTATION

第 3 章

银行家信托的盛与衰

银行家信托公司（Bankers Trust Company，以下简称为"银行家信托"）在20世纪80年代强大到令人生畏，后来因为不可挽回的声誉崩塌而迅速垮台。在其CEO查尔斯·桑福德（Charles Sanford）的领导下，银行家信托开发出具有竞争优势的风险评估技术，在复杂的衍生品互换交易中居领先地位。然而，桑福德还是忽视了该银行的企业文化已从强调发展客户关系转变成了强调利润优先。20世纪90年代，银行家信托作为交易对手，与两家赫赫有名的公司客户——吉布森贺卡和宝洁展开互换交易。这些交易给这两家客户造成巨大损失，于是他们对银行家信托提起诉讼，指控这家银行没有向他们警示参与此类交易的真实风险。尽管该银行在诉讼中取得名义上的胜利，但其为客户服务的声誉已遭重创，不久之后，便被出售给了德意志银行。

不 了解以下这段历史就不可能理解声誉在资本市场是如何发展作用的，这段历史展现了银行家信托是如何从一家最具创新力的成功金融机构戏剧般地坠落成无人问津的弃儿，严重受损的声誉又如何无情地引导它走向灭亡。

纽约银行家信托创立于 1903 年，逐渐崛起成为一家拥有几十亿美元资产的银行控股公司，是美国最大的商业银行之一。银行家信托转变成一家金融行业的巨头正好与其声誉的成长相伴相随——其成功很大程度上要归功于此——作为一家具有高信任度的机构，以其为高净值个人和其他金融机构安全守护受托的资金，不与遍布全美银行业中的很多客户展开同业竞争而赢得信赖。

19 世纪末 20 世纪初，美国银行法禁止国民银行开设州外分支机构或拥有开展信托业务的权利，除非它们满足严格的资本和法定准备金比率的要求。这些规定使纽约的大银行在与对手信托公司竞争时处于不利地位，后者因为受到监管的严格程度要小得多，可以以更具竞争力的利率放贷，从而更有盈利能力。1903 年，纽约市一群有实力的银行在著名的金融家 J.P. 摩根的带领下，成立了自己的信托公司，称为银行家信托，以此合法结构在一个更大的平台上与信托公司展开竞争。起初，银行家信托将自己限定在提供信托服务上，涉及的主要业务是作为受托人行事，管理客户以信托方式持有的投资。由于银行家信托不与其他州和国民商业银行争夺贷款客户或争夺追求附有利率的存款账户客户，全美很多银行都转向银行家信托来办理信托业务。

开始时，银行家信托的存款总额为 575 万美元。在 4 个月内这一数值迅速增长，超过起初的预想，于是公司搬到了华尔街。和当时管理他人资金的其他信托公司一样，银行家信托的声誉对其生存至关重要。银行家信托的坚强支柱是纽约的银行精英，特别是 J.P. 摩根。这使得它迅速赢得客户的信任，这些客户几乎排除了其他银行。这家公司在 1907 年 10 月金融恐慌时的优良表现被认为是对公司声誉的加强。

银行家信托迅速成长，开设国际业务，代表强大的行业交易组织美国银行家协会引入旅行者账户。银行家信托于 1911 年开启收购狂潮，收购其他信托公司，包括商人信托公司和曼哈顿信托公司。

当法律做出调整，允许银行直接参与信托业务时，银行家信托为了生存，不得不改变其业务模式。到 1917 年，银行家信托已经成为一家完全合格的商业银行，并成为了联邦储备系统的成员之一。1928 年，银行家信托已成长为资产 2 500 万美元的机构，以现在的美元水平来计算，其资本额超过了 3.3 亿美元。这还是在 1933 年《格拉斯－斯蒂高尔法》通过之前，当时禁止商业银行直接或通过附属企业参与诸如承销、买卖证券这些投资银行活动。银行家信托已经创设了一家名叫银行家公司的子公司，用来发展庞大的全国性承销及出售公司债券的业务。1933 年《格拉斯－斯蒂高尔法》获得通过后，这一业务不得被不取消，像银行家信托这样的银行与像银行家公司这样的投资银行之间的从属关系不再得到允许。但这并没有阻止银行家信托的扩张步伐。随着其信托业务在全国的快速增长，银行家信托推出公司退休金管理计划这一新兴业务，使它成为这一业务最重要的领先者之一。

尽管总体上有所收缩，但信托部门仍被允许继续扩张。银行家信托的声誉植根于其传统的受托业务，这是它的核心业务。随着业务的成长，信托部门中有了一些专门的部门专事管理信托持有的所有资产类别，包括抵押贷款融资、房地产，当然，也包括公司、政府债券以及股权投资。

这些部门在大萧条时期做得非常好，不像其他银行。银行家信托在大萧条中未受损伤，甚至财力更加雄厚。虽然这家银行直到 1935 年这段时期都没有快速成长，但它的资产超过了 10 亿美元。在第二次世界大战中，它幸存下来，只是关闭了巴黎和柏林分行，伦敦分行继续经营。伦敦分行在第二次世界大战时期曾受到过炸弹袭击，德国的炮弹重挫了这座英国金库，但它从来没有关闭 1 天以上。

战后，银行家信托开始向个人及小企业主放款，通常是给予优惠条款，不要求担保。整个 20 世纪 50 年代，银行家信托继续成长，通过合并或简单收购其他若干家银行来扩张其经营范围。1950 年，银行家信托收购了律师信托公司、头衔保护信托公司以及法拉盛国民银行。从 20 世纪 50 年代初期至中期，银行家信托继续行动，收购了商业国民银行与信托公司、贝赛德国民银行、富达信托公司以及公众国民银行，最后一家的主要分支银行网络遍布纽约市。

到了 20 世纪 50 年代末，这家公司的发展势头引起了纽约市和华盛顿两方监管者的注意。在 1959 年，这家公司宣布它计划与另一家大银行——制造商信托公司合并，但在纽约州银行委员会和美联储开始考虑竭力阻止这一超级合并时，该计划被放弃。在 1960 年，纽约州银行委员会阻止了银行家信托对位于纽约州韦斯特切斯特县的最大零售银行韦斯特切斯特县信托公司的收购计划，当时，韦斯特切斯特信托有 39 个分支机构，超过 3.8 亿美元的资产。

1965 年，银行家信托仍然处于高速成长模式中。作为计划扩张的第一步，这家银行组建了一家银行控股公司——BT 纽约公司（后来叫纽约银行家信托），它计划扩张到若干个业务领域，这些领域在法律上有可能是银行自身不可从事的领域。在接下来的 10 年里，银行家信托从一家集中与公司和高净值人士合作做生意的"银行家的银行"，扩张成为一家在美国零售银行领域有着巨大影响力的、多样化的金融机构，一家非常成功的国际化银行，以及一家在以下领域同样有很大作为的银行：中间市场借贷、建设贷款、房地产和抵押贷款、信用卡、设备租赁（特别是飞机租赁）和应收账款转让（折价买进公司的应收账款，尽可能高效地收回债务，赚取由其他公司放贷正好收回的金额与为获得收取这些债务的权利而需要付出的金额之间的利差）。

有趣的是，当银行家信托开始挑起法律纠纷、挑战禁止银行扩张的州法律时，它变成了美国最激进的银行。例如，1973 年，银行家信托向联邦法院提请诉讼，挑战佛罗里达州法律阻止州外银行和银行控股公司，如银行家信托及其控股公司，收购或控制佛罗里达信托与投资公司，认为这样的法律缺乏宪法合法性。在同一年，银行家信托再次在佛罗里达提起诉讼，这次是要推翻一项限制州外银行为佛罗里达州的银行提供信托服务的州法律。最终，由于不允许禁止跨州商业违反了美国宪法第 1 条第 8 款第 3 项规定，该项包含一条被称为"商业条款"的规定，用来保护如银行家信托这样的公司受到禁止来自州外竞争的州法律限制，以免其被冻结在州市场以外。据此，银行家信托打赢了这两起官司。为了保护当地强大的州内商业免遭州外强大对手的竞争，各州经常干这种事。

银行家信托继续做得风生水起，其声誉不再局限于银行业和纽约当地银行市场，良好的声誉助推了其扩张计划。佛罗里达州、加利福尼亚州和中西部州的客户也希望与这样一家具有良好声誉的银行做生意。

公司终结的序幕于 20 世纪 70 年代中期被拉开。新的管理团队于 1974 年上任，包括后来的主席查尔斯·S·桑福德（Charles S. Sanford），当时是副主席。到了 1976 年，监管者控告这家银行存在财务困难，公司的声誉受到一次重击。这一控告起因于美联储理事会出人意料地否定了银行家信托提出的收购位于纽约的规模很小的墨西哥第一国民银行，理由是银行家信托正在经历财务困难。正如从银行家信托历史账目观察出的："尽管（美联储）理事会后来发表了另一份声明，说这家公司是健康的，但伤害已经造成了——公众对银行家信托的信心直到 20 世纪 80 年代中期才得以完全恢复。到 1978 年底，银行家信托成为美国大银行中盈利最少的银行。"

从那时起，未来的基石就铺设好了。首先，银行家信托为了继续发展和成长，需要得到联邦监管者的支持；其次，银行家信托开始把诉讼当成自己战略军火库中的主要武器；最后，银行家信托开始专业化。

银行家信托决定放弃零售银行业务，这个业务分支已经越来越拥挤，竞争越来越激烈。它转回到自己传统的、与其他大的商业机构有生意往来的批发银行模式，聚焦于 4 个核心业务，即商业银行、货币与证券市场、公司财务服务及信托部门服务。在 20 世纪 70 年代后期，它开始出售自己的零售银行网络。到 1981 年，大多数分支网络都已经售出。到 1984 年，随着纽约宾厄姆顿支行的售出，银行家信托彻底告别零售银行业务。

新任 CEO 查尔斯·桑福德是直接从交易大堂的基层提拔上来的。在桑福德的领导下，银行家信托努力让自己恢复到当年的盈利水平。但在桑福德时代，这家银行除了赚钱，还做了很多其他事情。它改变了我们思考风险的方式，这一点使它在美国金融史上扮演一个重要角色。特别是，这家银行是第一家把一个基本的但又很关键的概念运用于操作的银行，这个概念就是不同投资者在资产上的回报不能单纯依靠在这些资产上获得的收益来评估。相应地，与这些投资相关的风险也必须加以考虑。例如，假设一位投资者在两家公司中拥有股票，这两家公司在某一特定年份有相同的业绩表现，并且这位投资者在这两项资产上获得同样的 10% 的收益。我们不能自动地得出结论认为这两项资产的表现一样，因为有可能每一项资产都面临着不同的风险。如一项资产是高风险的，在一年内其价格有 90% 的可能性会下跌；假设另一项资产很安全，在一年内其价格有 90% 的可能性不下跌。因为找到一个可在低风险下带来好收益的资产更好（并且更难），所以我们不得不承认更安全的投资表现得会更好。总之，承担较小的风险能获得 10% 的收益，比承担高风险获得同样的收益更好。

银行家信托开发出的更精确的风险测量工具使它有能力在评估其自身业绩，以及评估那些正在做投资决策的公司的业绩时比其他金融机构做得更精确。这帮助了银行家信托在查尔斯·桑福德的领导下改善其收益水平。同等重要的是，银行家信托在测量风险上的创新使这家银行有能力确定其银行业务到底有多大风险，确保这些业务总有足够多（但不是太多）的资本缓冲以保护自己免遭拥有资产所引发的确切风险。

这家公司建立起来的一套将风险因素分配到所持资产的体系，并成为评估、控制和测量风险的世界标准。这个被称为风险调整的资本回报（Risk- Adjusted Returns on Capital，RAROC）的体系，不仅极大地提高了银行家信托的财务业绩，也提高了这家银行在金融界的声誉，巩固了这家公司作为行业领先者的地位。

RAROC 分析框架被用来评估交易，以及将资本从低收益业务重新配置到高收益业务。在桑福德的领导下，银行家信托"将自己从一家二流的、很不专注的、接近破产的商业银行转变成一家活力充沛、资本良好、盈利丰厚的商人银行"。

银行家信托的革命性方法乍看来似乎很简单。当时的一位历史学者曾这样评述："桑福德偶然发现的三项原则在现代金融中是很确定的，但在当时从来没有被整合和运用到企业管理中去"。这三项原则就是：

- 通过持有头寸（比如买入债券）的交易者将风险带入银行，使用了银行有成本的资本；
- 担承风险的唯一理由是赚取收益。因而，持有头寸的交易者得有盈利的预期，并且风险越大，交易者预期的收益就越高；
- 为了保证合理使用股东资本，交易者对收益的预期必须与股东所要求的相同风险下的最小收益相一致。

银行家信托开始在商人银行领域占据主导地位，用自有资本涉足大的赌注，因为随着自己拥有更好的风险测量工具，它可以胜过其竞争对手。更好的风险测量技术给其拥有者参与市场竞争以最大化的优势，继续沿用旧时代兵器，凭"感觉"或"过去做事经验"的竞争对手可以在短期内取胜，但它们没有在风险上获取足够的溢价。随着时间的推移，它们将会掉队，因为非预期的损失会惩罚它们，客户会转移到更稳定的机构中去。银行家信托的特别之处是买卖复杂的金融衍生品（为自己账户或为客户账户），特别是互换协议。顾名思义，简单地说，互换就是一种金融交易，一方将一系列支付款项或单笔（通常为大额）支付款项与另一方的单笔大额支付款项（或一系列支付款项）相互交换。比如，假设一家德国制造公司出售一大批地铁列车给世界其他地方，如中国的某家公司。出自税务或监管方面的考虑，或只是因为买方坚持，出售价格以中国当地货币，即人民币计价。假定这些列车在接下来几年在德国的工厂制造出来，随之被中国购买。为交换这些价值数百万欧元的地铁列车，德国制造公司基本上已经同意在未来若干年里接受人民币的支付款项。随着德国公司在欧洲生产出列车，这家公司当然要以欧元报告其盈利、利润以及亏损，这家公司也得以欧元支付雇员工资，以欧元向股东支付红利。预计这家德国公司在接下来的 10 年，甚至是更长的时期收到 5 亿欧元，由于汇率波动，这些欧元可能永远也不能真实发生。比如在 2012 年 11 月中旬，这 5 亿欧元值 36.929 6 亿元人民币。如果未来人民币对欧元走软，这个数额的钱就会大幅贬值。通常，公司在这种情况下会找一家金融机构，并且签订一个互换协议。德国公司支付一笔费用，用一笔欧元收付款项来"互换"其预期的一系列人民币收付款项，以减轻自己与交易相关的汇率风险，使自己能准确地确定本币下的未来一系列收付款项的现值。类似地，以变动利率借款的企业可能会决定，它想把这一债务偿还义务与另一固定利率下的债务偿还义务进行互换。这两类互换——外汇互换和利率互换，是互换交易中最常见的类型。

银行家信托也是一个现在广为人知的"裸互换"（naked swap）这一概念的开拓者。简单地说，裸互换是涉及一方的互换。即使人们不打算采用给另一客户单边承诺支付款项来对冲风险，他们也可以参与互换。比如，如果一家银行简单地给一客户承诺，它会每个月给他支付一定数额的欧元，以换取每月一定数额的人民币，这家银行应该就是在涉足裸互换。一家公司也能简单地作出承诺，用单笔将来的支付款项或一系列这样的支付款项，来换取其交易对手做出的付给它一个系列款项的承诺，其款项数额可按不同方法计算得出，这是一种在外汇波动或利率波动，或未来如商品等资产的相对价格变化下赚钱的方式；有时，做互换是为对冲现存的风险；有时，纯粹是对金融市场或商品市场的变化方向进行打赌。

20 世纪 70 年代之前，市场对互换的需求，或对复杂的风险管理方法的需求都不大。在第二次世界大战直接影响下，经济学家、财务专家、商业巨子以及外交家们接受了一个貌似有理的观点：两次世界大战的发生在很大程度上归因于经济的不确定性和不稳定性。为了消除这些问题，巩固美国战后自由世界的领袖地位，1944 年 7 月的前三周，第二次世界大战的战火还在欧洲燃烧时，美国在新罕布什尔州布雷顿森林的芒特华盛顿酒店主持召开了一次世界领导人会议。这次会议通过了《布雷顿森林协定》，该协定成为了之后 25 年世界金融发展的指南。这个由《布雷顿森林协定》形成的金融新秩序有两大特点：（1）确立了重要的新机构，国际货币基金组织（IMF）和国际复兴开发银行；（2）确立了一个稳定的、固定的、与美元挂钩的汇率体系。

布雷顿森林体系的作用维持到 1971 年，那年，美国放弃金本位。虽然有些货币继续与美元保持非正式的挂钩，但许多货币与美元脱钩。这其中有些受其发行国控制，有些则成为完全自由浮动。这一变化，以及美国银行监管的某些变化，比如允许银行对支票存款账户、储蓄账户和存单提供更具竞争性的利率，还有不断增长的金融全球化，这些都导致了金融业更为激烈的竞争，同时也带来了更大的风险。美国公司不得不更多地与国外同行和国内投资银行展开竞争，但这两类竞争者所受到的监管都没有像银行家信托这类美国商业银行受到的监管那么严格。

在这个时期，银行家信托和其他大的商业银行推出的最重要的产品就是商业贷款。这些银行将大部分资源以大量的商业贷款方式配置给了这些银行的大公司客户，比如铁路和制造业公司、飞机和其他大型企业。然而，银行在这些贷款市场的份额却出现了一次大幅度的下滑。银行最好的、最值得信任的客户越来越远离商业贷款，而是通过出售短期（9 天或更短）的本票—— 一种被简单称为"商业本票"的产品，来获得经营业务所需要的资金。

大萧条时期，《格拉斯－斯蒂高尔法案》禁止银行直接向客户出售商业本票。因而，随着商业本票市场开始取代商业借贷市场，并成为大银行的最大和最重要客户主要的信贷来源，像银行家信托这样的商业银行开始受损。各银行试图通过增加房地产借贷、以商品为基础的借贷以及更多的海外放贷，特别是对欠发达国家放贷，希望以此来弥补失去的业务。然而，这些市场比传统的公司借贷市场表现出更大的波动性和周期性，像银行家信托这样的银行在盈利变差的同时，风险也在变大。银行家信托的状况甚至比其他大的银行更差，因为它已经放弃了零售、消费者银行市场，而这一细分市场让银行家信托的一些大的商业银行竞争对手，如化学银行（Chemical Bank）和花旗银行（Citibank）继续成长，顺利迈进 20 世纪 90 年代，尽管当时也面对过许多新的挑战。

银行家信托的救赎来自它的管理能力，自己可以比以前更好地测量、分析和管理业务风险，有能力将技术进步和金融理论转变成一种新的赚钱方式。虽然那时银行家信托的风险管理方法全然没有后来那些花里胡哨的东西，桑福德和他的同事还是很快地认识到他们没有采用高度成熟、高精度的 RAROC 模型来识别重大的机会，以改善业绩。

先前描述的裸互换与银行家信托提起的 RAROC 模型两者对接，创造了现代互换业。从某种意义上来说，银行家信托在金融和技术两方面创新开拓上都发挥了关键作用，但对于这一点，美国历史在很大程度上未认识到。正如一位行业内人士中肯地写道：

> 在利率互换的早期，可能要花上几个月才能达成并执行一笔交易。当找到某位对特定利率有兴趣的客户时，还得寻找一位有反向的需求对手，在"背靠背"交易中才能构成交易双方。只有在这时，才真正开启一段长期而曲折的交易条款谈判与达成过程，开始实际寻价。寻找交易双方及谈判交易文本的困难限制了交易的数量，增加了交易的难度。

> 由于银行家信托拥有交易文化，有能力用 RAROC 模型明确地量化风险，1982 年~1983 年，在找到（或可能永远也找不到）交易另一方之前，它开始接受一方对自己账面资产提出的交易。那时，这家银行使用市场工具来抵消风险，只保留因不完全套保和交易对手信用风险而引发的剩余市场风险。这一创新使得交易量在没有造成银行积累大量风险的情况下，获得爆发式增长。这家银行也使得衍生品能够在改造后满足客户的特殊需求。

银行家信托不只是领先于裸互换，还领先于现在被称为总收益互换（total return suap）的产品，通过这一产品来转换汇率或利率波动的市场风险，以及信用违约风险。比如，在传统互换里，在中国卖列车的德国公司可购买一种互换产品，该产品拥有把公司预期的人民币系列收款项转换成获得以欧元付款的权利，以此降低或消除外汇风险。而在总收益互换里，德国公司可买入这一互换产品，该产品赋予德国公司获得收到款项的权利，即使中国公司在自己的支付上出现了违约。在这样的互换里，扮演互换另一方角色的金融机构，不仅成为承诺支付系列款项合约中的对手方，而且也是德国公司对手方业绩的担保人。

这一业绩担保使签署互换合同的金融机构在合同规定下成为由中国公司向德国公司支付款项的担保人或保险人。另一种互换信用违约互换，简单地说是一种当违约或其他"信用事件"发生时的付款承诺，这种互换只涉及信用担保，不涉及利率或汇率波动风险。正如在第 2 章中提及的，这些信用违约互换就像单纯的保险合同。

银行家信托创新的 RAROC 模型被用来分析利率风险、外汇风险（在以固定汇率为特征的布雷顿森林体系崩溃之后，尤为重要）、信用风险、管理风险、操作风险以及流动风险。

在技术方面，银行家信托配得上一项美誉，那就是在大的金融机构中，它是第一家开发出早期版本的电子邮件，并使之变得具有适用性的银行。银行家信托最先在本银行内使用这个全球通信系统，特别是在遍布全球的本银行交易者之间使用。到 1983 年，这一系统运用于银行家信托的全球网络中，使交易者可根据市场事件及发展迅速作出相应调整。这样，"实时的"跨市场交易机会就会创造出来。随时间推移，由此发展起来的这些能力能使所做出的决策在当地得到落实，当地交易者能对客户需求进行快速反应，同时，在中心区域实行统一监督。全球范围按统一标准进行集中管理，各地区交易者在管理层监督的风险参数范围内拥有一定的自主裁定权。

凭借拥有新技术，银行家信托认为自己在法律允许竞争的任何交易业务范围内占主导地位。于是，银行家信托提出诉讼，要求进入那些被禁止的业务领域，如交易商业本票，承销及出售公司股票及债券。

20 世纪 80 年代，并购，特别是称之为杠杆并购（Leveraged buyout，LBO）的风险型并购，开始流行开来。银行家信托是这个市场的领导者。杠杆并购是指通常由公司内部高管领导的一群人通过收购一家公司的大多数股票来接管这家公众公司的金融业务。实施 LBO 的这些人使用大量的债务（称为"杠杆"）来为取得业务的控制权进行融资。为确保贷款安全，所需的担保物就是购买业务所对应的资产。想要成功参与 LBO 市场的资金贷款，就需要有测算风险的敏锐能力。

另外，银行家信托还是商业贷款折价出让业务的世界领导者。银行家信托将商业贷款业务转变成另一种业务———一种既可赚取手续费，又通过便宜地购入贷款，然后卖出这些贷款来赢利的业务，而不是那种单靠发放贷款，然后只等着回收本金和利息来赚钱的传统业务。

银行家信托在世界金融行业的重要地位及声誉在 1975 年纽约市金融危机时期显露无遗。银行家信托是该市市政债务，特别是一种被称为税收预期票据（Tax Anticipation Notes, TANs）的短期债券的主要承销者，顾名思义，TANs 是以纳税人将来交纳的税款为依托，为市政提供短期融资而发行的债券。银行家信托拒绝了纽约市想发行一种新证券的承销要求，因为纽约市不能确切地证明其现金头寸在承销时到底有多少。该市提供的信息是一个月之前的。在过去，这种过时的信息被一些借出人，包括银行家信托认为是可接受的，但这次被认为有风险，因为旧的 TANs 差不多每月都有到期的，并且差不多每个月都有为期一月的 TANs 正在出售。

这里有一则记载：

> 如果纽约市不能对承销所提出的要求作出解释，（桑福德）不会让银行冒风险。他把主承销的位置让给承销团中愿意担当的其他银行。但没有机构愿意接手。几周后，纽约市公布其财务报告，很明显，它并没有足够的资金来赎回单据，于是，人们担心的纽约市金融危机爆发了。

银行家信托运用其最新的管理工具和自身能力规避了与纽约市金融危机相关的金融险情，这对于银行家信托的声誉有着巨大的益处。银行家信托将自己的风险工具销售到自己客户以外，取得相当大的成功。人们想跟银行家信托做生意。1977 年，银行家信托的营业收入达到了 2 000.1 万美元。到 1980 年，这个数字增至 4 倍以上，达到 8 360 万美元。正如《商业周刊》（*Business Week*）所言："银行家信托在证券和投资领域的惊人成功为它赢得了咨询工作，也提供了坚实的利润保障。"伴随着银行家信托的成功，公司内部的薪酬水平也明显上升。银行家信托放弃了商业银行采用的传统的、以职位为基础的薪酬政策，开始按投资银行模式支付薪酬。在这一模式下，很多高管的绝大部分报酬来自奖金，这部分主要取决于对盈利的贡献，数量相当可观。每个部门拿出钱放进它的"奖金池"，然后根据部门的盈利情况分配给雇员。像债券交易这类部门，非常成功的雇员能够（也确定）获得的总报酬超过公司的董事会主席。

银行家信托在常规管理，特别是在风险敞口管理上的卓越声誉也影响了监管者。在 1997 年，银行家信托成为首家得到银行监管者允许，可利用自己的模型计算资产风险敞口，以此来调整其资本水平的美国金融机构。这意味着从 1998 年 1 月开始，银行家信托可自行决定它的某项资产比先前认为的风险更低，该银行可通过向股东支付红利来降低其资本水平，或者它可以通过更多的贷款，或在无需筹措新资本情况下开展更多的衍生品交易以支持新的风险业务，从而使业务规模进一步扩大。这当然是一项具有历史意义的成就。

但在这一过程中，有些关键点值得注意，银行家信托采用不同方式来对待其客户，这是该公司走向终结的开始。还有一点，在银行家信托采用 RAROC 模型试图测算的风险套餐里是不包括声誉风险的。声誉风险只是一个概念，没有作为一个因素出现在银行家信托异常复杂的分析中。这一缺陷导致该银行彻底垮台。

正如《经济学人》指出的：

> 美国银行家信托喜欢把自己看成一家现代投资银行。它吹嘘自己的创新交易策略，吹嘘自己的成就：本银行在 1993 年的净利润超过 10 亿美元。
>
> 不过，傲慢来临之时也是尴尬降临之日。在 1994 年 4 月，有两位客户称，在事先没有适当警示潜在陷阱情况下，这家银行就把高风险、有杠杆的衍生品卖给了他们。银行家信托反击称，这些客户想利用喊冤试图逃避出现损失的合约……愤懑的客户起诉了这家银行。

指控银行家信托欺骗的客户是人们心目中最受尊敬、最具美国标志性公司中的两家：一家是消费品企业宝洁公司，它在两起复杂的利率互换合约中损失了 1.95 亿美元；另一家是制造贺卡的吉布森贺卡公司（Gibson）。这两个案件都值得研究。

吉布森贺卡对阵银行家信托

　　银行家信托与受尊敬的吉布森贺卡（以下简称"吉布森"）达成一份互换协议，协议授予吉布森收到一个高于当时市场利率的固定利率，数值为 5.5%，吉布森的义务是向银行家信托支付一个以 LIBOR 为基准的浮动利率。LIBOR 的全称是"伦敦银行间拆借利率"（London Interbank Offered Rate），它每天都会变动。每当世界上最大的、最值得信赖的银行间发生借贷时，LIBOR 就反映了它们收取彼此短期以日为基础的借贷利率的平均水平。虽然吉布森欠银行家信托多少利息是基于 LIBOR 计算得来的，但具体欠多少的数值计算却是在直接得来的 LIBOR 基础上被大大地复杂化了。协议要求吉布森支付给银行家信托的利率等于 LIBOR 的平方，再除以 6%。

　　在这一交易里，LIBOR 上升到接近 5.75% 之前，净支付都是对吉布森有利的。换句话说，如果 LIBOR 在做出相关计算的那一天为 5.5%，根据互换协议条款，吉布森必须向银行家信托支付的利息是该互换名义金额数值的 5.05%，同时根据协议，收到的金额则按更高的由对方支付的固定利率 5.5% 计算。也就是说，在这一利率条件下，吉布森从银行家信托那里收到的利率是 5.5%，付给银行家信托的利率是 5.05%，两者之差使该交易产生出 45 个基点的利润。然而，如果 LIBOR 上升到 5.75% 以上很多，数值就会变得对吉布森极为不利。

　　比如，假设在互换计算那天，LIBOR 是 5.75%。在这一时点上，吉布森可根据与银行家信托签订的互换协议收到 5.5% 的固定利率，也有义务向银行家信托支付 5.51% 的利率，两者基本相等。不过，假设利率上升正好达到 1%，从 5.75% 至 6.75%，这时，吉布森就得支付给银行家信托 7.59% 的利率，而不是 5.51%，这一跳跃就超过 200 个基点，或说超过 2 个百分点。另一方面，如果利率从 5.75% 下跌 1%，至 4.75%，吉布森不得不支付的利率为 3.76%，这一数值只是比吉布森在 LIBOR 为 5.75% 时不得不支付的利率水平 5.51% 仅仅低了 175 个基点，或者说是 1.75 个百分点。

　　并且，当利率水平上升时，吉布森的损失快速上升，因为 LIBOR 的上升很快就会引起浮动利率以超过基于简单的 LIBOR 支付增长速度的两倍而快速增长。比如，如果利率下跌 300 个基点，从 5.75% 下跌至 2.75%，那样，吉布森只需付给银行家信托 1.26% 的利率，为吉布森节省 425 个基点，即 4.25%。但 300 个利率基点的上升却要让吉布森付出的利率增加值达到一个庞大的数——725 个基点，即 7.25%，这是因为吉布森的支付利率会从 5.51% 上升至 12.76%。

可见，结构是不对称的。正如一位风险专家在描述银行家信托与吉布森的交易时所说："必须要问的问题是，如此结构，除了隐藏风险之外，还有什么其他合理解释，用一个较高的固定利率来证明其结构合理，但背后却是一层浓浓的烟雾。"银行家信托最终与吉布森达成和解，但和解却是在银行家信托泄露出一条信息之后，有一段录音带记录表明，事实上该银行的一名常务董事欺骗性地向吉布森宣称对方在这起交易中所面临损失的风险要小于它实际承担的风险。

回过头来看，很清楚，银行家信托极其错误地处理结果会给公司生存带来严重威胁。《经济学人》在总结这家银行当时面临的形势时说："桑福德先生奋力挽救这家银行的声誉。作为将银行家信托转变成为一家激进的金融巨人的战略设计师，他个人的声誉也处在危险之中。"

令人吃惊的是，虽然《经济学人》清楚地认识到银行家信托正面临着的声誉风险，但这家银行自己并没有意识到。这家华尔街的大银行不担心其声誉，主要关心的还是想方设法让自己那些可敬的美国中部客户把自己手中的互换合约持有到期，不管他们对这里面的承诺了解多少，也不管银行家信托在多大程度上通过误导或欺骗性地陈述与这些交易相关的真实风险来诱导这些客户进入这些交易市场。在桑福德看来，互换和其他复杂的衍生工具市场正在成长。唯一的问题，用桑福德的话来说："是这些人当时在用有杠杆的工具做投机。他们将不会再这样做了。"我相信，这是本书最重要的引语，值得好好地加以分析。请注意，桑福德先生没有说"我们"将不会再这样做了。他是说他们——客户将不会再这样做了。如果桑福德先生的意思是："不，他们将不再与银行家信托做生意了，反而将起诉我们，毁掉我们的声誉，如果这样，实际上将没有任何公司会与我们做生意。"那样的话，他是对的。但当他说"他们将不会再那样做了"，他的意思就不是这样的。桑福德的意思当然是，这些客户将来不会从事他们并不充分了解的有杠杆工具，如互换的交易。

在这一谈话里，桑福德先生责备客户"投机"。在这一特性上有很多的问题。一个问题是银行家信托也在投机。差别只是在于银行家信托知道它在做什么，宝洁或吉布森则不知道。很明显，桑福德先生话中的意思是说："像对手这样愚蠢的人就不应该投机衍生品，但我们可以，因为我们是屋子里最聪明的人"。不奇怪，绝大多数客观的观察者和监管者都认为，客户是一群羔羊，银行家信托则是一只大尾巴狼。

在桑福德先生的话语中，一个更有趣的特点是，他似乎既不知道也不关心这家银行正从事交易的某些重要细节。这些细节与当今的做法高度相关，因为它们仍然代表着现在实际从事复杂的衍生交易的典型方式：

- 银行家信托发明了这些互换产品；
- 这些互换产品没有市场价格；
- 这些产品基本就没有市场；
- 银行家信托向客户解释这些产品；
- 银行家信托利用接触客户的机会，让他们相信这些产品对他们来说会有利可图，并以此来销售这些产品。

这些产品按某一个价格出售（款项采用吉布森从银行家信托那里收取的利率方式）。计算这些工具的价格是一项极其复杂的工作，涉及复杂的计算机运算。包括这些运算的计算机程序都是银行家信托的财产。银行家信托对这些程序高度专有且视为重要机密。他们自己拒绝向客户披露其估价公式或计算机程序。也就是说，客户要依靠银行家信托不仅告诉他们买到的金融产品价值多少，还要定期地告知他们根据已经与银行家信托签订的协议必须支付给对方确切的金额。

很难想象，在一份协议里，信任会被放在更重要的位置上。吉布森、宝洁以及其他银行家信托的衍生客户，基于银行家信托自主产权的资产估价工具，从这家银行那里购买了这些异常复杂的金融资产。这些金融工具要求银行家信托向客户定期地支付款项，客户也向银行家信托定期地支付款项。确定每次支付款项数额需要复杂的计算，这个计算只有银行家信托能做，计算还要求使用有自主产权的计算机程序，银行家信托又拒绝与客户共享这一程序。也就是说，每个月或每季度，每到像吉布森这样的客户按金融合约该向银行家信托付款的时候，吉布森要依靠银行家信托告诉他们自己欠了多少钱。

这种合同要求合同双方有很高的信任度。然而，银行家信托却不值得信任。正如《经济学人》所评论的："没有哪家银行像银行家信托那样，既与衍生品业务有着如此紧密的联系，又秉持一种利润驱动的文化。在这一文化里，客户的利益常常位居这家银行的利益之后。"

如果还怀疑，当桑福德说："唯一的问题是这些人当时在用有杠杆的工具做投机"，他的真实意思是在指责该银行的客户，那么，当银行家信托任凭争议走上法庭时，怀疑也就断然消除了（其他金融机构很快就与客户达成和解，并努力修复自己与客户的关系）。在诉讼时，银行家信托辩解称，买方注意中的一条严格规则（律师们声称的"货物出门概不退换"）应该适用于其行为，并且根据与这些客户签订的各种协议，它有资格追讨因使用其计算模型致使客户所欠的数十亿美元欠款。

银行家信托不会从这些交易相关的声誉损失中幸存下来，它垮台了。在那个特殊的时期，这个特殊的案例里，传统声誉模型的确发挥着该理论所预测的作用：银行家信托需要其声誉才能生存。在仅有的几次利用其客户的交易中，它就很快失去其声誉。银行家信托有法律依据为自己的立场辩解，这是事实，但也于事无补。再精细的法律最终也对其生存没有实质性作用。银行家信托从来没有在任何一起由其客户提请的诉讼中败诉。有一些客户实际上没有按合同向银行家信托付款。银行家信托的问题与这些合同的合法性毫无关系，而与这些合同向市场传递的有关银行家信托的商业实践方面的信息密切相关。

随着客户的分崩离析，银行家信托的盈利暴跌，这家公司不得不将自己卖给了德意志银行，后者最终抛弃了已经败坏了的银行家信托名称。在出售给德意志银行之前的财季里，银行家信托的盈利大跌了 37%，跌至 1.4 亿美元，主要是因为该银行理财部门的收入下滑，尽管其他对信任要求不高的业务部门，比如交易部门，仍然做得不错。

预料到自己会卖给德意志银行，银行家信托终止了其私人客户服务小组，重组其部门，将经纪业、组合管理、为私人客户提供的传统银行服务放到一个庞杂的共同部门中。合并后，德意志银行将银行家信托中几个有高信任度的业务，包括全球现金管理、保管、投资者服务、信托公司以及代理服务移到了德意志银行的分部中。

宝洁对阵银行家信托

就像托尔斯泰所说的："不幸的家庭各有各的不幸。"所有不幸的客户看起来都有着各自不幸的理由。遵循这一点，银行家信托和宝洁之间的交易与银行家信托和吉布森贺卡之间的交易存在着某些明显的差异。在随后的诉讼过程中，宝洁当时的主席埃德温·阿茨特（Edwin Artzt）非常简明地总结了公司的立场，并明确地表示："问题出在银行家信托的销售操作上。有一种观点认为衍生品的最终用户必须为他们购买的产品负全责。我们完全同意，但只有在条款和风险得到充分且准确披露的条件下"。

吉布森根本没有宣称自己在交易复杂的——如衍生品金融工具方面非常精明或有经验。与吉布森不同的是，宝洁的资金管理操作是在公司首席财务官的指导下进行的，这家公司试图激进地管理公司的货币与利率风险，甚至想像华尔街投资银行那样靠交易赚钱。在与银行家信托发生交易时，宝洁预测利率将会下跌。而且，是宝洁找到银行家信托，请求对方设计出利率互换让宝洁购买。

在对银行家信托提出的互换合约多次商讨后，宝洁和银行家信托于 1993 年 11 月签订一份合约。交易金额翻番，从 1 亿美元上升至 2 亿美元，这一数值是该互换合约的名义金额，合约期限为 5 年。

宝洁在互换中的义务

以下是宝洁与银行家信托之间金融合约的主要条款。

- 在交易的头 6 个月，宝洁同意支付比商业票据利率低 75 个基点的浮动利率。
- 这之后的 4 年半里，这一浮动利率会受一种"脑筋旋风公式"（brain-twisting formula）的控制，该公式包含有 1994 年 5 月 4 日当日，即该交易头 6 个月期满当日的 5 年期及 30 年期国债利率。对于宝洁来说，最好的情况是，浮动利率在整个互换期间内商业票据利率水平持续位于 75 个基点以下。

银行家信托在互换中的义务

尽管整个交易很复杂，但其要点可以很简单地表述为：该互换有一笔名义上的、价值 2 亿美元的本金。假设利率在整个 5 年期限内真的如其所愿，对宝洁有利，宝洁就会在 5 年期节省 75 个基点：对于 2 亿美元来说，这就意味着每年节省 150 万美元的利息，5 年总计节省 750 万美元，每年的节省额将会使宝洁大约 5 亿美元的利息支出削减至不到 1%。

未来 5 年，宝洁从银行家信托有希望获得每年最多 150 万美元收益的风险是什么？银行家信托同意一分钱不用支付，反而担任承保人的角色，承担利率发生地震式巨变的风险。然而开始后不久，这样的地震式巨变就实际发生了：5 年期国债利率从 1993 年 11 月初的 5% 上升到 1994 年 5 月的 6.7%，一个巨幅的增长。宝洁的另一个基准是，30 年期国债利率从大约 6% 上升到 7.3%。

刚开始时，事情朝着有利于宝洁的方向发展，于是，公司便加大与银行家信托之间的互换业务，这实际上是在从事赌徒的"翻倍下注"。这些互换合约彼此之间都有一些差异，但所有合约都是以宝洁的一个赌注为基础，那就是，利率将不会大幅上升。比如，在随后的一项互换协议中，宝洁在互换的第一年获得一个优惠的浮动利率，并且在其全部期限内，获得总节省额大约为 94 万美元的承诺，条件是德国的某一确定利率一直正常变动。如果，且只要相关的德国利率在当时为 5.35%，在 1995 年 4 月 14 日之前的任何时间不跌到 4.05% 以下，或升不到 6.10% 以上，宝洁就会节省这些钱。

该互换可称为"环"互换，如果指定利率在这一期间的任何时间，哪怕只有一天下跌到 4.05% 以下，或上升到 6.10% 以上，按公式确定的谁欠谁多少就会发生剧烈变动（尽管其计算仍然复杂）。也就是说，如果指定利率跳到环外，会用一个全新的公式来计算宝洁在 5 年期互换的最后 3.75 年内欠银行家信托的金额；如果指定利率跳出 4.05% 与 6.10% 之间这一"环"的外面，于是，另一个魔幻的（并且看起来随意的）利率数就会蹦到游戏中来。这一魔幻数就是 4.50%；如果指定利率在环外，且这一魔幻利率高于 4.50%，宝洁有义务向银行家信托支付第一年基础利率 5.35%，外加一个"利差"，这一利差设定为 4.50% 与掉期利率两者之差的 10 倍。

1994 年 3 月初，掉期利率急剧上升。它到了环外且高于 4.5%。宝洁决定与银行家信托重新谈判，商定一个"锁定利率"，用来确立宝洁在互换期限内支付给银行家信托的设定利率。这样，好让自己规避利率可能继续上升所带来的风险。

在诉讼中，宝洁坚称银行家信托反复地允诺它会按可接受的价格为宝洁提供锁定利率。然而，宝洁称当它试图与银行家信托针对锁定利率进行谈判时，银行家信托却声称它不可能这样做。在回应宝洁对其可以重新谈判的指控时，银行家信托的回答则是，它没有也不可能提前知道过早终止这些交易的成本。这样的（成本）必定需要根据做出这种请求时的市场状况来判断。

银行家信托也宣称，宝洁的交易额是如此庞大，且宝洁投入了 30 亿美元进行套保以保护自己，要解除这些套保，就会影响美国经济。宝洁答应了银行家信托提出的新条款，同意在某一段时期以高于商业票据利率 1 412 个基点（14.12%）这一令人咋舌的利率来支付利息，后期甚至支付的更多，高出互换设定的基础利率 1 640 个基点（16.40%）。

在随后的诉讼中，银行家信托采取的策略是：认为宝洁是一位精明的对手，它完全清楚自己所面临的风险。宝洁采取的策略是：它信任银行家信托，并且被宰了。也许两边都是对的，关键的是要看到，即使银行家信托是对的，它的货物出门概不退换的商业模式在那个时期并没有显灵。然而，正如前面两章所说的，这一模式现在也许正在发挥作用。

这一诉讼相当有趣，特别是在出示证据阶段呈现出的大量证据。大约 6 500 盘录音带、30 万页文件在诉讼中呈现出来。在这如山般的证据材料中，受到更广泛报道、更令人侧目的是以下这些。

- 在两位银行家信托雇员的对话中，一位说："宝洁将永远不可能知道会从这些（与银行家信托的互换）中得到多少钱（在利润上）。"她的同事回答说："那是银行家信托的美事。"
- 在银行家信托新入职雇员培训课程的录音带中，讲师描述了一起假设的索尼、IBM 与银行家信托之间的衍生品交易，并告诉他们："银行家信托能为索尼和 IBM 做的就是介入到它们中间，去敲它们的竹杠——捞点钱。"这个讲师后来被该银行解雇，因为低劣的幽默有点过了，但仅此而已。人们好奇的是，是否索尼或 IBM 本应该发现像这种课堂娱乐方式或许就是银行家信托的行事方式。

- 在银行家信托为一客户设计的一款衍生产品的内部文件中称，银行家信托会在这起交易中赚到 160 万美元，包括 7 个（基点）的敲竹杠成分。

- 在一盘录音带上，两位银行家信托的雇员在讨论一客户在交易中的损失，一位告诉另一位："在这个数字上再加点。"

- 在诉讼的证据显示过程中，宝洁引述了另一个有用的信息，一位银行家信托雇员告诉某同事说他们在做一笔"滑稽的生意，引诱人们进入一片宁静之地，然后痛快地干掉他们"。

- 也许，在证据显示阶段出现的最著名对话是，一位银行家信托雇员问另一位："他们（宝洁）了解这些吗？了解他们做的事吗？"其同事回答道："不，他们了解他们做的事，但他们不了解这个杠杆，一点儿也不了解。"

- 录音带上显示的东西包括有人说出，银行家信托控制了合约支付额如何分配的计算方法，它支付给宝洁的数额只有当时其期权价值的一半。观察到这一点的雇员说道："至少对银行家信托来说，这可是一项非凡的、可以在未来轻易发大财的美差呀。"

- 这位雇员把与宝洁签订的一款互换产品称为"一场梦遗"。

- 另一位银行家信托的销售人员在解释宝洁之所以与该银行签订互换协议，是因为"我们把他们搞定了"。

- 录音带显示，银行家信托雇员杜撰出他们自己的行话"ROF"，这是"敲竹杠"的缩写。

即便是在出示这些录音带资料之后，银行家信托在与宝洁的官司中仍然采取强硬态度，回应说："宝洁已经制造出一个扭曲的交易观——市场、个人和公司为其自身目的服务，宝洁掩盖了自己承担的责任。"但很少人同意银行家信托在该案上的看法。其他客户也提出了与吉布森和宝洁类似的指控，起诉这家银行。美国证券交易委员会、商品期货交易委员会以及纽约联储银行一起调查银行家信托的衍生品销售行为，对这家银行处以罚款、谴责和批评。后来，随着毁灭性证据的出现，宝洁发起一场运动，联合位于俄亥俄州南部西区的美国地方法院，以及诈骗操纵和贿赂组织（racketeer-influenced and corrupt organization，RICO）一起对这家银行提出一系列控告。银行家信托继续坚持。

一位深受尊敬的衍生品专家和凡德比特大学的金融学教授汉斯·斯托尔（Hans Stoll）曾称：这些互换简直不是制造产品的公司应该涉足的东西。"人们可以认为银行家信托实际赢得了官司，因为宝洁同意向银行家信托支付 3 500 万美元，银行家信托也从未被判处欺诈或敲诈勒索罪，官司也就此得到和解。其他与美国证监会、商品期货交易委员会及其他政府组织之间的各种各样官司，也同样得到和解。

不用说，宝洁、吉布森贺卡，还有其他公司与银行家信托相处是不幸的。但最终的实际情况却是，尽管这些可怕的交易造成客户损失，但这些交易没有致客户于死地，客户幸存着。失败的却是银行家信托，因为它失去了客户的信任。关键的问题是，为什么银行家信托不能从其失去的声誉中幸存下来，仅仅只是过了 10 年 ~15 年，在金融危机爆发之地重蹈覆辙的公司，其丑陋行径与置银行家信托于死地的丑闻有过之而无不及，但这些公司却幸存下来。

THE DEATH
OF CORPORATE REPUTATION

第 4 章

个人声誉与公司脱钩

本章展现个人声誉是如何逐渐与个人为之工作的企业的声誉相脱钩的。所罗门兄弟公司声誉的削弱导致其彻底崩溃，与之不同的是，德崇证券的雇员却能在别处继续他们的职业。迈克尔·米尔肯和德崇证券的悲剧揭示出旧声誉模型中三个关键的、有缺陷的假设：（1）骗子永远无法昌盛；（2）雇员总会与公司这条大船一同沉没；（3）公司的声誉和个人的声誉结合成一个单一的集合体。

传　统声誉模型在银行家信托的销售操作中接受检验，传统模型取得胜利。但这一声誉模型不会预测说，大型精明的金融机构从来不会试图压榨客户。反而，该声誉模型只是简单地预测到，当像银行家信托或高盛这样的公司试图压榨客户时，要承担很大的风险。最大的风险就是做这类诈骗和销售之事时，企业有可能会被逮到，而其他的客户也害怕自己会遭欺诈，于是会避开这些真的或受怀疑的骗子，这些企业会因此出现大量损失，甚至会像银行家信托那样最终垮台。

就在像银行家信托和所罗门兄弟这类曾受尊敬的先辈们因失去声誉而直接导致公司垮台的同时，华尔街还有一些类似的大公司却习以为常地做着相同的事，且因此使声誉受损，可这些公司怎么还会繁荣兴旺呢？这个难解之谜涉及一个重要因素，那就是声誉与诉讼之间的关系。

无论是银行家信托还是所罗门兄弟，都不是因诉讼而被置于死地。银行家信托在很多讼案中榜上有名，美国证监会、商品期货交易委员会这两家机构也对它多次实施强制措施，但讼案和解及其所支付的罚款并没有威胁到银行家信托的生存。银行家信托从不承认做了错事，它坚定地认为客户损失的责任应该在客户自己身上，是他们同意从事自己并不了解的交易的。

所罗门兄弟的情况相同，也是一家公司巨头，有着显赫的声望，但在其声誉土崩瓦解后，最终消失得无影无踪。大量的文章、很多书籍都聚焦于所罗门糟糕的文化上。一本名为《空虚的篝火》（*Bonfire of the Vanities*）的书描述的就是一家以所罗门兄弟为蓝本而虚构出的公司，其内部过着一种怎样的毁灭性生活。马丁·迈耶（Martin Mayer）撰写的名为《华尔街梦魇：所罗门兄弟与市场腐败》（*Nightmare on Wall Street: Salomon Brothers and the Corruption of the Marketplace*）的一书，很明显是基于传统的声誉理论而著。迈耶的基本观点是：当公司的交易员用 100 亿美元操纵政府债券市场，并闹出丑闻时，他们毁掉的不仅有自己的职业，还有生意场上他们所在的公司。在那里，声誉代表了一切。

打开难解之谜的钥匙就在这里。在旧时代，银行家信托和所罗门兄弟兴起又衰落，正如迈耶所言，人们以为个人与公司的声誉是紧密联系在一起的。当所罗门兄弟垮台时，个人的职业也一同完蛋。管理所罗门兄弟的这些人——特别是公司 CEO 约翰·古特弗罗因德（John Gutfreund）、公司首席经济学家和预言家亨利·考夫曼

（Henry Kaufmann），以及公司债券交易天才刘易斯·拉涅利（Lewis Ranieri）——
都非同凡响，甚至可以说是传奇人物。这些人与公司有着紧密的关联。所罗门兄弟
的性格和声誉反映了这些人的个性。没有这些人，或把这些人换成另一批超凡魅力、
信心爆棚的人，所罗门兄弟也不能幸存。在 1991 年，在毁掉公司的丑闻爆发中期，
约翰·古特弗罗因德辞去职位，另一位标志型的金融家沃伦·巴菲特掌管公司，迈
耶写道："如果巴菲特没有在 1991 年 8 月领导所罗门兄弟，这家公司就会在那年秋
天完蛋。外国银行已经开始撤销对所罗门兄弟的信用额度了。"

也许，所罗门兄弟戏剧性的垮台比银行家信托的垮台更具有史诗般的悲壮色彩。
银行家信托从一家古板无奇的信托银行，多年后转变到一家羽翼丰满的商业银行，
再发展成一家水准一流的投资银行。人们可以有根有据地总结出，银行家信托在文
化及伦理道德上的转变，正是与这家银行战略重心及商业模式的改变相伴随的。

如同银行家信托给现代金融世界贡献了 RAROC 模型和很多重要的衍生品，如信用违约互换的早期形式，所罗门兄弟的高级交易员刘易斯·拉涅利则是看到抵押贷款支持证券具有巨大经济转换潜力的第一人。他被称为抵押金融之父。

但所罗门兄弟与此不同。至少在从 20 世纪 60 年代到 20 世纪 90 年代初期的那 30 年里，所罗门兄弟就是那个时代的高盛。如同现在的高盛一样，常春藤联盟大学中最优秀、最聪明的毕业生汇聚于此，外加一些"火箭科学家"，还有一些从麻省理工及加州理工来的数学天才，也有一些明星般的、脾气粗暴的交易员，这些人通常没有受过大学教育，却是从收发室或此类不起眼的地方走到交易大厅的。所罗门兄弟被认为是世界上最具创新性、最具进取心的交易企业。在那个时期，交易者管理着业务并不奇怪。如同银行家信托给现代金融世界贡献了 RAROC 模型和很多重要的衍生品，如信用违约互换的早期形式，所罗门兄弟的高级交易员刘易斯·拉涅利则是看到抵押贷款支持证券具有巨大经济转换潜力的第一人。他被称为抵押金融之父。拉涅利在抵押金融中的地位相当之高，以至于在 2009 年，也就是在他离开所罗门兄弟 20 年后，在由一家报纸所做的"谁引导我们走上自大萧条以来最大金融危机的崩溃之路"的民意调查中，当询问读者谁应该为 2007 年~2008 年的金融危机负责时，拉涅利位于候选人之列。在这次民意测验中，读者将拉涅利的名次排在臭名昭著的克里斯托弗·多德（Christopher Dodd）之前，多德这位参议院银行

委员会主席挑战了其职业道德；也排在约瑟夫·卡萨诺（Joseph Cassano）之前，卡萨诺曾在美国国际集团领导信用违约互换团队，所造成的损失引发了美国历史上最大的救助行动，也导致政府接管美国国际集团；拉涅利的名次甚至排在迪克·富尔德（Dick Fuld）之前，富尔德激进的商业做法导致另一家投资巨头——雷曼兄弟的灭亡。

金融行业结构中发生的许多微妙变化集合起来导致旧声誉模型的死亡。将今天与所罗门兄弟或银行家信托所处时代比较，一个关键性差异就是所罗门兄弟和银行家信托那时正创造全新的业务，这些业务规模确实巨大。所罗门兄弟创造了现代抵押金融业以及基于计算机交易的理念。银行家信托创立了现代风险度量方法，这一方法现在仍在全世界使用。当然，它们在互换的运用上也处于领先地位。互换作为工具，不仅用于对冲现存风险，也用来创造新的投资机会，带来新的风险。这些企业位居各自行业的顶端、独树一帜，就像德崇证券垮台前夕在垃圾债券业一样。

我们在第 3 章中已讲述了银行家信托故事中的某些细节。本章描述的是发生在所罗门兄弟和德崇证券的故事。其故事将会简化，因为发展步骤已经确立了：一家耀眼、创新的企业在一位强势的、具有超凡魅力的交易者领导下，创造出新的行业，于是上升至行业之巅。不过，现在，你已经知道结局了：这些公司不能随业务发展而保持其声誉，它们在短暂地主导市场后，便在声誉遭到摧毁后走向灭亡。

所罗门是约翰·古特弗罗因德的企业。就像银行家信托是一家反映其 CEO 查尔斯·桑福德的远见、激进交易精神的公司一样，所罗门兄弟反映的是其领导人约翰·古特弗罗因德的精神。如一位记者所言："正是在古特弗罗因德的看管下，所有的一切开始走向崩溃。"其丑闻涉及庞大的美国政府债券市场。1990 年 8 月，所罗门兄弟的政府债券交易员保罗·莫泽（Paul Mozer）试图垄断美国主权债务市场，他采用了一种令人难以置信的自大行为，想要展示出当时所罗门兄弟的交易操作有多么强大，是怎样地居于主导地位。

在莫泽交易时期，美国国债市场有一条规则：禁止任何单一投标人在一次单独拍卖中获得所卖总数 35% 以上的证券。莫泽被发现违规，公司对他给予了轻微的惩戒。正好在一年后，也就是 1991 年 5 月，所罗门兄弟又试图垄断市场。上一次美国证监会因没有成功地对所罗门兄弟采取行动就感到多少有点难堪，并给自己的公众形象造成了负面影响，这一次美国证监会要行动了。美国证监会给所罗门开出了 2.9 亿美元的罚单，这是有史以来对金融服务企业处以的最高额罚款。

声誉市场的反应比美国证监会来得更快。到了 1991 年 8 月，古特弗罗因德辞职，公司也处于破产边缘。传奇般的投资人沃伦·巴菲特进入并接手该公司，他在这家公司拥有很大比例的股份。巴菲特从一开始就清楚地意识到，为了恢复业务，他不得不把客户请回来。为了请回客户，他不得不修复所罗门兄弟被摧毁的声誉。巴菲特履职后不久，他在众议院的能源与商务委员会的一场听证会上作证时说："企业失去钱财，我会谅解；企业失去仅存的声誉，我会毫不留情。"

> 企业失去钱财，我会谅解；企业失去仅存的声誉，我会毫不留情。

巴菲特还有一席话对我们这些研究声誉的人也是有用的，巴菲特说他会采取行动：

> 我相信这些行动将会使所罗门在金融行业中成为控制和程序合规方面的领先者。不过，最终，合规的精神与合规的文字表述同样重要，甚至更为重要。我需要正确的表述，我需要全范围的内部控制，而且我还要求所罗门每一位雇员成为他或她自己的合规专员。当他们将服从所有规则放在首位之后，我想让雇员们扪心自问，他们是否愿意采取深思熟虑的行为，以便让他们的配偶、孩子和朋友在第二天当地报纸的头版读到由知情人及刁钻的记者撰写的报道。

> 沃伦·巴菲特认为雇员们不应该任意行事，即使他们认为自己的行为是在法律许可范围之内的。

这些是沃伦·巴菲特最经常被引用的话语中的一部分。他认为雇员们不应该任意行事，即使他们认为自己的行为是在法律许可范围之内的。如果某些行为被家人和朋友得知会让他自己感到难堪，或者，在当地报纸上看到描述这些行动的报道会让他感到沮丧，那么他就更不能任意行事。同样重要的是，巴菲特明确地承认，所罗门兄弟公司的问题出在企业文化上。这是值得注意的，因为当时极少有人认识到像银行家信托、高盛和所罗门兄弟这样的公司不只是商业这一重要事实，它们是有着自身文化及自身规范的有机共同体。

但是，巴菲特先生似乎没有完全理解的是，一家公司根深蒂固的既定规范与文化是如何形成的，如何才能完成从根本上改变人们价值观和态度这一既艰难又费时的工作。也就是说，通过聚焦于所罗门兄弟损毁的声誉，沃伦·巴菲特准确地诊断出公司的病根。然后，治病最终成为一项成本高昂、需要付出极大气力的工作。通常，正如所罗门兄弟一案，病人并没有生还的机会。

商业伦理学家把所罗门兄弟的垮台归结于："它的文化，其文化是由富有争议性的 CEO 约翰·古特弗罗因德所引导的。古特弗罗因德的领导风格帮助公司塑造了一种最终导致其雇员采取不道德及违法行为的企业文化……古特弗罗因德的领导所滋生出的文化让贪婪者及权力饥渴者如鱼得水，这些人承诺的道德行为是令人怀疑的。"

所罗门兄弟的问题是其客户不再信任它。它所形成的声誉是利用客户的声誉，把自己的利益置于与之交易的他人及公司利益之上的声誉。这实际上正是银行家信托发生过的事。就像银行家信托一样，失去了自己作为一位诚实伙伴的声誉，所罗门兄弟也就不能生存下去。

> 所罗门兄弟的问题是其客户不再信任它。它所形成的声誉是利用客户的声誉，把自己的利益置于与之交易的他人及公司利益之上的声誉。

虽然有些差异，但银行家信托与所罗门兄弟两家公司都曾因长期积累的良好声誉而受人尊敬。对比之下，德崇证券公司则是金融界升起的一颗新星，至少在一段时间内，它奋力使自己升至行业之巅，成为一个重要的新兴行业，即承销、出售和交易垃圾债券的主导企业。在一位单身交易员、臭名昭著的迈克尔·米尔肯（Michael Milken）的领导下，德崇证券从一家默默无闻的公司成长为美国第五大投资银行。到达这一顶点后不久，该企业就受到操纵其出售证券的指控，从而被迫退出市场。不同于银行家信托和所罗门兄弟，德崇证券不是败于自己，而是被监管者和美国司法部强行驱逐出市场的，这两个部门对该公司及其最重要雇员迈克尔·米尔肯提出有罪控告。最终，米尔肯承认了 6 项罪名，并支付了 6.5 亿美元的罚款。不久之后，这家企业破产，米尔肯锒铛入狱。

正是在德崇证券垮台之后，声誉就不再重要了。德崇丑闻暴露出三个关键的教训。这些教训揭示出传统声誉理论存在的致命缺陷，这些教训今天仍然成立，它们解释了声誉对生存不再重要的原因，解释了明显缺乏任何良好声誉的企业是如何继续生存，而且还不断发展，走向繁荣的。

缺陷一：骗子从未昌盛

德崇丑闻显示了传统声誉理论的第一个重要缺陷是假设狡猾的商业实践只能得到很少的盈利。德崇一案让我们了解到：狡猾的商务可以获得巨大的盈利。旧声誉理论所基于的前提是，从欺骗某些特定客户的业务中得来的收益注定会很少。这些相对小的收益不可避免地会小于声誉损失给公司带来的成本，理性的企业不会欺骗它的客户。

不过，德崇证券一案显示，从欺骗中获得的收益可以比深信旧声誉理论所能想象到的收益大很多。现代的骗子有能力借助于推销、巨额奖金和其他报酬方式实现数百亿美元的收益。对这类新型的巨额报酬，甚至有了一个专有名词——"遗赠财富"。以前，当提到华尔街的报酬时，人们想到的词语是变富或变得很富。今天，当人们说某人像迈克尔·米尔肯或劳埃德·布兰克费恩（Lloyd Blankfein）时，人们想到的是遗赠财富——即，其财富量大到不仅让一个人舒舒服服地生活一辈子，而且还会留下足够的财富（税后）让他的家人靠利息（甚至靠利率的利息）即可保证世世代代的衣食无忧。旧声誉模型没有考虑到这一令人惊讶的可能性。

缺陷二：你会与船一同沉没

> 更令人吃惊的是，在卷入丑闻的企业中工作的人可以换到其他公司的类似岗位工作，甚至丑闻损伤不了与丑闻相关人员的未来前景。

通过研究德崇丑闻，我们能观察到的传统声誉模型的另一个缺陷是，正如欺骗的收益比人们原先设想的大很多一样，欺骗的成本却小很多。德崇丑闻让两个相当令人惊讶的事实被呈现出来：首先，人们能够在已爆出欺骗和敲诈丑闻的公司工作，不仅能生存下来，而且还能兴旺发达，甚至可以在这个行业换一家公司；其次，更令人吃惊的是，在卷入丑闻的企业中工作的人可以换到其他公司的类似岗位工作，甚至丑闻损伤不了与丑闻相关人员的未来前景。

换句话说，德崇丑闻证明，员工的个人声誉不再与为之工作的企业声誉紧密地、无情地联系在一起。显赫而成功的投资银行家、律师以及几大全国性会计师事务所的会计师有其自己的声誉，并且完全与他们相关企业的声誉相分离、相区别。金融职业人士在一套完全不是传统声誉理论所预期的激励机制下工作。因为在传统理论看来，个人职业的声誉与为之工作的企业的声誉不可分离。

以前，人们认为，在一家被丑闻玷污了的企业里工作的专业人士会"与船一同沉没"。在那时，信息技术原始，有关个人正直和能力的准确信息难以获得，人们的声誉与所在企业的声誉非常紧密地联系在一起。潜在的客户、监管者或新闻记者，或许永远没有听说过一家大的律师事务所的某位律师，比如克拉瓦斯－斯温－穆尔律师事务所（Cravath, Swaine & Moore）或者达维律师事务所（Davis Polk & Wardwell），但他们知道这家事务所的声誉，他们有信心根据其声誉来推断企业中的个体专业人士。今天，潜在的客户、监管者以及新闻记者为了对事务所中某位具体专业人士的声誉做判断，已不必依据事务所的声誉来做推测了。取而代之的是，通过使用数据库和现代信息技术，人们能够透过在金融行业提供服务的某一具体公司的声誉面纱，获得有关个体专业人士的详细且特定的信息。也就是说，在华尔街，个人声誉已经取代企业声誉，成为相关分析的参考点。技术进步降低了获取个人信息的成本，这一进步的一个重要含义是，它已使得公司或事务所的声誉变得没有原来那么重要。比如，在高盛工作的人士或许关心这家企业的声誉，但他会更关心他自己的声誉。更重要的是，要是为之工作的企业垮了，像大的国际会计师事务所安达信，或能源交易商安然爆发出一波会计丑闻，与这些丑闻没有牵连的个人可以换一家企业，照样马不停蹄地在类似岗位继续工作。

那些与丑闻有染的家伙保留钱财。罚款肯定必须支付，律师费也不能少给。不过，欺诈常常利润巨大，还是会有大把的钞票留下来。这大笔财富为欺诈提供了强大的激励动因，因为欺诈者不仅有可能带着这些巨款逃之夭夭，即使被逮捕了，其结局也没有人们原来想象得那么糟糕。

监管措施不能作为一个强大清晰的声誉信号发挥作用，会使得上述观点明显得到加强。在过去数十年里，在欺诈诉讼中以被告的身份站在法庭上，那是对个人声誉的灾难性打击。如果是在由美国证监会提出的民法诉讼中成为被告，那对个人声誉的打击会比在普通民事诉讼中成为被告更严重。美国证监会曾经享有声望，它负责监管证券行业，不仅包括投资银行，还包括"在美国证监会面前操练"的会计师、金融职业人士及律师。当然，最坏的是，在由司法部或州检方提出的刑事控告中成为被告。

虽然站在刑事诉讼被告席上所产生的声誉冲击波——更别提商业活动上的反响——仍然是巨大的，民事诉讼，特别是由美国证监会提出的民事诉讼，所产生的羞耻效应对众多金融市场参与者来说，即使不说被完全摧毁，至少大部分已经被摧毁了。绝大多数案件都会选择和解。出于自身的原因，多年来，美国证监会一直允许被告和解，哪怕是看起来极其龌龊的案件，被告也不承认自己做错了事。由于诉讼如此昂贵，即使是金额巨大的和解，也可以被相关方解释为和解有利于被告"集中其核心业务"，是为了"避免昂贵的、牵扯精力的诉讼"。这就意味着准许大的金融公司逃避承担任何责任，它们有恃无恐地做出明显过分的坏事。正如法学教授彼特·海宁（Peter Henning）对美国证监会的诉讼策略的评述：

> 美国证监会的和解政策准许当事人宣布胜利，同时被告方不用承认失败，因此，和解不会由私人原告用于对付被告。只要你愿意，这样做对双方都是最佳的——案件得到了结，且有利于美国证监会，它通常会发布一份新闻公告，列举上升的罚款额；另一方面，被告没有得到不利判决。

民事诉讼中，羞耻效应的缺失已经引起注意。在一场受到公众高度关注的意见会上，纽约地方法院的一位法官表示，他对常规处理案例的做法感到厌恶。这位法官极其不同寻常地拒绝批准一项美国证监会和花旗集团之间的和解协议，在那个案件里，花旗银行出售抵押支持证券，据报道，该出售造成投资者近7亿美元的损失，而这家银行则获得了大约1.6亿美元的利润。如海宁教授指出的：

> 美国证监会和解了绝大多数案件，这种解决方式通常既不涉及被告承认其责任，也不涉及被告否定其责任，即便做出民法罚款的裁定，即便发布一纸禁止将来违背联邦证券法的禁令。正是因为被告没有承认做了错事，才使得雷科夫（Rakoff）法官有些不满，致使他拒绝该项和解协议，因为这样做既不公正，也不理智，不适当，不符合公共利益。

在金融公司工作的个人的声誉几乎与雇用他的公司的声誉完全没有联系。人们可以在一家爆发丑闻海啸的公司里工作，只要他们自己没有被关在监狱里，不因为身体原因承担不了其他工作。丑闻爆发后，他们就会平静地、毫不费力地转换到另一家公司的类似岗位。这理所当然地使得人们对为之工作的公司声誉极少有兴趣，也极少关心其同事做了什么。换句话说，不是声誉完全不相关，只是在金融世界里，企业声誉不再是声誉分析的焦点。

> 在金融公司工作的个人的声誉几乎与雇用他的公司的声誉完全没有联系。换句话说，不是声誉完全不相关，只是在金融世界里，企业声誉不再是声誉分析的焦点。

　　企业声誉已经被个人声誉所取代的另一个理由是，历史上，投资银行、律师事务所、会计师事务所是按普通合伙制组建的。这些大型企业中的、数以百计的主要专业人士都是这一法律结构下的普通合伙人。由于这一点，在过去，当律师事务所、会计师事务所或投资银行失败时，企业中的人士就不只是象征性地与船一同沉没，也就是说，他们的声誉会与其工作的企业声誉一损俱损。回到那个时期，这一点的重要性再怎么强调都不过分——金融专业人士实质上会与其企业一同沉没，因为作为普通合伙人，他们要负个人责任，直到用尽他们个人所有资产的全部价值为止。只要他们为之工作的企业变得无力偿债，或无论如何也不能支付其债权人，那么不管他们拥有什么，包括但不限于他们的房子、汽车、游艇、飞机、直升机、艺术品、金融和不动产投资、酒窖，等等，都是对债权人适用的物品。投资银行、会计师事务所和律师事务所全部都是普通合伙制企业。若出现某种可能的债务，金融企业的全体专业人士都会高度重视，并投入相当的资源来监控事态发展，并会采用可降低企业潜在失败风险的其他措施。

　　传统声誉理论假定，企业中的每个人都会投资相当的资源来确保其企业行进在良好的道德及法律范围之内，其目的是保护他们自己的声誉，个人声誉与其所工作的企业的声誉共生共荣。不过，在那个时期，专业人士有着各自特有的动机来努力工作，以确保企业行进在一条笔直狭窄的正直道路上：因为如果企业爆发像 2003 年安达信、2008 年雷曼兄弟、2012 年杜威路博律师事务所这样的丑闻，他们个人又牵扯进去，那他们的个人财富就危险了。所有这些企业都曾经是普通合伙制企业，并且，它们中的每一家都曾爆发过一波丑闻并被揭露出来。其直接原因来自监督及警觉的降低，还有就是风险承担的急剧增长——这是普通合伙制时代终结带来的直接后果。

当大的投资银行，如高盛、雷曼兄弟和摩根·士丹利从普通合伙制企业组织转型为公司时，合伙人变成了股东。他们只为他们自己的行为负个人有限责任。

还得感谢那些成绩斐然的游说。投资银行最先得到许可，从普通合伙制转变成封闭型控股公司，后来允许他们卖股票给投资大众，成为公众公司。当大的投资银行，如高盛、雷曼兄弟和摩根·士丹利从普通合伙制企业组织转型为公司时，合伙人变成了股东。他们只为他们自己的行为负个人有限责任。

当这些企业还是封闭型控股公司时，其高管拥有所在公司数量可观的（其实是几乎全部的）股票，如果公司失败了，他们要接受数百万，有时甚至为数亿美元的财富损失。所以，他们有着强烈的动机监督所在公司的运行。但渐渐地，这些大型的投资银行将手中大多数股票卖给与公司没有关系的公众投资者。银行家们宣称，为了获得扩张所必需的资本，为了在竞争愈加激烈全球金融市场保持竞争力，公司必须上市。这是像雷曼兄弟、高盛这类公司为其上市给出的正当理由。这些企业中的银行家们宣称，为了获取分散化益处，改善与其储蓄相关的问题——他们的金融资本与他们投资其职业生涯所获得的人力资本都捆绑在同一家公司，他们必须向公众卖出手中持有的大部分股票。

当这些企业上市后，它们的运行就完全按经济理论预测的方式进行。这些投资银行中的很多新的经理（他们是以前的普通合伙人）依靠在 IPO 时向公众出售手中股票，从而在一夜间从富有变成拥有巨量的遗赠财富。投资银行的债权人对这些新的财富只有眼馋的份儿，因为这些企业现在已是公司而不是普通合伙制企业。这些变化为增加风险承担提供了有力的激励因素。风险承担的激励还会因为如下事实进一步得到强化，那就是：在新上市的公众持股投资银行里，经理们现在有了分散化的资产组合，于是其所在公司股票价格的下跌所引发的个人财务损失对他们来说已经大大地减轻。

律师事务所与会计师事务所转变成有限责任合伙制和有限责任公司，与投资银行转型为公众公司，两者的剧烈程度完全相同。这些新形式的商业组织使得股票所有者（仍然叫"合伙人"或有时叫"成员"）能够规避个人对所在企业及其同伴的侵权及合约义务承担相应责任。允许设立这些新形式商业组织的法规在 20 世纪 90 年代初颁布，这明显成为逃避责任的盾牌。支持通过这些新法规的政治压力来自衣冠楚楚的律师和会计师，他们想要避免个人对其同事在职业上的错误行为承担责任。

正如罗伯特·哈密尔顿（Robert Hamilton）的评论：

> 这些新形式的商业组织是 20 世纪 80 年代后期房地产和能源价格崩溃的直接产物，相伴而随的是在得克萨斯州（以及其他州）的银行及储蓄贷款机构中的灾难的减少……在倒闭的金融机构中，有数以百计的股东、董事及官员遭到起诉。然而，能挽回的金额很少（因为这些公司已无偿债能力）……人们的注意力迅速转向为这些倒闭的机构提供代理服务的律师和会计师所……结果，发现几家有着高度可信声誉的律师事务所陷入大麻烦之中，因为这些银行和储蓄机构的运营时期正是 20 世纪 80 年代"少不更事时期"。

所有这些，如果用一种简单方式加以归纳的话，可以说，旧声誉理论的所有预测和含义因存在于当时那个时代的责任体系而得到极大的增强。投资银行的经理希望保护其声誉，避免财务损失，而实现这两个目标的方式是严格地确保其所在公司不承担过分的风险，不爆发一波法律或财务丑闻。

缺陷三：公司声誉与个人声誉相同

德崇丑闻揭示的传统声誉理论的第三个缺陷是，假设人们与公司有着单一的、统一集中的声誉。在传统声誉理论下，声誉就像其他任何资产：其价格以一种整体、统一的方式上涨或下跌。

在传统的声誉观里，至少在理论上，人们可以给声誉分配 1 美元的价值。某人为一家低声望的企业工作，他赚到的钱会少于另一位有着相同知识、相同职业道德、相同才干（经济学家称之为相同的"边际生产率"）但在高声望企业工作的人，因为其有能力向客户收取溢酬。客户愿意支付这个溢酬是因为与高声望企业做生意的风险要明显小得多。这一考虑基本是对的，但不完全是对的，因为它没有看到一个现实情况：金融界如同生活中的其他领域，这里的人员在这家企业工作，同时也在几个完全不同的小社会里生存。

可以说，人们生活在好几个不同的世界里。家庭和亲朋构成一个世界，更广的社交圈子构成另一个世界。那些读金融的人、跟踪美国证监会执法议程的人、从远处了解处理意见的人，也构成不同的世界。并且，在每一个这样的世界里，每一个人看待他人的方式可能非常不同。由某份大的报纸或博客披露出的可怕事件而引发某个人的"声誉"损失，通常只代表这个人在某一单独偏远世界里的声誉受到损失，而这个人在朋友、家人及同事的日常生活圈子里则常常是另一种完全不同的表现。

人们能够想到，现代的投资银行家、顶级企业律师，以及他们身边的同伴，聚在一起就构成一个小的社会，有着自己的文化和规范，且与圈外人的文化和规范相当不同。这些小社会几乎完全与世隔离。高盛的 CEO 和一位显赫的金融家，比如迈克尔·米尔肯，在他们栖息的窄小、私人世界里拥有声誉，这一声誉完全不同于他们在那个由美国有线新闻网（CNN）或微软全国有线广播电视节目（MSNBC）所能及的较大世界里拥有的声誉。

这一现象过去已在其他情境中得到认识。也许最为著名的是，社会学家罗伯特·波格丹（Robert Bogdan）研究的马戏团特型演员的生活。大约在 1840 年~1940年，观看这类演出是美国城乡生活的一项重要内容和一种最流行的娱乐方式。表演明星是些侏儒、巨人、连体婴、有胡须的女人、某些躯干残缺的人、病态的肥胖者以及很多其他地方明显有别常人的人。不过，据波格丹观察，马戏团里的表演明星并不认为自己畸形。因为这些表演者生活在他们自己的、截然不同的社会环境里。在他们自己的世界里，认为这些表演者奇形怪状的只有观众中的"乡巴佬"。在家里，在他们生活的小城市，他们形成了一个小社会，其畸形已被忽略，他们与其他人完全相同，都是正常人。

相同真理对现代金融家同样成立。顶级的华尔街交易商可能会被公众用奇异的眼光看做是贪财者和有罪的人，但这不是交易商实际栖息的世界。在家里、在交易商实际的世界、在与同事和竞争者工作中，交易商能够赢得高度的尊敬，也是所在小圈子里的人崇拜的对象。

正是这一社会事实解释了一些经常见到的、令人尴尬的电子邮件，其中，金融家将其客户称为"木偶"，并吹牛说这些客户是如何地完全不理解他们正购买的复杂金融工具所涉及的风险。类似地，高盛的交易员费伯里斯·托瑞（Fabrice Tourre）

把自己称为"神奇的费伯"。2007 年初，他在一份电子邮件中向几位行业中的密友谈论华尔街内部人士和少数几位其他人士知道的东西：

> 系统中的杠杆越来越大。整个大厦从现在开始随时可能崩塌……只有有能耐的幸存者——那个神奇的费伯……站立在他创造的所有这些复杂的、高杠杆的、罪恶交易中间，没有必要理解这些怪物的全部含义！！！（原文如此）

华尔街的执行官们完全生活在他们自己的世界里，这一事实还解释了劳埃德·布兰克费恩这位高盛的 CEO 如何能够把他的工作及其企业的工作描述成"上帝的工作"，也同样可以解释他的公司即将支付难以想象的 200 亿美元报酬给其高层执行官。

当布兰克费恩的"上帝的工作"这句话出现在《金融时报》的封面上时，高盛的公关团队把这一表述解释为纯粹是一种人在高兴时半开玩笑的宣传用语。但实际不是这样。布兰克费恩说这个话是在 2009 年 11 月 11 日。2009 年 10 月 20 日，也就是布兰克费恩说那话之前不到一个月，他在高盛的同事布赖恩·格里菲斯（Brian Griffiths）在圣·保罗大教堂发表主题为"道德位居市场何处"的讲话。格里菲斯稍加详细地解释了对一位投资银行家来说，做上帝的工作意味着什么。他给出的观点是，当银行家做着与其自身个人利益相符合的事时，他们实际上就是在帮助其他人。"耶稣爱他人如爱自己的训诫是对自我利益的认可，"格里菲斯这样说，"我们不得不忍受……把不平等作为一种为所有人实现更大繁荣和机会的方式"。

格里菲斯的话，如同随后布兰克费恩说出的那句含义更加明确的话，极富争议性，这并不奇怪。《今日心理学》（*Psychology Today*）杂志发表了一篇回应文章，论证了巨大的不平等本身绝对是魔鬼，并说人们完全有理由，也应该对这种观点表示愤慨。"华尔街那些大银行把纳税人提供的救助资金转化为（巨额的）奖金……当时，成千上万的工人却失去了工作和家庭。令人感到愤慨的不应只是失业者和无家可归者。"

把华尔街的银行家们想象成抢劫客户养肥自己的、贪婪的掠夺者，那未免过于简单化了。通常，华尔街的银行家们一边养肥自己，一边以牺牲某些不那么受宠的

> 华尔街的银行家们一边养肥自己，一边以牺牲某些不那么受宠的客户利益来养肥另一些受宠的客户。

客户利益来养肥另一些受宠的客户。银行家信托和所罗门兄弟败北，那是因为它们失去了所有客户的信任。不是因为你有受宠的客户，你就可以存活下去。所有客户都是存活的"标志"。

但高盛靠一些更受宠的客户确实存活下来，并且只要设法让某些客户留在受宠名单中，利润就十分可观。本书第2章记录了两家表面上有些失宠（以前是受宠的）的高盛客户——德国工业银行和苏格兰皇家银行，在豪赌抵押证券池中资产时误中高盛销售圈套，造成巨大亏损，而另一方对冲基金保尔森公司似乎更受高盛的宠爱。在其欧洲银行客户不知情的情况下，高盛允许保尔森参与挑选打赌其价格将会下跌的重要资产。尽管德国工业银行和苏格兰皇家银行在交易中损失惨重，但高盛和保尔森两家都获利丰厚。人们肯定会猜到，保尔森对高盛提供的"服务"一定是兴奋不已。

很多很多的客户也会对迈克尔·米尔肯和德崇证券提供的服务乐不可支。米尔肯是今天市值达到数千亿美元垃圾债券市场的发明者。他的故事标示着金融世界发生了突变，已从一个声誉为王的世界转变成即使不是完全与声誉不相关，也基本上没有关系的行业。

THE
DEATH

OF CORPORATE REPUTATION

第 5 章

德崇死了，德崇人却好好活着

第 4 章描述的传统声誉理论的三个致命缺陷都可以在垃圾证券的开发者——德崇证券的迅速崛起，又同样迅速崩溃的故事中得到清晰的展现。德崇证券的故事很重要，因为它敲响了传统声誉经济理论的丧钟。德崇事件显示，在这个世界，投资声誉的收益已经下降。人们第一次明确地感受到，声誉已变成一项糟糕的投资。

　　不过，德崇证券虽失败了，但米尔肯和他的同事却幸存下来，继续在金融行业的其他地方从事着成功的、获利颇丰的职业。

迈克尔·米尔肯是德崇证券崛起和谢幕的核心人物。德崇失败了，但米尔肯的职业道路却继续辉煌。他从来没有领导过德崇证券，渴望独立的米尔肯选择在洛杉矶的运营中心工作，远离位于纽约的公司总部。米尔肯从德崇证券赚取的收益使他一度成为当时华尔街报酬最高的人。米尔肯不仅富有，而且有大量遗赠财富。对那些很有野心、很想成功的人来说，米尔肯让他们看到了靠犯罪获得的回报。用批评的眼光来看，米尔肯的财富逃避了控告和处罚。米尔肯不仅保留其财富，甚至用不着遮遮掩掩。在"倒下"后多年，米尔肯仍安然居于《福布斯》美国富豪榜前400 名，2011 年 9 月其坐拥的净资产高达 23 亿美元。23 亿美元肯定足以激励很多人冒巨大风险，甚至不惜挑战错综复杂的证券交易及承销监管规则的底线。

虽然米尔肯位于毁掉德崇证券的丑闻中心，但要得出结论认为米尔肯与德崇这条船一同沉没，那非常困难。许多人并不同意米尔肯其实是一个骗子的观点。我本人也对此表示高度怀疑。然而，不管无辜与否，米尔肯承认以内幕交易方式进行证券欺诈。不过，人们不能否认，这是一位被宣判欺诈之后却依然兴旺发达的人。

我从传统声誉理论中识别到的第二个缺陷是这一理论的核心假设，认为欺骗甚至对企业中与欺骗无关的人都会造成影响。很明显，一旦考虑到银行、律师事务所、会计师事务所成功地说服州立法机构允许他们设立有限责任合伙企业、有限责任公司和公众公司，由此消除了合伙人及高管个人所负的责任，上述论证的力量就会大大地遭到削弱。正如本章所述的，德崇案例显示了与丑闻有牵连的高层职业人士极少会与船一同沉没，甚至公司的 CEO——米尔肯的诡计就发生在他的眼皮底下——也会从丑闻中脱身，转换公司继续工作，公司的垮台对他毫发无损。

第 4 章识别出的传统声誉理论的第三个缺陷是，声誉是一个统一体，当一个人从事非法的或不道德行为被揭发时，其声誉也就彻底完了。米尔肯从兴起、倒下、再兴起的过程则表明，情况并非如此。

垃圾债券之王迈克尔·米尔肯

德崇证券的事业大厦建立在正式名称叫做"高收益证券"（high yield securi-ties），或更通俗的名称"垃圾债券"（junk bounds）之上。几百年来，公司一直通过发行债券的方式来募集资金，债券是一种承诺给投资者周期性支付利息收益，并按合约确定好的日期（或一组日期）偿还投资者本金的证券。在德崇证券出现之前，这个市场主要服务于最大的蓝筹及 AAA- 等级的公司。

米尔肯出生于加利福尼亚州的恩西诺地区，毕业于排名靠前、久负盛名的加州大学伯克利分校，接着进入宾夕法尼亚大学沃顿商学院，在那里获得 MBA 学位。在其还是一名伯克利分校本科生时，米尔肯就已开始钻研克利夫兰联邦储备银行前主席 W·布拉道克·希克曼（W. Braddock Hickman）的研究成果。希克曼在金融领域的重大贡献是他提出一套方法，用于分析那些达不到几大信用评级机构投资级评定的债券，这些债券通常被认为是高投机性的，但在随后的时期（1900 年~1943 年），其业绩表现惊人地好。

如同今天的情形，主要的评级机构穆迪和标准普尔对公司及市政机构出售给公众的债券进行评定。相对安全的债券，被认定为"投资级"债券评级。这些评级包括广为熟知的高等级债券"AA"、"AAA"，对于被认定中等质量的债券，则给予不太为人熟知的称号，如"BBB"。有着投资级评定的债券被认为具有很低的违约风险，以此与非投资级债券区别开来。非投资级债券是那些在穆迪的等级称号中位于"Baa3"以下的债券，或在标准普尔的等级称号中位于"BBB-"以下评级的债券。未能赢得比传统上非投资级更好评级的债券被认为是高风险的，就是通俗所说的"垃圾债券"。

希克曼的研究表明，由低评级、非投资级债券组成的分散化的长期组合不再那样有风险，反而给投资者带来比顶级的投资级债券更高的利息收益。后来，很多人使用不同时期的资料和不同方法进行研究，证实了希克曼的结论：垃圾债券组合提供的收益比投资级债券组合更高，甚至在调整了持有这样的组合所对应的较大风险之后也适用。希克曼的结论在大萧条这样严重的经济糟糕时期也同样成立。

米尔肯在沃顿商学院继续研究垃圾债券。他毕业后进入德崇证券，当时垃圾债券业处于濒死状态。在投资银行界，一直没有人想要把非投资级债券方面的研究成果转变成一种靠承销、出售及交易这类债券来提升业务的战略。

米尔肯在德崇的职业始于 20 世纪 70 年代。事实证明，他不仅具备很好地吸收金融理论的能力，也有很好地将这些理论转变为成功的商业战略的能力。最重要的是，米尔肯是一位伟大的推销员。他推销的产品是垃圾债券。其推销格言是：债券的评级越高，它就会跌得越狠。垃圾债券因为评级已经很低了，就不会有多大的下跌空间。米尔肯的策略在发生于 20 世纪 70 年代中期那次重要衰退中得到有力的验证。当时，他在德崇的职业生涯刚开始不久。特别是，米尔肯兜售的垃圾债券在 1974 年发生的巨幅市场下跌中表现异常地好，当时主要的市场指数下跌幅度达到 50%。新兴的垃圾债券市场也出现了明显的下跌，但除了极少数愿意持有这类债券的人有异常高的收益之外，大多数非投资级债券投资人最终获得回报，分散化组合投资人更是大幅跑赢市场。从 20 世纪 70 年代开始，垃圾债券作为一种受到重视的投资品首次出现在市场上。实际上，其他人士和公司只是一般性地钟爱垃圾债券，但米尔肯及德崇公司则特别钟情于它。

在 20 世纪 80 年代，垃圾债券市场从 1979 年的 100 亿美元增长到 1989 年的 1 890 亿美元，年增长幅度达到 34%。迈克尔·米尔肯及其所在的、迅速扩张的垃圾债券王国——德崇公司，为这个完全崭新的行业带来了源源不断的资金。1977 年，他完成第一笔交易，为一家小型的石油公司得州国际（Texas International）销售垃圾债券以筹集 3 000 万美元资本。从那时开始，米尔肯的垃圾债券机器就持续轰鸣，为许多大型的美国公司提供关键的、必要的资金，以推动这些公司的发展。米尔肯在德崇做的比较著名的筹资案例有：拥有美国有线电视新闻网的特纳广播、MCI 通信、McCaw 通信（现在属于美国电话电报公司），还有超级巨富约翰·马龙（John Malone）的电信公司，它后来成为世界上最大的有线电视公司。巴恩斯·诺布尔公司、斯通集装箱公司、时代华纳、西夫韦、美泰都曾通过德崇公司及米尔肯发行过非投资级、高收益债券来获得融资。

米尔肯还用非投资级债券进行融资并购及杠杆收购，包括关键的过桥融资。当时出现过史上最大的一笔 LBO，即雷诺纳贝斯克公司的 250 亿美元案。德崇公司及米尔肯的垃圾债券机器还用于许多重要的公司重组、分拆及困境公司的整顿，包括汽车制造商克莱斯勒公司的重组。当时，投资者确实没有抱怨自己被骗了。据一项估计，有一段时期垃圾债券收益率平均达到 14.5%，而违约率平均只有 2.2%——两者结合起来可得到总的年收益率约 13.7%。实际上，直到米尔肯在 20 世纪 80 年代末被迫离开为止，投资者都没有在垃圾债券上遭受负的收益。

在 20 世纪 80 年代，《经济学人》在描述米尔肯的客户群时，用的词汇是"忠诚且不断增长"。他的主要客户是小的保险公司和储蓄－贷款机构。这样的客户基础被证明是极其忠诚于米尔肯和德崇公司的，是米尔肯和德崇将它们从羽毛初长转变成有着巨额（即使不是巨大，也是有着大量）盈利的金融机构。

忠诚的客户基础给米尔肯为公司客户（如特纳广播）承销垃圾债券提供了经常性的投资来源，建立起这一客户基础的一个关键性因素就是米尔肯承诺为他所出售的债券提供流动性这一事实。换句话说，当储蓄－贷款公司、保险公司和其他常规客户从米尔肯那里买进 IPO 的债券时，米尔肯保证德崇公司在债券出售后为债券提供可靠的、公平定价的二级市场。米尔肯为其客户提供一个流动市场，如果他们不想再持有，那米尔肯就为他们提供退出渠道。这一流动性吸引到共同基金进入这一垃圾券竞技场。作为一名做市商，米尔肯先生的能力来源于他对所发行债券的了解（这能让他做出准确的定价），也来源于他对客户持仓所做的超凡分析（这帮助他为那些想要出售的垃圾债券找到新的买家）。

受客户爱戴，却让对手又恨又怕的米尔肯

也就是说，德崇的成功在很大程度上依赖于这样一个事实：在相对较短的一段时期——大约 10 年，米尔肯在那些购买其债券的人心目中赢得了一位伟人的声誉。不论是他个人的客户或公司客户，还是德崇公司和他本人，各方赚得数十亿美元的回报，米尔肯当然能赢得声誉。

米尔肯向他的公司客户收取高的费用，通常比那些作为竞争对手的投资银行收取的承销公司债券的费用高出三到四倍。虽然他在二级市场买入债券时会向客户支付较高的价格，但他通常会在卖出债券时向对方收取更高的价格，在这样的交易中赢取显著的"价差"，或叫利润。

德崇和米尔肯获得巨大成功的原因很单一，那就是企业在垃圾债券市场上突出的市场份额。正如一位德崇公司前雇员回忆公司处于垃圾债券顶峰时说："德崇是一家伟大的公司，我们占了 70%~80% 的市场份额，"这位交易员继续回忆道，"在德崇，你不必四处去找业务，电话就在那里作响，你拿起电话就行了。"

由于事实上德崇已经取代了许多商业银行和投资银行，成为美国企业的主要资本来源，所以它有了很多强大的敌人。那些作为竞争对手的银行只是其中之一，德崇还高居很多美国公司的仇敌名单之中。它们害怕成为一家冉冉升起的竞争对手实施敌意收购的目标对象，这些竞争者的融资方式可能就是德崇的垃圾债券。在公司实力如日中天之时，德崇让美国公司心惊胆战。很快，华盛顿当局注意到德崇正引发旧的既定格局发生剧变。尽管用垃圾债券融资进行杠杆收购和合并，会不可避免地带来工作岗位的削减，但事实上，因此失去的工作数量远比由德崇创建的商业所创造的工作机会少得多，但那些失去的工作却得到广泛的关注，特别是工会组织。总之，许多"华尔街人士憎恨这一银行新贵"，称德崇员工是"垃圾人"。

德崇人在哪儿上岸

若干年后，影响广泛的《经济学人》发表了一篇有关"德崇后人"的文章，其中写道："以米尔肯为中心，德崇的贝弗利山庄运营中心成为 20 世纪 80 年代后期一块吸引商学院优秀毕业生的磁石。这些金融行家们依然很活跃。他们中的很多人在德崇垮台后仍留在洛杉矶。现在几乎所有人都已换到资产管理行业，显然他们在德崇培养出来的卖方技能仍然可以用于筹资管理，或者为私募股权交易寻找外部合作融资。"德崇前雇员有很多成功上岸的例子，例如，德崇洛杉矶办公室的原垃圾债券交易员瑞希·汉德勒（Rich Handler）带着 35 名同事去了当地的投资银行杰福瑞公司。据《经济学人》报道，这群人将他们掌握的高收益债券知识和投资者资源一同带了过去，汉德勒先生成为杰福瑞公司的新任 CEO，开始掌管着这家大约有着 3 000 名员工的大企业。其他德崇人，包括德崇的一位前副总裁加里·温尼克（Gary Winnick），开始时在贝弗利山庄的一家投资公司，即太平洋资本集团工作，后参与创办环球电信公司。这是一家命运多舛的电缆电信公司，市值曾达到 230 亿美元，这使得温尼克成为超级富豪，但也使他在 20 世纪 90 年代的电信业崩溃中成为受灾大户。

前德崇雇员的另外一个新家是位于洛杉矶森楚里市的、非常成功的阿波罗管理公司，它成长为一家管理着超过 550 亿美元资产的公司。其中的德崇人有：前负责西海岸公司金融业务的主管约翰·基西克（John Kissick），在米尔肯离开后接管垃圾债券部；安东尼·雷斯勒（Antony Ressler），在德崇时任高级副总裁，曾短时间管理银团部门；利昂·D·布莱克（Leon D. Black）、肯·莫里斯（Ken Moelis）和其他9位德崇雇员离开公司后一起加入唐纳森·勒夫肯·杰瑞特公司，莫里斯成为该公司金融部主管；彼得·阿克曼（Peter Ackerman）是米尔肯的左膀右臂，离开后经营结构化金融业务，与其他公司一道帮助梅隆银行实施重组，现在他是罗克波特资本公司的一名主管，这是一家位于华盛顿的从事私人投资业务的投资企业。其他值得一提的德崇人还有米尔肯先生的首席债券交易员沃伦·特波（Warren Trepp）、丹尼斯·B·莱文（Dennis B. Levine），莱文曾是德崇银行家，因内幕交易获罪，现在是阿达沙集团的总裁，这是一家位于纽约的金融咨询企业。

正如《纽约时报》的报道，当看见米尔肯的这些前同事有着如此境况，许多曾在贝弗利山庄工作的德崇员工都不敢肯定他们会不会再度回到当年那个"令人陶醉的环境"中。不过，现在，德崇人仍在华尔街工作，经营着他们自己的投资企业，管理着数以百万计的资金。十多年前，这可是他们获得的报酬级别哟。

即使是德崇丑闻爆发时的CEO弗雷德·约瑟夫（Fred Joseph），也换到另一家公司，继续着成功的职业。尽管纽约证券交易所禁止约瑟夫在华尔街从事任何监管职责的工作，但他自德崇垮台后就一直没有失业。在纽约证券交易所开出的3年禁期内，在德崇清算时期他出任德崇的顾问。在1994年~1996年，他组建了自己的金融顾问公司——克拉伍布鲁克资本公司。后来，他成为一名荷兰国际集团霸菱投资有限公司的高级顾问和常务董事。当荷兰国际集团出售该业务单元时，约瑟夫（和其他人）准备将其买下，但输给了一家本部在荷兰的国际银行。

到了2001年，约瑟夫和一群投资者收购了一家投资银行，重新命名时，后面加上了约瑟夫三个字，叫做摩根约瑟夫公司〔这个摩根是指约翰·A·摩根（John A. Morgan），约翰·皮尔庞特·摩根（John Pierpont Morgan）的曾孙，他担任这家新公司的第一任主席〕。这家公司的业务运作与德崇一脉相承，为中小企业融资。在他掌管的头两年，该公司就做了40笔重组和债券融资交易，价值10亿美元。在此期间，公司员工也增加到109人。由于禁止约瑟夫担任CEO，便由其他人戴上这一头衔，约瑟夫担任常务董事和投资银行的联合主管。不过，现在他已经去世了。

由此，我们可以清楚地看到，德崇的故事与新理论所提出的金融职业人士其实不会与船一同沉没的假设相一致。随着在后续章节中进行更详细讨论，一些垮台的公司，如安达信、雷曼兄弟，里面的职业人士都同样地转换到其他岗位，担任着从前在企业中担任的类似或相同职位。

然而，也许更重要的是，德崇的倒台提供了强有力的证据，支持了一个观点，即在今天这个信息超载的世界里，一个人的声誉不是单一的、统一的。同一个人，对于完全不同的其他人，可以有着完全不同的含义。声誉不是铁板一块。如果某人因从事非法或不道德行为被抓，或与一家从事这类行为的企业有关系，就认为这个人的声誉会丧失殆尽。那么米尔肯兴起、倒下、再兴起的故事相当清楚地表明：不是这么回事儿。事实很可能是：在某些圈子里，米尔肯这个名字是贪婪及对客户实施奸诈的同义词，但在米尔肯经营的其他圈子里，他是英雄。

> 在今天这个信息超载的世界里，一个人的声誉不是单一的、统一的。同一个人，对于完全不同的其他人，可以有着完全不同的含义。

也许米尔肯是无辜的

很明显，米尔肯对许多商业及金融领域里的人来说，仍然是一位英雄。德崇证券受到来自监管者和竞争对手的憎恨，但它也受很多独立观察家的敬重，包括富豪企业家，他们利用米尔肯和德崇证券的垃圾债券融到资金，以此为基础使企业获得发展；也包括一些金融机构的执行官，他们投资于那些由德崇承销的非投资级"垃圾"赚到巨额利润。

很明显，德崇的声誉不是单一的。这家企业有很多的诋毁者，也有一些坚定的支持者。德崇在其客户中有着伟大的声誉，这一点相当重要。在很多观察家看来，包括本书作者，控诉米尔肯只不过是美国商界和监管机构对米尔肯非凡成功实施的报复性反应。尤其是我认为：如乔·麦卡锡（Joe McCarthy）在 20 世纪 50 年代攻击可疑的共产党人那样可悲，政府在 20 世纪 80 年代攻击米尔肯更加糟糕、更加阴险，它把更多

> 很明显，德崇的声誉不是单一的。这家企业有很多的诋毁者，也有一些坚定的支持者。控诉米尔肯只不过是美国商界和监管机构对米尔肯非凡成功实施的报复性反应。

的人送入监狱。这是釜底抽薪。它攻击的是支撑美国的基本价值观，即企业家精神、个人责任以及最终的资本主义制度。

极有影响力的财经专栏作家乔治·吉尔德（George Gilder）写道："没有证据表明米尔肯可以合理地被宣判有罪。"他指出，在米尔肯从监狱释放出来之后，指控他的整个案件已经坍塌了。在他撰写的《通信革命》（Telecosm）一书中，吉尔德继续坚持说："米尔肯是组织变革的关键来源，这一变革推动过去20多年的经济增长。最明显的是生产效率随资本的投入大幅提高，米尔肯……和其他人调动起被囚禁在旧商业模式中的大量资本，让它们回流到市场。"

很多观察家，包括著名的伦理学家诺曼·巴里（Norman Barry），认为这一指控米尔肯的案件具有技术及细节上过失的特点，对他的控诉有如"对法律规则的侮辱"。对此，下列事实提供了进一步的证据，那就是米尔肯的声誉完全没有因对他的定罪而遭到摧毁。2005年4月，《商业周刊》在一篇社评中认为，迈克尔·米尔肯的遗产在很多商业领域都是可以称道的。持同样观点的《伦敦星期日泰晤士报》（London Sunday Times）专栏作家欧文·斯特尔扎（Irwin Stelzer）评论称米尔肯帮助美国产业界实现革命化转变。斯特尔扎描述米尔肯的拥护者们（如同）获得某种劝说，认为米尔肯冒犯这样的法规而受到的处罚，除了会成为固执的法律破坏者的饭后甜点之外，更多的则是那些机构的报复行为。

为了支持"即便宣判的刑事诉讼，也不再确凿地表示重罪犯就真的犯有如此罪行"这一说法，可敬的《华尔街日报》荣誉退休的编辑罗伯特·L·巴特利（Robert L. Bartley）在文章中指出："有些政客造成了储蓄–贷款危机和1990年的衰退，他们采取的方式是扩张存款保险，并且威胁监管者不要清理储蓄机构的资产负债表。他们这样做，造就的倒霉蛋是米尔肯和他那被认为有害的垃圾债券，这些债券（现在）普遍被认为是合法的融资工具。米尔肯先生被迫接受涉及6项（较小）交易违法的认罪协议，从而上升至犯有6项重罪。"

持类似观点的还有律师兼《华尔街日报》编辑的戈登·克罗维茨（Gordon Crovitz），他清楚地表明，米尔肯根本没有做错事，真正有罪的是《证券法》的含糊、复杂和可塑性。国会鼓励检察官甚至在法律不清不白时审讯人。检察官总是先找出被告再追查证据，而不是发现那些破损的法律，找出是谁造成的。

从某些重要方面来看，德崇证券是第一家对声誉的损毁无动于衷的企业。由于这个原因，理解德崇证券身上发生的事情，对理解今天好多的大型企业，从信用评级机构到投资银行、律师事务所，之所以能在没有可信赖的声誉和正直品质的恩惠的情况下依然能够生存与繁荣，那是至关重要的。

这家后来全名叫德崇·伯纳姆·兰伯特的现代企业最早出现于 1973 年，按华尔街标准，该企业是真正的暴发户。它起源自一桩耀眼的企业合并案，由可敬的德崇企业（可追溯到 1838 年，它在华尔街享有盛誉，但后来恰好败在几家公司客户手上，损失惨重）与不那么有名望，但却非常成功的伯纳姆合并而成。

直到 1976 年，该企业才叫德崇·伯纳姆·兰伯特。当年，它合并了一家小型的研究性企业，由比利时商人银行格鲁普·布鲁塞尔·兰伯特所持有。合并后成为德崇·伯纳姆·兰伯特公司，采用封闭型控股公司的形式，最大股东格鲁普·布鲁塞尔·兰伯特占有公司 26% 的股份，其余由公司雇员所持有。

谁也不能在储蓄－贷款业的崩溃中幸免

迈克尔·米尔肯的倒下与储蓄－贷款危机有着难以割舍的联系。因为储蓄－贷款机构是垃圾债券的最大客户，当时美国房地产市场跳水，储蓄－贷款业事实上已溃败，垃圾债券市场至少也是暂时的崩溃。这一暂时的崩溃正是米尔肯的仇敌求之不得的，这样他们便可以突袭成功。最早，组建储蓄－贷款业是为了帮助美国中产阶层实现买房的美国梦，它们专门从事住房抵押贷款。为帮助这一行业实现其目标，适用于储蓄－贷款机构（也叫做储蓄银行）的法律允许它们为储户支付较高的利率，以此换取储蓄－贷款机构承诺其资本和储蓄主要用于发放住房贷款，而不是商业贷款或消费贷款。然而，这一模式想要平稳运行，就需要利率平稳。

20 世纪 70 年代初，伴随利率和通货膨胀率迅速且大幅上升，美国经济遭受重大衰退。随着利率整体上扬，储蓄－贷款银行支付的、传统意义上适中的利率变得没有竞争力。储户和投资者紧急将其资金转移出储蓄银行，投入到有更高收益率的替代证券上。储蓄－贷款银行面临着非常困难的境地，因为如果它们提高其支付的利率到一个具有竞争力的水平，它们就会亏钱，毕竟市场利率实际上是高于储蓄银行从其抵押借款中收取的利率。

　　由于其商业模式不再应验，储蓄-贷款银行走向灾难。传统上，储蓄-贷款银行赚钱靠的是"利差"，即它们支付给储户适中（但仍然有竞争力）的利率与它们收取借款者较高（虽然还有吸引力）的利率两者之差。当这一利差转负，就宣判这一行业完蛋，除非调整其商业模式，从住房贷款转到资产投资，这样可以获得较高的收益率。当然，这种事也不是免费的午餐，为了赚取更高的收益，储蓄-贷款银行不得不承担更大的风险。

　　储蓄-贷款银行面临的整个行业问题成为一个全国性的经济问题，因为，如同传统商业银行中的存款，储蓄-贷款银行中的存款也是由一家联邦政府机构承保的。商业银行是由美国联邦存款保险公司（FDIC）提供保险。储蓄-贷款银行是由联邦储蓄和贷款保险公司（FSLIC）提供保险。有这样一套得到联邦支持的储蓄保险制度在手，储户不用担心他们存钱的储蓄-贷款银行会还不起钱。如果这些储蓄-贷款银行破产了，储户会得到联邦政府的赔付。所以，储蓄-贷款业的客户期盼着高的收益率。他们对具体储蓄-贷款银行的风险漠不关心。

　　后来，储蓄-贷款银行开始相互竞争，提供一家比一家高的利率来抢夺储户的存款。为了赚取自身的资金成本——支付给储户的利率与其投资收益之间的正的利差，储蓄-贷款银行的经营者们不得不转向风险增大的投资品。在1982年，国会通过了一项新的法律——《加恩-圣杰曼法案》，采用了一种错误的方式试图挽救储蓄-贷款业，试图避免（或至少推迟几年）运用大量的纳税人的资金来救助储蓄-贷款业的需求。这一法规指望通过首次允许储蓄-贷款银行可以提供支票账户、发放住房抵押及其他贷款、直接投资房地产来"稳定"储蓄-贷款危机。

　　国会的"稳定"效果是灾难性的。储蓄-贷款银行开始迅速成长，因为它们不仅向储户，甚至还向支票账户持有者支付更高的利率，这样就吸引了大量的资金流入。随着它们把资金越来越多地投向高风险资产，储蓄-贷款银行的资产负债表风险变得更大。20世纪80年代早期，储蓄-贷款银行在投机性的房地产交易中损失了数百亿美元。

米尔肯的垃圾债券在这次危机期间表现不错，但不管怎样，储蓄-贷款业正遭受灾难，米尔肯便成为理所当然的替罪羊。

　　米尔肯的垃圾债券在这次危机期间表现不错，但不管怎样，储蓄-贷款业正遭受灾难，米尔肯便成为理所当然的替罪羊。他的竞争对手和政府官员开始宣告，这场储蓄－贷款业的崩溃总体上该怪米尔肯、德崇和非投资级债券业。在这时期，几乎有 3 000 家储蓄－贷款银行破产，米尔肯被当成罪人受到了不恰当的攻击。

纽约政客的政治垫脚石

瞄准米尔肯的政府检察官是鲁道夫·朱利亚尼（Rudolph Giuliani），这人从起诉米尔肯中赚足公众眼球，并以此作为自己竞选纽约市长的跳板。后来，他发起了一系列举动，想赢得共和党的美国总统提名，但最终没有成功。

美国政府进行了一系列大张旗鼓的造势，包括在逮捕米尔肯之前就将绝大部分起诉书内容泄露给媒体，检察官朱利亚尼先在媒体上对米尔肯展开审讯。在那时，案件就陷入崩溃。为使其兄弟洛厄尔（Lowell）免遭起诉，米尔肯承认自己在美国证监会簿记及报告的相关技术监管方面存在 5 项违规行为，但诸如证券欺诈或内幕交易方面，他没有认罪，因此他没有被判处任何更加严重的罪行。多年以后，该案的首席辩护律师约翰·卡罗尔（John Carroll）承认："朱利亚尼及其检察团队宣布技术过失有罪，这是有罪的……我们使用的好多控诉理论很是新奇。我们起诉时采用的很多（高度技术性的）法律规定以前一直没有作为犯罪加以起诉。"

在解决了刑事案和大量的民事案后，米尔肯仍保留了上亿美元的财富，为他的妻子、孩子及兄弟留下的甚至更多，估计有 3 亿～4 亿美元，因而确保了米尔肯家族作为美国最富有家族之一的地位。一位新闻记者曾做过这样的报道："令人吃惊的是这位……肩上扛着 20 世纪 80 年代市场作弊及投机过度之主要责任的人……将会带着或许高达 5 亿美元的家族财富出现在世人面前。"

米尔肯的这场被高度政治化的"作秀审判"有着长期的成本：它极大地侵蚀了政府控告及民事诉讼的羞耻效应。从声誉角度来看，遭到起诉及认罪，甚至在由联邦政府提出的刑事案件中认罪，都不再对一个人的声誉构成致命打击。米尔肯的声誉继续存在于很多范围及场景中。很多人爱他，很多人可能仍然恨他。不过，理所当然地，这是一起就连政府都没有深思熟虑就仓促提出控告的案子。

> 从声誉角度来看，遭到起诉及认罪，甚至在由联邦政府提出的刑事案件中认罪，都不再对一个人的声誉构成致命打击。

朱利亚尼控告米尔肯的另一个后果是它给那些有政治野心的检察官上了一课。其他检察官中最著名的就是艾略特·斯皮策（Eliot Spitzer），他捡起朱利亚尼留下来的兵器，开始借助于起诉成功的华尔街银行家及其公司来开创自己的政治事业。那些没有取得确定性结论的讼案，以及大量的和解以及宣布无罪案，都进一步侵蚀了对金融行业的个人及公司提出诉讼所具有的声誉信号价值。

那些没有取得确定性结论的讼案，以及大量的和解以及宣布无罪案，都进一步侵蚀了对金融行业的个人及公司提出诉讼所具有的声誉信号价值。

斯皮策曾起诉当时世界上最大的保险公司美国国际集团的 CEO 汉克·格林伯格（Hank Greenberg）犯有欺诈罪。作为回应，前高盛 CEO 约翰·怀特海德（John Whitehead）在《华尔街日报》发表题为"斯皮策先生已经走得太远了"的评论，他在文中写道："当像斯皮策这样的州首席检察官可以在公开场所做出如此严格的指责，却没有注意或没有给予指责对象以回应或辩护自己的机会时，美国体制的某些地方存在'严重的错误'。"斯皮策后来真的起诉了格林伯格，但因为缺乏足够的证据支持，他不得不撤诉。

自从朱利亚尼和斯皮策开启起诉时代以来，美国已陷入"恶性循环"。在这里，金融监管者争抢的是更多的新闻头条，而不是确保我们的市场是竞争性的。

就在最近，美国商会观察到，自从朱利亚尼和斯皮策开启起诉时代以来，美国已陷入"恶性循环"。在这里，金融监管者争抢的是更多的新闻头条，而不是确保我们的市场是竞争性的。

德崇死了，德崇人却活着

本章讨论的关键性结论是，因丑闻而垮掉的公司曾将其领导人拖下水。过去，当银行家信托犯错并倒掉时，其领导人约翰·桑福德和他的团队与公司一同完蛋；当所罗门兄弟败北时，约翰·古特弗罗因德和他的同伙及朋友也随之败落。在德崇证券的案件里，公司意外地破产了，迈克尔·米尔肯至少在一场盛大的作秀审判中意外地失败了，在那几周的时间里，热情的电视及报纸还对此做出了大量的报道。

高层金融家的职业已不再与其金融机构的命运联系在一起。在现代的金融世界里，没有人——或至少没有重要的人和船一同沉没，除非他们自己对其下属毁灭声誉的行为负有个人责任。

比较现在与当时，最大的差别在于，高层金融家的职业已不再与其金融机构的命运联系在一起。在现代的金融世界里，没有人——或至少没有重要的人和船一同沉没，除非他们自己对其下属毁灭声誉的行为负有个人责任。劳埃德·布兰克费恩继续掌管着高盛，在诉讼、国会听证会、龌龊之事公开曝光及企业声誉衰落之前、期间及之后，都一直掌管着。

有一种理论认为，银行家信托恰好走在它所在时代的前面。银行家信托是华尔街第一批非常靠前的转型企业，从以客户为中心、以声誉为基础的商业模式转变成以对手为中心、以交易为基础的商业模式。

大型金融企业性质上的这种变化使金融业务从一种专业转变成一个产业，这一转变给所有其自身商业模式是以旧声誉模式为基础的商业领域，带来了地动山摇的变化。接下来的章节将展示，所有行业的角色——特别是信用评级业，曾经的、具标志性的为公司服务的律师事务所，过去是要帮助其金融行业的客户追求声誉的会计业中的大型审计企业是如何改变的。当然，法律、会计及信用评级这些辅助性行业现在仍然存在，不过它们提供的服务已经发生了剧烈的变化。现在这些企业已不再将自己与声誉构建捆绑在一起。今天，会计师事务所、信用评级机构及律师事务所不再把帮助企业树立声誉列为业务的分内之事。现在，这些先前的"声誉中介"有了新的角色：它们帮助老主顾——那些大银行在商海中航行，指导他们在什么地方可能要规避，计算监管制度的成本是多少。在接下来的章节里，这些都将会一一展现，此外，还会探讨负责交易金融工具的证券交易所，负责监督金融服务业的监管者所发生的变化。

> 大型金融企业性质上的这种变化使金融业务从一种专业转变成一个产业，这一转变给所有其自身商业模式是以旧声誉模式为基础的商业领域，带来了地动山摇的变化。今天，会计师事务所、信用评级机构及律师事务所不再把帮助企业树立其声誉列为业务的分内之事。

THE
DEATH
OF CORPORATE REPUTATION

第6章

会计师事务所很难独善其身

会计行业在历史上是按传统声誉经济学理论运行的，通过审计来生产及确证客户信息。会计师事务所实质上是把自己准确簿记的声誉出租给客户，这就降低了客户的借贷成本。

　　在这一传统体系下，会计师事务所维护及投资其声誉势在必行。如果事务所对欺诈的记录给予批准或签证，这不仅会毁了事务所，也会毁了它的雇员。然而，安然丑闻摧毁了这一声誉理论，并暴露出会计行业内更大的结构性缺陷。会计行业从普通合伙制结构转向有限责任合伙制，这一转变削弱了合伙人严密监视同事工作的激励动因，弱化了会计师的独立性，侵蚀了竞争。虽然《萨班斯－奥克斯利法案》的颁布解决了其中的一些问题，但没有提供一个全面适当的解决方案。

曾经，通过审计来提供客户信息的会计行业是以传统的声誉经济学理论为基础来发挥职能作用的。聘请一家声誉好的会计师事务所是一种租借会计师事务所声誉的方式，这会降低客户的借贷成本，有利于筹措新资本。客户与会计师事务所这一声誉中介都获益：客户获得更低的借贷成本，会计师事务所从为客户省下的费用中收取一定的服务费。

会计师事务所的收益来自所提供的审计服务，它必须维护及投资其声誉，如果批准了欺诈的财务记录，声誉就会受损。安然丑闻摧毁了声誉理论适用于会计行业的观点。安达信的会计师在为安然工作时，唯一追求的就是薪酬。他们在为安然做审计的同时，还为安然提供有利可图的咨询服务，这被安然当成获取有利审计意见的筹码。安然丑闻暴露出审计行业存在大的结构性问题。会计行业从普通合伙制结构转向有限责任合伙制，这削弱了合伙人密切监督同事行为的动因，另外审计师的独立性受到缺乏行业竞争性以及审计师与客户间关系极其紧密的严重侵蚀。由安然丑闻引发且通过的《萨班斯-奥克斯利法案》试图解决影响审计师独立性所存在的一些问题，但还不足以提供一个恰当的解决方案。

> 安然丑闻摧毁了声誉理论适用于会计行业的观点。会计行业从普通合伙制结构转向有限责任合伙制，这削弱了合伙人密切监督同事行为的动因。

第二次世界大战后，金融业获得迅猛发展，在其繁荣的同时也带动了一批可敬公司的声誉获得成长。金融业为制造、通信、运输及技术公司提供资本，这些公司有力地推动了美国在第二次世界大战后的飞速发展。一些机构在当代出现新的变化，因此本书后面章节将要探讨的话题便集中于这一后声誉世界。

受聘的声誉：声誉行业

传统上以声誉为基础的金融世界不只是存在于理论之上。整个产业界、机构及商业活动都建立在认同产业内公司声誉的价值这一基础之上。本章主要描述我所归纳出的一个行业，即"声誉行业"曾经具有的特点，在声誉模型死亡之前这些特点广泛存在。接下来的三章将会描述在现代，也就是后声誉时代这一行业已经发生的变化。

> 传统上以声誉为基础的金融世界不只是存在于理论之上。整个产业界、机构及商业活动都建立在认同产业内公司声誉的价值这一基础之上。

我使用"声誉行业"这个词来描述一类产品及服务，它们是专门设计及构建出来发挥降低成本的目的的，该成本是获取诚实及正直声誉的收益所需要付出的成本。提供这些产品及服务的商业活动也许可以最恰当地定义为声誉中介。基础经济学告诉我们，如果声誉中介能找到一种增加客户声誉的方法，还可以降低客户借钱或融资的成本，那么，声誉中介可以为服务定价，并收取服务费，只要客户支付的价格低于客户节约的成本。

某些行业的出现就可以只根据这一声誉理论加以解释。举例来说，会计师事务所为客户提供审计服务，审计师纯粹是在观察。当一家会计师事务所为一个客户做审计时，它没有创造任何新产品，也没有提供任何客户公司本身还没有从事的服务。相反，审计是检查和验证公司已经生产出来的财务记录和结果。审计不为公司提供信息的一个简单的理由就是公司已经有了账册。审计的目的是确认公司已有的信息。审计意见的受众不是客户公司，而是客户公司的投资者、供应商、消费者及其他外部人，它们与公司打交道，关心它的财务状况。

在一个值得完全信任的世界里，或如经济学家描述的那种零信息成本、零交易成本的世界里，对审计没有需求。因为在一个完全信任的世界里，人们会相信公司雇员为自己生产出的（未经审计的）财务报表。在零信息及交易成本的世界里，投资者或其他人可以无成本地验证公司自产的财务报表，不会对审计有所需求。

传统的声誉经济理论解释了公司要付一大笔钱聘请独立审计机构审核自己的财务报表的原因。在传统声誉经济理论下，审计师提供给客户的就是他们诚实的声誉。公司的投资者、消费者、供应商及其他人，所有这些会与公司发生业务往来的人，在他们与公司做生意之前，都必须对公司的财务状况有信心。通过聘请独立的外部审计师，公司向那些外部人表示出公司是愿意把自己展示出来接受外部检查的。这反过来传递出一个可信的信号——公司没有在账册上造假。

> 传统的声誉经济学理论要发挥作用，从事审计的会计师事务所必须在审计上拥有足够高的诚实与正直的声誉。

传统的声誉经济学理论要发挥作用，从事审计的会计师事务所必须在审计上拥有足够高的诚实与正直的声誉。这样，与公司有关系的投资者或其他人相信它没有与不诚实的客户共谋来掩盖客户可能使出的财务诡计。这一理论要发挥作用，审计企业的声誉必须已经足够好，并且倍加珍惜。这样的话，审计企业就会明智地相信，实施欺骗是不理性的，因为如果被逮住，通过欺骗获得的一次性收益会小于企业声誉永久丧失所造成的损失。

审计师与审计企业的悖论

在上述完美的情境下，应用声誉经济学理论可得到一种美妙的策略，可供那些小的、新的、不那么透明又相对不为人所知的审计客户采用，以减少与自己声誉缺失相关的成本。这一策略就是：聘请一位有着很好声誉的知名审计师。这会有效地让那些不怎么知名、声誉较低的公司"租借"到大型会计师事务所的声誉。

审计客户为外部审计师支付的服务费刚好达到某一金额时，审计的实际成本开始超过从外部审计中得到的收益，该数额的审计收费是有效率的。从外部审计中得到的收益有很多种形式，主要收益包括能够以较低的利率借钱，以及以更低的成本融到权益资本；其他收益包括能够更高效地聘请到高质量的员工，能够说服员工、客户和供应商在更有利的条件下开展合作。外部审计还经常用于对付监管者。如果公司聘用的审计企业不仅有正直的声誉，甚至比自己的声誉更好，而且在广泛的地域范围有其分支机构，外部审计还能够使审计客户吸引到各地的贷款者、投资者、客户、供应商和员工。

审计企业投资开发和维护其声誉是明智的，也是有效率的，其理由有两点：一是投资声誉能使审计企业收到更多的服务费。没有这样的投资，就可能会没有对审计企业提供服务的需求；二是根据传统声誉经济学，在审计企业提供的服务中最重要的成分是其声誉的租金。如果一家会

> 审计企业投资开发和维护其声誉是明智的，也是有效率的。在审计企业提供的服务中最重要的成分是其声誉的租金。

计师事务所缺乏声誉，客户就没有动因一定要聘请它，根据声誉经济学理论，它就不会由此得到收入。

声誉经济学理论假设从事审计的会计师事务所会在建立及维护其声誉上做投资。这一理论还预测会计师事务所通过相互竞争来发展最佳的正直及诚实的声誉，因为拥有最佳声誉的企业能够收取更高的服务费，也更容易吸引到客户。

审计企业独立于客户这一点，进一步确保了高质量的审计服务，审计的独立性可用审计企业的收费账单中有多少比例来自某一特定客户加以度量。如果审计企业

在高质量声誉上做出投资，没有单一客户的收费超过总收费的某一较小比例，此时，高质量审计似乎有保障。在这些条件下，审计师在审计时粗制滥造所获得的潜在收益，会大大不及由此给审计师声誉价值带来的损失。如果审计师参与客户的欺诈，那就更加得不偿失。

> 从审计客户角度来看，好的审计是好的投资，因为它降低了资本成本，增加了股东财富。好的审计还能提高管理层在商界的可信度。

于是，在理论上，只有公司同意遵守会计职业机构颁布的高标准，会计师事务所才会愿意把自己同意的签证印在公司的财务报告上。投资者相信会计师是因为投资者知道任何一家偷懒或腐败的会计师事务所不可能在这个行业长久立足。一家工作不认真或不诚实的独立会计师事务所，其声誉的长期损失会远大于这家企业从走捷径中可能获得的短期收益。如果公司拒绝遵守审计师提出的公司报告风险时需满足透明及简要的要求，审计师则会解除关系。被一家会计师事务所解约，这会给投资者传递负面信号，这不仅会导致高管的下台，还会毁掉一家企业。外部审计可以向投资者传出强烈的信号，表明公司的财务部门运行得井然有序。从审计客户角度来看，好的审计是好的投资，因为它降低了资本成本，增加了股东财富。好的审计还能提高管理层在商界的可信度。理论上，资本市场本身会审核审计师。如果客户信息不准确，审计师要冒被投资者起诉的风险。这一套机制被证明是有成本的，其结果可能并不成功。但不管怎样，公众会计师们知道，如果客户的信息被证明是虚假的或有误导性的，他们会面临很多的损失。

> 只有拥有诚实与正直声誉的审计师，才对审计客户有价值。缺少了诚实与正直的声誉，审计师的签证功能就会失去价值。

声誉理论也是标准的审计经济学理论的核心。只有拥有诚实与正直声誉的审计师，才对审计客户有价值。缺少了诚实与正直的声誉，审计师的签证功能就会失去价值。于是，在理论上，审计师会投重金来建立和维护其从事诚实、高质量审计的声誉。这样，就能确保具有很好声誉的独立审计师作出高质量的审计。事实上，从事低质量审计会降低审计企业声誉投资的价值，这一点对审计质量也有一定的督促作用。

在传统声誉经济学理论中，审计师与客户的关系纯粹是合同型的，保持一定的距离。企业自愿并主动地与审计企业签订审计服务合同，支付费用。这一理论没有假设公司被要求获得审计。该理论假设审计师在某种程度上是职业化的。这样的职业化意味着审计企业与客户保持职业上的距离与独立性。当然，这一传统理论还会假定审计企业准备与不合作的或从事欺诈、或错误表述其财务状况、或拒绝其财务报表遵守审计事务所设定的质量及透明标准的客户解约。

也就是说，传统声誉理论预计，发现客户的财务报表存在问题或与标准不一致的审计企业会坚决要求对方改正这些问题或不一致。如果客户通过错误地表述其财务状况，或错误地报告其财务报表来行欺诈之事，审计师会坚决要求客户改正其财务报表。如果客户拒绝让其财务报表遵守审计师的标准，审计师会与这家客户解约。

在这种环境下，对被审计的客户来说，被会计师事务所解约有着严重的后果。因为这给客户的投资者传递出一个强烈的可靠信号：客户的财务报表存在没有解决的或者不能解决的问题。很显然，这给客户带来的后果要比给审计企业带来的后果严重得多。因为供应商和信贷商会拒绝延长信用，除非公司能够解决它与审计师之间的问题，在如此大规模的解约中，公司极少能幸存下来。股东们会着手对公司董事采取法律行动，因为他们没有以一种与其受托责任相一致的方式管理和监督企业业务。监管者会开始调查，并且有价值的雇员会开始四处寻找，准备去财务状况可靠的公司工作。

另一方面，解约审计客户的会计师事务所受到的不良影响极小，即使有，最多也只是自己公开表示不与这样的客户发生关系而已。会计师事务所只是失去一个单一的客户，并且不管怎样，这个客户还会被会计师事务所要求支付账单。尤其重要的是，会计师事务所通常会从解约客户中得到实实在在的好处，因为它的职业精神和正直声誉会因为解约表面上给公司所造成的短期成本中得到提升。那些想要向外界传递自己的财务部门井然有序信号的潜在审计客户会认识到，一家因解约奸诈客户而闻名的审计企业是值得合作的理想企业，因为聘用这样的企业会准确地传递正面信号。换一种表述，这听起来多少有些讽刺，对于在传统声誉经济模型下运行的会计师事务所来说，解约奸诈客户是一种不错的营销策略。审计师用解约这类客户的方式来发展壮大其声誉，还有可能会吸引到其他客户，这也是一些想靠聘请这样的会计师事务所来提升自身声誉的企业所感兴趣的一招。

按理说，这样的环境存在一些长期的危险：会计师事务所有可能会在面对客户时耍手腕，也可能采用过于严格的做法，以牺牲客户为代价来提升自己的声誉利益。有一点很明显：在传统声誉经济学理论下，客户与审计师之间的力量平衡毫无疑问地会偏向审计师。

经济学和会计学的学术文献充满了支持传统声誉经济学理论的观点。已发表的研究成果要么坚信，要么有时只是简单地假设：维护高质量的声誉对全体金融服务企业——特别是对审计企业至关重要。这样的研究反映了大众普遍接受的认知，即审计师的声誉至关重要，因为企业界普遍接受的观点是——有声誉的审计师从事更高质量的审计，更能证实财务报表信息的可靠性。

安然与安达信

> 传统声誉经济学理论随着能源巨头安然公司史诗般地陨落，直至在烈焰中殒命而终结。

先前描述的传统声誉经济学理论随着能源巨头安然公司史诗般地陨落，直至在烈焰中殒命而终结。看来，那些学术文献错了。

安然接受的是可敬的会计师事务所安达信公司的审计。安然爆出的一波会计违规及不当行径，都得到了审计师的批准或忽略。安然的崩溃，随后的起诉，以及其审计企业的垮台都与解释审计企业行为的传统经济学理论不一致。因为审计企业安达信牺牲其声誉，牺牲其相当突出的行业地位，就只是为了保留一家单独的审计客户的惠顾。

安然史诗般的传奇故事表明，随着会计师事务所不断壮大，收益不断增多，其声誉可以从里到外腐烂掉。然而，表面上，安达信似乎具备典型的独立性，牢牢地在传统声誉经济学理论给定的参数范围内运行。乍一看，安达信似乎完全独立于安然。这家企业有 2 300 家审计客户，没有一家客户（包括安然）所带来的收入在安达信在美国审计的收入总额中超过 1%。如果以安达信的全球业务为基数，则任何单一客户的业务占比更低。在 2001 年，也就是安然垮掉的那年，安达信的收入是93.4 亿美元，根据这家审计企业现已不存在的网页资料，它从安然那里得到的收入预计是 1 亿美元。安然是在 1986 年成为安达信客户的。那时，没有一家审计企业比安达信享有更高的声誉，正直的光环萦绕着这家企业。

自 1913 年安达信创立以来，安达信一直致力于培育公正的声誉。在大萧条时期，企业的创始人亚瑟·安达信（Arthur Andersen）在西北大学商学院做了一场演讲，其中他强调的观点是："为了保持报告的公正，会计师必须坚持判断与行为的绝对独立。"这家企业历史发展中的关键节点很快来临。1914 年，企业的最大客户——一家位于芝加哥的铁路公司，试图劝说安达信证明自己的财务报表合规，即使有证据表明其做法明显不当。这家公司没有恰当地记录日常经营费用，如果没有检查出来，就意味着允许这家公司出具虚增利润的欺诈报告。

根据记载，安达信回应道："在芝加哥市没有足够多的收入让它批准这一错误的记账。"于是，这家小公司失去了一家大客户，但这家铁路公司几个月后就破产了，进而维护了安达信的清白，确立了其独立审计的声誉，成就了公司几十年的繁荣。安达信的会计师审计时会采取大胆方式处理一些难办的会计事项，这会惹恼客户，但却让安达信成为投资者可以信任的审计企业。

除了以其公正为全世界所熟知和尊敬之外，安达信还在自己的一帆风顺时期因其严格的内部控制和标准化程序而闻名。这使得该企业有机会与管理当局对话，在法院取证时发声。在安达信发展史上，有一则很详细的记载，说的是一位深受尊重的安达信审计师因工作太缓慢最终被解雇。在这位审计师看来，审计过程中的每一个细节都标准化了，他曾说："你所出售的是你的观点……如果你降质出售，或你随便送人，那你就失去了作为一名专业人士与生俱来的权利。"

这位安达信前审计师名叫迈克·加格尔（Mike Gagel），他在这家企业中赢得了相当大的名声和广泛的尊重。在他还是一名初级审计师时，他被安达信审计合伙企业派去俄亥俄州马里恩市，去核实那里一家砖厂货场里的存货。客户称它的货场里有100 万块砖。加格尔先生一排一排地数着，能够核实出来的只有 90 万块砖。他的数字与客户声称的数字相差 10 万。这富有传奇色彩的记载说，当加格尔报出他数出的砖数时，公司老板生气了，打电话给加格尔的老板，抱怨这个"新手"审计师。第三次点数后，工厂老板自己也清点了一遍，确信了加格尔先生的数字。在进一步的调查后发现，工厂经理已经在晚上偷走了一货车的砖，卖掉后把钱装进了自己腰包。

据《芝加哥论坛报》的报道："加格尔先生的砖厂算术成为职业警觉的经典例子，使这家名为安达信的企业在几十年里成为会计行业的金字招牌……"随着企业内部文化的改变，这家企业变成了由收入驱动，而不是由声誉驱动的公司。加格尔，连同他那一代安达信审计师一起，在还有十多年才达到企业强制退休年龄时，就被迫退休了。

> 将传统声誉经济学理论运用于现代会计行业呈现出来的缺陷是，它过于强调从事审计的会计师事务所作为一家机构的声誉。这一理论忽视了具体个人其私人动机的重要性。

将传统声誉经济学理论运用于现代会计行业呈现出来的缺陷是，它过于强调从事审计的会计师事务所作为一家机构的声誉。这一理论忽视了个体的私人动机的重要性，因为是个人在从事实际的审计工作，在与客户互动，在做出每天的日常决策，考虑应该怎样把客户的财务状况、业绩及结果呈报给客户的管理层、公众以及监管者。

一言以蔽之，传统的声誉经济学理论失效了，因为一家大的审计企业，如安达信的机构声誉与企业中工作的个人动机完全脱节。随着个人职业与他们为之工作的会计师事务所的声誉相分离，他们的动机改变了。用来说明这一现象的一个最好不过的例子就是，安达信派去审计安然的审计师团队的故事。由安达信合伙人大卫·邓肯（David Duncan）领导的这些审计师忠诚于客户，而不是安达信。安达信没能控制其安然团队作出的极其夸张的会计操作，这最终毁掉了安达信。

传统声誉经济学理论之所以在被运用于会计师事务所时失效，是因为它没有作出调整以反映会计行业随时间发生的重大变化。以安达信为例，其变化就体现在它不再以一种一致的方式去努力协调、监督及提供审计服务。

与传统理论明显相悖的是，在安达信监督安然的时间里，会计师事务所中那些负责监督和督察一线的审计队伍，比如在大卫·邓肯直接控制下的那些高级合伙人，不再像过去那样受利益约束而监督合伙人。事实上，在当今的法律框架下，会计师事务所（律师事务所在这个事情上也一样）的内部人员能够对企业内同事所做的工作保持完全的不参与、不知情是因为合伙人获得的收益与企业内其他人的工作无关。现代合伙制下的民事责任规则规定，只要企业内其他人不是在某一合伙人直接监督下造成的职业责任事故，该合伙人的责任就与事故当事人应承担的责任隔离开来。

从普通合伙制到有限责任合伙制

传统上，会计师事务所是按普通合伙制组建的。在这一法律制度下，合伙人既联合又分散地对合伙人的职业责任事故及玩忽职守行为负责。无法逃避的责任让合伙人有着非常强烈的意愿去管控、监督及纠正企业内其他人犯下的错误。合伙人也有着很强烈的意愿坚决要求所在企业制定并贯彻执行严格的规定，以防止过激或有风险的审计操作。随着所有大型会计师事务所——包括安达信，从普通合伙制转变为有限责任合伙制，这些有效的激励动因，即使没有遭到破坏，至少也被削弱了。今天，有限责任制保护会计师事务所和律师事务所的合伙人免遭个人责任的惩罚。于是，这两类企业中的合伙人监督他们的同事的意愿明显更低，甚至一点没有。

20 世纪 90 年代，席卷美国的有限责任合伙企业立法导致合伙企业治理的性质发生了急剧的变化。从前的律师及会计师事务所的普通合伙企业法的"基本原则"是要求单个合伙人对超过合伙企业资产的任何合伙义务负责。如今，这一基本原则已经改变。适用于律师及会计师事务所的、新的有限责任合伙制则保护合伙人的个人财产免遭企业债主的追讨。各州在该法律上的基本观念就是，取消那些不控制或不监督作恶者的合伙人的个人责任。

从普通合伙制形式转向有限责任合伙制形式这一运动给律师及会计师事务所带来了监督同事的不利诱因。有限责任合伙制通常只让那些对他人职业活动负有监督义务的合伙人负有个人责任，从而减少了监管同伙的动因。

> 普通合伙制形式转向有限责任合伙制形式这一运动给律师及会计师事务所带来了监督同事的不利诱因。有限责任合伙制通常只让那些对他人职业活动负有监督义务的合伙人负有个人责任，从而减少了监管同伙的动因。

于是，在普通合伙制下可能会给同事提供建议、参与协商的职业人士，在有限责任合伙制下因为想要避免承担工作中的潜在责任而不再做那些事了。与这一分析相吻合的是，已有报道显示，一家大型的律师事务所从普通合伙制转为有限合伙制之后，合伙人决定，当合伙人为其同事名下的客户承担工作时，实施相互补偿，其目的是激励那些与业务无关的合伙人持续提供建议和指导。虽然公司内部规则及程序的变化可能会对监督有所改善，但这些变化并没有降低经营者默许承担过高风险的诱因，因为这可能会带来更高的利润。

结合当今会计师事务所的现实——由一位合伙人主控一家客户，采取一种以"逮谁吃谁"为基础的方式工作，其结局也许愈加麻烦。没有人去监督某一具体客户的合伙人，合伙人面对的是要紧紧抓住其客户的财务压力。这些客户会意识到他们结合当今会计师事务所的现实——由一位合伙人主控一家客户，采取一种以"逮谁吃谁"为基础的方式工作，其结局也许愈加麻烦。

的这种压力会给那些监督并不细致的会计师实加压力。于是，审计变得没有从前那么真实可信了。这便是会计及律师事务所从普通合伙制转向有限责任合伙制这一运动所带来的严重后果，可惜并未被人们广泛认知。

在大型律师及会计师事务所内，人们已经对相关控告有一种标准的回应，认为责任制度的改变导致两种结果，那就是既降低了企业客户的道德和遵纪守法的水准，又要承担过高的风险，减少了来自职业人士自身的监督。这些职业性的企业现在采取的措施是，让律师和会计师继续保有传统上强大的、可维护他们自己职业声誉的激励机制，更要防止那些有可能破坏个人职业的事情发生。

这里面的关键假设是，成功的律师及会计师事务所的合伙人会努力工作，以防止自己企业承担过高的风险，防止来自客户的欺诈，因为这类活动会威胁到相关企业内职业人士的声誉。也就是说，在律师及会计师事务所，对有限责任的防卫措施是，职业人士保有很强的监督及防范本企业及客户中有人做坏事的激励机制，因为这样的坏事造成的破坏将对企业内部人士的职业生涯构成威胁，如同被丑闻玷污了的安达信。

有人支持除掉那些为合伙人的不端行为负个人责任的规定。这些支持者为这样的"改革"辩解基于的理由是，现代超大型的律师和会计师职业组织相当复杂，分散在世界各地，完全监督它们基本做不到。几乎难以指望位于纽约的合伙人去监督位于休斯敦或上海的合伙人行为。如此监督的想法不具实际意义，而且所产生的巨大费用明显是得不偿失，会计师及律师事务所拥有的专业化程度不断提高的特点更使这一想法很不现实。一位税务合伙人即使有，也只有极少的能力能对环境法律专家，或破产专家才能解决的各种大大小小问题做出合理的判断。会计职业也已经变得相当的复杂，每个行业都有自己单独的会计准则。比如，某位会计师在银行审计或给银行提供会计与税务咨询时是专家，但通常情况下，这位审计并不了解不同行业的公司，如制药、航空或汽车公司。会计师会进一步在某些细分的领域专业化。分析某些具体法律规定或公司结构所对应的成本及利润，进行财务建模、电算化记账、税务筹划以及为公众公司制定符合美国证监会会计准则的制度，还要符合某些特别的规定，如《萨班斯－奥克斯利法案》。估值分析及管理会计更是现代会计行业中专业化更重要的领域。所有这些都包含着很多的相关规定，它们都会影响到所提交的审计及其他会计服务的方式。

这些说辞有些夸大其词。特别是，认为律师和会计师有动力努力确保其同事以合适方式行事的论断缺乏支持。现实情况似乎是，在败落企业，比如在安达信，有能力的职业人士在企业崩溃时，尽管多少会遭受一点个人声誉损失，但也不会有太大影响。相反，他们会马不停蹄地转移到另一家企业相同或非常类似的岗位上。原来的企业垮了，职业人士通常只是转换到竞争对手公司，继续为早先的客户提供服务，这种情况并非没有。

还是来看看安达信吧，它为当今的这种现象提供了一个可信的实例。安达信的那些前合伙人们有能力继续其职业，而且完全不受事件影响，这一点儿也不让人感到惊讶。通常的模式是这样的：安达信的大公司客户在绝大多数时间都相当高兴地把账册交给安达信的专业团队。公司的好多当事人都远离安然总部，他们充分了解一项基本事实，即与他们朝夕相处好多年的会计专业人士绝对不关心安然的会计。其实，除了在休斯敦的大卫·邓肯团队以及在芝加哥的团队直接监管者之外，没有其他任何一位安达信人员了解情况，或与安然及其会计有什么关联。

这些公司当事人想要一如既往地与现任会计师团队开展业务，并且也没有真正的理由不让这些人继续下去。实际上，如果重新分派工作，换一支新的审计团队，那会面临一个陡峭的学习曲线，既费时又费钱。如果安达信的某位客户要求安排一支新的会计师团队，那会产生巨大的直接成本，客户公司的审计委员会、CEO、CFO，以及公司内部会计部门的其他人员要投入巨大的时间及资源。除了这些成本，变更会计师总会涉及风险与不确定性。

新的会计师必须要评估前任会计师的工作。由于很多有关处理具体交易及事务的决策涉及主观判断，新的会计师团队通常不会同意先前的做法，坚持加以改变。对聘用新审计师的公司来说，这样的改变常常涉及重大的不确定性和管制风险。也就是说，变更审计师充满了风险并增加了费用，公司极不情愿做出这样的变更，除非万不得已。

有重要证据显示，安达信于 2002 年垮掉时，绝大多数安达信的雇员只是暂时失去了工作，随后便成功地转到其他企业。有很多的网站链接安达信前雇员，把他们介绍给其他企业，比如，www.andersenalumni.com 和 www.andersenalumni.net，后一个网站寻找能让现在及以前的安达信雇员保持联系，建立网络，搜索新的就业机会，寻找遍布全球的现在及以前的同事。另外，其对会员免费，还允许现在及以前的安达信雇员上传个人简历，搜索现在的公开招聘，与现在或以前同事联络等。还有其他更加专门化的网站链接安达信的特殊子群体。那些先前在南佛罗里达州办事处工作的员工似乎又重新相聚了。

位于威斯康星大学的安达信中心仍然兴隆，并且推动开展在解决财务报告及控制问题方面发挥积极作用的学术研究，帮助解决困扰政府部门及企业界的财务报告方面的问题。这个中心也有能力将那些对财务报告及控制问题感兴趣的学术界人士和私营部门人士联系起来。

从声誉角度来看，这些网站很有趣，因为它们显示出前安达信雇员并不因自己先前与安达信有关系而感到羞耻。当这家企业遭受控告并随后死亡，似乎可以假设与这家名誉扫地并带有犯罪标记的企业有关联的那些会计师及其他职业人士会与企业一同遭殃，但实际上，这个假设缺乏根基。这些职业人士看来没有与船一同沉没。其实，他们中的绝大部分人士在船沉没时，身上甚至都没有沾染湿气，更别说打湿了。

要清楚所有安达信前员工的去向，实际上是不可能的；要把那些主动离开企业的合伙人与那些多少因企业垮台而不是因个人原因而离开的合伙人区分开来，也是不可能的；要搞清楚安达信的垮台对合伙人一生收益的影响有多大，也是不可能的。但不管怎样，这里面有很多成功的故事。

安达信垮台后，行业第二梯队中最大的会计师事务所——均富会计师事务所（Grant Thornton）接收了大量的前安达信合伙人。均富接管了安达信在北卡罗来纳州及南卡罗来纳州的业务，在威斯康星州的密尔沃基开设新的办事处，由 5 位前安达信审计师领导，并新添 36 位前安达信雇员到其中。前安达信员工还开办了一家大型咨询企业——赫龙咨询集团。这家企业由"安达信难民及同事中的骨干"构成，为公司提供诉讼与监管事务方面的咨询，这些事务正是当年困扰安然的问题。随后，这家企业的价值超过 10 亿美元，雇用了 1 200 名专业人士。现在，它已经成长为当年年收入达 10 亿美元的安达信咨询业务的简化版。据彭博社的《商业周刊》

估计，对赫龙创始人加里·霍尔德伦（Gary Holdren）来说，2002 年从安达信到赫龙的迁移可以被证明是迄今为止发生的最好的事，这些前安达信雇员换上他的招牌，就成为赫龙咨询集团的员工。

所有的安然伙伴都去了哪儿

安然的崩溃及安达信的死亡暂时让华盛顿地区的 2 000 名安达信雇员搁浅。不过，正如一本财经杂志的评论："安达信的强大声誉是这家公司破产后其员工及业务成为职场中的抢手货的关键原因，而没有让失业的会计师减分。"仅来自华盛顿地区的安达信员工就以一些著名公司的首席财务官或首席会计师身份重新走上工作岗位，比如，万豪国际公司、凯雷集团、Cogent 通信公司、J.E. 罗伯特公司（J.E.Robert Cos）、MuniMae LLC，以及所有其他大的会计师事务所的高级职位。

有一项学术研究考察了安达信垮台后员工间相互提供的帮助。研究发现，在所有重新就业的安达信前雇员中，有一半的比例是以组群的方式加入另一家雇主企业。这一研究还发现，这一帮助会延续下来，成为前雇员相互联络的方式，以便获得第二及第三个后危机岗位。很明显，超越原先范围的分散化网络因可用来搜索新岗位而使其价值得到提升。该研究总结道："有充足有力的面谈证据表明，安达信的社会网络有着异乎寻常的效力，来保证安达信前雇员找到新工作……"

另有一项研究针对的是威斯康星州密尔沃基办事处安达信人士的际遇。研究发现，安达信也许已死，但这家会计及咨询巨头的绝大部分职业人士已经在密尔沃基地区找到了有酬工作。

有 4 家会计师事务所在密尔沃基设有办事处，它们雇用了安达信前雇员中的大多数。德勤会计师事务所雇用了 225 名安达信前雇员，这些人几乎代表了安达信税务及审计会计师的全部，这使德勤会计师事务所在密尔沃基办事处的人数从 160 人增加到 385 人。随着安达信的死亡，德勤会计师事务所成为了在密尔沃基的最大的会计师事务所；均富会计师事务所雇用了超过 50 名安达信前员工；一家名叫威尚·克劳泽（Virchow Krause）的当地企业雇用了 34 人；毕马威咨询公司雇用了 65 人；普华永道和安永在密尔沃基的办事处也增添了少量的安达信前员工。另外，还有一些安达信职业人士在各式各样的地区性企业工作。安达信密尔沃基办事处关门大吉的效应是提供机会，让这家企业先前的竞争对手捞取市场份额，以及熟练员工。这份报告继续写到，当均富与3位前安达信合伙人于2002年6月在密尔沃基开办新的办事处时，这些前安达信合伙人带来了差不多100个客户。

审计与咨询同时进行

　　传统声誉经济学理论的另一个缺陷是，它错误地假设，为公司客户从事审计的会计师事务所不会为同一客户提供可能产生利益冲突的任何其他服务。事实上，在前面描述安然与安达信关系时可以看出，安达信这家大型的会计师事务所从前就提供范围广泛的各种服务，包括边界模糊的"咨询服务"，这引发了严重的、甚至是致命的利益冲突。

> 越来越多的会计师事务所把审计工作作为一种招揽客户的特价品，只是为了让客户"开门"，以便向其兜售让自己更赚钱的咨询服务。

　　会计师事务所——如安达信给公司客户安然——提供的咨询服务数量大量增加，这严重削弱了审计机构的独立性及客观性。在《萨班斯－奥克斯利法案》开始实施限制之前的一段时期里，安达信和它的竞争对手们就已经认识到，从提供咨询服务中获得的利润率远高于给同一家客户提供审计服务获得的利润率。越来越多的会计师事务所把审计工作作为一种招揽客户的特价品，只是为了让客户"开门"，以便向其兜售让自己更赚钱的咨询服务。

　　更糟的是，给像安然那样的客户公司提供咨询服务的同时，也提供了腐败的机会。这样的客户公司靠挥舞"胡萝卜加大棒"，或采用"以牙还牙"的行为方式来操纵或恐吓其审计机构。那些虚伪、肆无忌惮，甚至过度积极的审计客户用更多的咨询业务来犒劳那些按客户意愿处理具体会计事项的、合作的审计企业。甚至更糟的是，如果审计企业拒绝按客户的意愿行事，客户会以撤出或减少其咨询业务来威胁审计企业。

　　即使是合作的客户也是不能控制的，更不用说"定量配给"它们从会计师事务所那里得来的审计服务。客户需要这些审计服务，会计师事务所可以选择提供或不提供这些服务。咨询服务就不同了，因为咨询服务有酌情行事的特点。或者说，公司客户决定配给多少咨询工作量给审计企业，那是相当容易的。这些公司客户常通过把高盈利的咨询业务从审计企业中撤出的威胁对审计企业施加压力。这一现象是传统的声誉经济学理论从来没有考虑过的，更别说解释过的。也就是说，像安信达之类的审计企业给像安然这样的客户提供咨询服务，会损害审计企业的独立性。这无疑会导致出现审计企业依附客户，一心巴结安然的管理者的局面。

这一先前没有认识到的利益冲突使得像安达信这样的会计师事务所很容易被客户左右。在最早对这种现象加以描述和分析的学者里，杰克·科菲（Jack Coffee）教授是其中之一。科菲教授是这样表述的："当会计师事务所的客户同时是审计与咨询客户时，客户会很容易终止审计企业的咨询顾问身份，或在咨询服务方面减少对这家审计企业的使用，以报复审计企业的不妥协行为。"科菲教授写道："这是一种不易觉察的反应，意思是说，其方式经常不被市场参与者及监管者所注意，因为它不要求披露，不受美国证监会的监督。然而，却会惩罚审计企业，可能会将不妥协的审计伙伴替换掉。"

最终，对于大型会计师事务所来说——如安达信审计企业"独立性"的传统概念变成一个幻影。

安然的例子让人们看到一个可替代传统模型的更具现实性的图景，其特点是，在一家像安然这样的大公司里，咄咄逼人的经理们很容易就能影响审计企业。在安然案例里，媒体广泛报道了安达信审计团队成员如何一贯地屈服于客户公司，安然是如何坚决要求安达信确证公司收入及盈利数值是与公认的会计准则相一致的。其实，这些数值是安然首席财务官及其经理团队依据十分激进的会计处理方式生产出来的，却极少出现现场审计师不允许的时候。有时，芝加哥的上级管理部门会否认某些做法。上级拒绝了，但建议照样忽略。安然的外部审计师明显缺乏足够的动因去阻止安然经理们的不端行为。

根据由安达信的刑事审讯及安然的证券诉讼所提供的证词，可得出有支持的结论：即使是像安达信这样大的审计企业，也很容易被左右。比如，大卫·邓肯作证称，他拒绝或忽视了有人提出的变更安然交易会计处理方面的建议，他需要这个客户，以维护自己的收入水平及自己在安达信的地位。安达信审计团队的其他成员作证称，他们对安然会计技巧方面的微词同样遭到忽略或被认定错误。有些时候，建议就根本没有提供给客户，想必是害怕客户有可能会另雇用其他审计企业来替换自己，害怕客户对参与审计的当地团队给出不好的评价，或害怕撤出咨询业务。有大量的文件显示，安达信雇员知道并且担心，但还是掩盖或忽视了安然做出的欺骗性的会计操作。

鉴于安然以及其他大量的以会计为基础的丑闻，比如泰科、世界通讯、环球电信、阿德菲亚，美国国会于2001年通过了《萨班斯－奥克斯利法案》，着手从法律上作出改变，以减少此类问题。其中两个最重要的变化是实施审计师轮换规则，以及限制审计企业提供外部咨询服务。

审计师轮换规则规定，如果某人出任某一客户的审计师满5年，会计师事务所就得禁止这位审计师担任主审项目合伙人或复核审计项目的合伙人。法案中做出的这一规定准确地说是为了解决"大卫·邓肯式"的问题。但问题是，这一新的审计师轮换规则可能使该问题变得更糟，而不是变好。5年之后，从一家客户轮换到另一家客户的审计师还是会偏好于获得更大的晋升、得到更重要的公司客户，而不是降级、得到更小的更不重要的客户。在会计师事务所决定将某位必须轮换出去的合伙人轮换到哪儿的决策中，客户满意度有可能发挥出即使不是支配性的，但也是重要的作用。这理所当然会促进审计师甚至比以前更加热衷于取悦客户。此外，在大型的会计师事务所，内部晋升的竞争通常很激烈。审计师要往上爬，会遵循竞争对手的足迹，抢占重要客户，他有动因使自己提供的服务及做出的决策比前任或竞争对手更让客户高兴，更让客户满意。

限制提供外部咨询服务也是想努力解决这一问题，这一问题在安然崩溃后引发了社会的强烈关注。然而，最终采纳的规定充满了漏洞和含混不清，并且从表述来看，由审计企业提供咨询服务的迹象仍然很明显。

《萨班斯－奥克斯利法案》是两组博弈的折中结果：一组是争取对非审计服务实施全面禁止的利益群体，另一组是希望事实上不施加新限制的利益群体。这一折中反映在该法案第2章的第201节及第202节中，允许审计企业提供非审计服务，但在法案中，有9项具体的非审计服务除外。该法案规定，为公众公司从事审计工作的公众会计师事务所可以从事非审计服务，包括税务服务，这不在9项之列。

《萨班斯－奥克斯利法案》禁止审计企业出售财务信息系统设计及实施，以及信息技术服务，这些是一些会计师事务所，特别是非常大的事务所——如安达信，获取巨大咨询收入的来源。该法案还禁止内部控制外包以及"专家"服务，这在美国证监会的最后规定中获得允许。仍然被允许的服务还包括提供内部控制报告，以及对某项交易的合适会计处理提供建议，或帮助准备上市申请书。

这一立法的历史过程相当明了。该法案命名者之一、参议员保罗·萨班斯（Paul Sarbanes）在国会记录上写道："除了我提到的9项，审计企业可能想提供很多其他服务，我们并没有排除掉这些服务的提供。"作为最终法案基础的、该法案的参议院委员会报告陈述道："做出这一服务提供规定的意图是为了给会计师事务所不向公众公司审计客户提供非审计服务的限制清单划出一条清楚的界线。"

自《萨班斯－奥克斯利法案》颁布以来，审计企业提供的咨询服务又一次处于不断增长中。2010年底，美国证监会首席会计师詹姆斯·克劳克（James Kroeker）表达了他的担忧，也是他所害怕的："在大型的会计师事务所里重建咨询事务，"克劳克先生说，"我相信这一行业将不需要重温过去因投资不足给审计质量带来严重不利影响的教训，或不能严格维护审计过程的独立性。"克劳克先生用睿智的语言结束其讲话，尽管所有的证据都指向反面，他还是宣称："我还是怀抱希望的，如果'多学科交叉的'（会计）企业在追求商业的其他内涵方面做出重要的投资，可以期待这会对公众信任及公众对审计操作的理解产生潜在的影响"。

不幸的是，克劳克先生的乐观完全缺乏基础。实际上，审计的独立性问题有其深层的结构性原因，如果不对美国审计行业结构做出重大的改变——但现在还没有可预见的改变出现，这一问题很难得到解决。这些结构性问题有两方面。

首先，会计行业高度集中，在大型审计企业间实质上没有竞争。传统的声誉经济学理论依赖于竞争。但在今天的世界里，大型的公开上市的公司客户不能根据审计质量从主要的会计师事务所中区分出优劣，因为这些大型会计师事务所之间没有可识别的差异。正如我与特德·艾森伯格（Ted Eisenberg）在前期合作的一篇研究中显示的，所有大型的会计师事务所——包括已过世、无人哀悼的安达信公司，历史上大致都有差不多数量的客户出现过严重的不端会计行为，被要求重新陈述其财务结果。因而，即使一家公司想要分辨会计师事务所之优劣，它也不能通过为自己选择一家特别诚实或"严厉"的外部审计企业将自己与竞争对手区分开来。

其次，审计已经变得相当具有技术性、专业性，复杂耗时，与其他职业如医生和律师相比，还有很大的区别，从事审计的会计师可以在一段时间只有一家客户，审计一家大型公司对整个审计团队都是全职工作。审计人员会在所审计的公司里有办公室，通常一次就工作好几年。他们与客户的互动要多于他们与分派到其他客户的同所同事之间的互动。

在这样的条件下，审计人员非常自然地会与客户发展起忠诚及依存的情感。从实用或功利角度来看，大型公司的审计人员在很多方面更像客户的雇员，而不像审计企业的雇员。虽然他们名片上印的是审计企业的名称，却是由客户支付他们薪水，且客户对他们的业绩评估对他们的成功至关重要。日常频繁的交往也让客户成为他们的同事和朋友。传统声誉经济学理论所描述的那种审计师的独立性已是陈年往事。

> 要求审计，加上审计师缺乏独立性，以及大型会计师事务所间缺乏竞争，这些结合起来表明，传统声誉理论所包含的、外部独立的审计在现代的后声誉世界里已不复存在。

还有一个简单的事实也对与会计行业相关的传统声誉经济学构成重要一击。这一事实就是，获得独立的外部审计现在已是公众公司的强制性法律义务，而不再是自由选择。理所当然，这就意味着从公司做出的审计财务报表的"决策"中，无论如何也看不出这释放出的是什么信号。所有的公众公司要审计财务报表，是因为所有公众公司被要求这样做。要求审计，加上审计师缺乏独立性，以及大型会计师事务所间缺乏竞争，这些结合起来表明，传统声誉理论所包含的、外部独立的审计在现代的后声誉世界里已不复存在。

THE
DEATH
OF CORPORATE REPUTATION

第 7 章

既是辩护者，又是声誉中介的律师事务所

现在，个体律师的声誉已经取代了律师事务所的声誉，律师对他的个人声誉的投资动力在上升，而对其所在事务所声誉的投资动力在衰退。单个律师已经成为流动的自由代理人，他们远比从前更为频繁地更换事务所，律师们互相监督的动机也减弱了，这不仅仅是因为律师不再有能力对不同专业领域的律师进行监督，还因为律师不再有动力这样做。并且，在普通合伙制被取代后，这一动力更加被削弱。

尽管有一些共同的特征，但从根本上说，法律和会计这两个职业有着显著的区别。客户雇用律师来为他们提供辩护，保护他们的利益。最好的律师能够开发新的策略来提升客户的利益，而最好的会计师却向客户严格地解释会计准则。不同于审计师，律师并不意味着要独立于客户。律师们频繁地变换事务所，表现出高于会计师的横向流动性。更进一步地说，与会计师事务所稳定的客户关系不同，顶级律师事务所之间对客户的竞争非常激烈，显赫的律师也承担着越来越高的风险。律师同时还充当着守门人的角色，或者说声誉中介，他们把自己的声誉租借给客户，增加客户的可信度。尽力地追求客户的利益，或是给客户租借可靠的、令人尊敬的声誉，这两个角色在律师身上同时存在。两者间的模糊性常常让律师受益。尽管学者们已经论证律师事务所的行为遵从传统的声誉模型，但是基于一些原因，现在它们是否仍遵从该模型，这一点值得高度怀疑。信息技术的进步、证券法规的通过、内部律师顾问的发展和律师职能的专门化，这些都已经削弱了律师监督其同事，乃至其所在事务所的激励动因。

> 最好的律师能够开发新的策略来提升客户的利益，而最好的会计师却向客户严格地解释会计准则。

法律和会计这两种职业确有一些共同点，但是更重要的是它们之间的本质区别。其中最根本的区别就在于，律师是客户的辩护者，用最具说服力的方式来呈现客户的观点，是客户的"雇佣兵"。

相比之下，会计师则会与其客户保持职业上的距离。正如美国证监会的首席会计师曾经说过的，会计这个职业，无论是在事实上还是在表面上，都不能成为他所审计的公司管理层的辩护者。该监管者建议，会计行业可考虑改变其"集体词汇"，以便在认知和现实层面强化审计机构区别于客户的独立性。他建议会计师不再使用"客户"这一词语来指代他们所审计的公司管理层，因为，为上市交易的公司提供审计的审计机构，其真正的客户是投资公众，而不是这家公司的管理层。

与会计师不同，律师是辩护者，不会独立于客户。他们的工作是争辩、说服或哄骗，让人们得出其客户的财务报表是准确的结论。至少在理论上，会计师的工作是鉴证客户财务报表的准确性，无关客户的意愿。律师被认为是客户的代表，是要提升、保护和维护客户的利益。当一名律师提出观点时，总有（或者几乎总有）另一名持相反观点的律师，所以法律代理的这种单边特性也情有可原。法官的职责就是根据恰当的法律依据及公平原则，来解决针锋相对的律师之间的争端。

律师和会计师的相近点，简单地说是他们都不负有个人责任。律师行业的信息市场相比会计师行业要成熟得多，从前大的公司客户雇用律师事务所，如今他们直接从律师事务所聘请具体的律师来完成法律工作。今天，大公司内部的法律顾问的职责之一，就是面试、评价及挑选最合适的律师来为具体的案件或监管事宜提出诉讼或提供辩护，在复杂的交易中计划及构建涉及监管法规、税法和合同法方面的法律要件。

顶级的、处理公司事务的律师事务所与会计师事务所还有一个区别，那就是其工作人员的横向流动频率。在这方面，律师要远远高于会计师。在诸如《美国律师》（*The American Lawyer*）的法律界出版物中，经常能看到这样的头条，"律师事务所的人才流失达到前所未有的水平"。过去20年被称为律师的"流动时代"，律师们的高度横向流动被认为是现代律师市场最为显著的特征之一。大的律师事务所越来越依赖于横向招聘，并以此推动自身的发展和利润的增长。顶级律师们的职业，用乔纳森·R·麦克布里奇（Jonathan R. MacBride）和大卫·J·萨穆林（David J. Samlin）的话来说就是，越来越像职业运动员了。在体育界，运动员在传统上会在一个队度过整个职业生涯。如今的职业运动员不需要再为同一个队奋斗终生，他们常常会从一个队转到另一个队，以寻求更高的报酬。类似地，律师们从前会从属于某一家律师事务所，而如今他们是终极自由的代理人，似乎一直在寻找能提供更好机会、更高报酬的律师事务所。律师们所处的独特位置，使他们能更好地利用这些机会得到更高的报酬。他们在很大程度上是随心所欲的雇员，只要他们愿意，可随时更换工作。另外，在更换事务所后，律师们通常能够自由地没有限制地执业。根据《美国律师》的报道，截止2009年9月30日，当年就有创纪录的2 775名大的律师事务所的合伙人加入或离开事务所。但是，这个报道仅仅追踪那些大的律师事务所的合伙人的流动，这个数据和整个美国总的横向流动相比，仅仅是冰山一角。

在现代复杂的金融服务领域，法律工作另一个显著特点是，事务所之间的竞争日益激烈。律师职业远比会计师职业的竞争更为激烈。数以百计的全国性律师事务所争夺着最为复杂、困难——当然也是有利可图的案件及事项，而只有少数几家会计师事务所瓜分最为庞大的、复杂的上市公司的会计业务。此外，单个的律师个人能取得的收益比单个的会计师要多得多。不必惊讶，最炙手可热的律师是那些在执业领域相当狭窄和专业化的，或具有稀缺能力的律师，他们几乎能要求到任何想要的报酬。经营顶级律师事务所的那些人，其目标就是用顶级的、与工作没有直接关系的价码来吸引并留住律师。其结果正如《美国律师》所报道的："律师事务所越来越聚焦于每个合伙人所创造的利润，而不是追求能够赢得客户的高度评价、给客户带来高性价比的服务的长期经营策略。"然而，这一聚焦已经导致大的律师事务所忽视提供经常性收入的、广阔的中端市场。因此，大量的美国前 200 强的律师事务所都受到了那些小而精的竞争对手的影响。这些竞争对手的成本更低，规模更小，因此能赢得更多的信任与合作，他们还有更长远的视野，最终能给客户带来更大的价值。

风险会计

以上分析的启示是，大的律师事务所与会计师事务所相比，已经变得更具高风险，而且始终在增加其风险度。律师事务所不仅仅比会计师事务所发生更多的兼并，还比大的会计师事务所更为经常地发生分立及破产。律师们不仅面临着来自其他事务所同行的竞争（有时还来自同一事务所同事的竞争），也面临着来自客户的竞争。大的公司客户越来越多地将法律工作交给公司内部的法律顾问。因为按美国证监会监管的要求，公众公司的财务报表须由外部审计机构审计，所以交由企业内部处理这一趋势在会计业中就不复存在。

这些变化使得最高端的金融法律事务有着更大的竞争性、风险性，也更加有利可图。一项有趣的实证研究显示，美国前 100 强律师事务所已经转向高端、高风险的业务，如白领犯罪、证券法诉讼以及知识产权，逐渐从相对更传

> 这些变化使得最高端的金融法律事务有着更大的竞争性、风险性，也更加有利可图。

统或类似的业务领域中退出，例如，普通商务、合规工作、信托与不动产。这项报告总结："近年来美国前 200 强律师事务所大量地倒闭、被整体吞并而不是合并到其他大的事务所中，这说明很多美国大的律师事务所大都不稳定。"

律师提供的法律及咨询服务与会计师提供的审计及其他服务两者间甚至在最基础的方式上也存在差异。尽管这两个行业都具有技能、认真、注重细节这些重要的

> 最优秀的律师是那些为提升客户的利益去寻求新的行事方式、设计新战略及战术的律师，是出其不意挫败对手的律师。

> 会计实践非常不同于律师实践。"创新型会计"是一件非常糟糕的事情，而"创新型律师"是一件值得称赞的事情。

品质，但最好的会计师是那些在为客户提供服务时能坚定地按规则行事的会计师。与此形成鲜明对比的是，最优秀的律师是那些为提升客户的利益去寻求新的行事方式、设计新战略及战术的律师，是出其不意挫败对手的律师。

会计实践非常不同于律师实践。"创新型会计"是一件非常糟糕的事情，而"创新型律师"是一件值得称赞的事情。监管者、债权人和投资者都不想看到会计师事务所或会计师本人创新性地或者激进性地阐释会计规则。与之相反，很多律师引以为傲的便是以特别富有创新和激进的方式来主张及维护其客户的立场，并以此推销自己。

不过，还有一种看待顶级律师事务所提供的服务本质的方式，这一方式多少让人感到些鼓舞，它强调律师事务所商业模式中的声誉作用，非常像声誉曾经在会计行业中发挥的作用。这两种观点不和谐地同时存在着，人们并不清楚，在美国那些代表上市公司的金融律师和公司律师实际是在扮演哪一类角色。另一方面，正如公司法教授斯蒂芬·班布里奇（Stephen Bainbridge）所指出的，律师职业严格要求律师为客户保密并遵守职业道德，这一点所反映出的是，律师们很清楚应把自己看成是辩护者、知己和顾问，而不是像审计师那样的"守门人"。那些雇用律师的公司高管及董事也是这样看待律师的。

坚定的代理人与道义上的中介者

由于存在两种截然不同的方式来看待律师在金融领域扮演的角色，这就使得法律实践具有相互矛盾的自我分裂性。班布里奇教授认为律师除了扮演辩护者角色之外，还经常扮演类似于审计师的声誉中介的角色，而这两个角色相当不一致。一个受人尊敬的、有影响力的律师能够用自己正直的声誉和诚实的道德来帮助客户脱离困境。班布里奇教授称："律师，尤其是事务律师和内部律师，有能力阻止一份有问题的招股申请书的生效，或是避免一项交易的达成。"但是，班布里奇认为律师通常不能履行这些职责。

律师的这一自我分裂方式——连律师自己有时也这样看待自己——实际上并不是随机出现的。长期存在的这一模棱两可的角色给律师行业带来很大的利益。归根到底，最成功的辩护者是要通过他的论证能让监管者和法官相信他根本就不是一位辩护者，而是一位超越争辩，奉命前去做解释而不是来辩护的陈述者。通常，律师们在客户面前把自己当成辩护者，而在面对外界时把自己当成声誉中介。从这个意义上来说，看待律师行业的这一自我分裂方式不是巧合，而仅仅是律师行业为方便自身利益而达成的默许，不过，这种默许最好摒弃掉。

> 通常，律师们在客户面前把自己当成辩护者，面对外界时把自己当成声誉中介。从这个意义上来说，看待律师行业的这一自我分裂方式不是巧合，仅仅是律师行业为方便自身利益而达成的默许，

至少，律师们应诚实地扮演其工作角色。法官和监管者应该清楚地知道，律师是作为一位辩护者在工作，还是作为一位中立的、超越争辩的"声誉中介"在工作。在第二种情形下，如同审计师这样传统的声誉中介，律师的职责应是核实和保证在某个特定情景及条件下——比如被美国证监会调查或是被诉欺诈时客户的正直和真诚。经常地，这一区分对各方都是清楚的。然而，有时则不清楚。

律师挺立，会计师倒下

律师既可扮演辩护者的角色，也可扮演声誉中介的角色，这一模棱两可的角色在平常的"真实出售"意见情况下是容易分辨的。公司经常会与其他企业发生买卖交易，有时候交易中会涉及欺诈。比如在某个具体的财务季度，公司有时会屈从于压力，要报告出公司的销售额或利润将会达到 / 超过多少数额的预期值。欺诈性地夸大其销售收入或利润数额的一个主要方法就是在货物根本没有被售出的情况下，假装销售出去了，并根据这样的销售方式来计算利润。例如，在熟知的"渠道塞货"的诡计中，公司通过"代销"方式将货物转移给中间商，假装这批货已经被卖出。但私下里，该公司却同意如果中间商没有成功地将货物卖出，它就会购回这批货。

正如安然丑闻的一样，有时一家公司会虚假地宣称它将一项重要资产以很高的价格卖给了另一家公司，宣布它获得了比实际更高的利润，以便欺骗外界。在安然，

首席财务官安德鲁·法斯托（Andrew Fastow）创立了一些独立的公司，称为特别目的实体（Special Purpose Entities，SPEs）或特别目的载体（Special Purpose Vehicles，SPVs），并安排这些公司从安然购买资产。很多这样的交易都是欺诈性的，因为它们并非不同公司间真正的正常交易。安然或者它的附属企业实际控制着这些公司，所以，安然只是将自己的资产以抬高后的价格卖给自己，以掩饰自己真实的财务状况，从而达到欺骗投资大众、债权人和监管者的目的。有时候，安然会卖出资产或与其他真正独立的公司达成交易。但是，安然会和这些公司签订在不久的将来购回资产的秘密协议，这些安排都不会给予披露。而且，安然通常会同意以比先前出售价更高的价格购回资产，并为这些公司解决其自身麻烦提供补偿。当然，这些并不代表真实的销售或资产交易，所有这些花招都是骗人的。

此处提到的渠道塞货及其他各式各样的财务骗术由来已久。监管者、审计师、债权人和投资者都担心这样的事情会发生在与他们相关的公司身上。为了降低各式各样的诈骗发生的风险，外部人坚决要求涉足金融事务的律师签发真实出售意见书。真实出售意见书指的是鉴定被称为"出售"的交易是一笔实实在在的销售的意见，因为在法律意义上，所出售的资产与出售者已经在法律上隔离。"法律上隔离"无非意味着出售者既不保留资产的法律所有权，也不保留回购已出售资产的法律义务。

真实出售意见书是律师事务所签发的正式意见书，它确认了某个资产证券化或其他金融交易中构成真实出售，即出售者将资产上的权力资格及利益有效地转让给了SPV或其他购买方。当购买资产，特别是购买复杂的金融资产时，人们会坚决要求出具真实出售意见书，因为他们想要确信他们正在购买的资产将来不会被可适用的破产法认定为出售者的财产。因此，如果出售方破产了，其债权人也不能成功地获得某些先前买来满足自己向出售方行使索取权的资产控制权。真实出售意见书通常还包含有SPV或其他购买者将来可成功对其拥有资产行使所有权的内容。

从声誉角度来看，真实出售意见书有着很大的益处，因为起草这一意见的律师有时面临着角色的分裂：是作为独立的以其声誉帮助客户说服旁观者相信某一具体交易是一起"真实出售"的核实者，还是作为创新型的交易设计师，为获取高报酬构建出新奇、复杂的交易，以利用政府对什么是真实出售的监管法规并不明确所形成的灰色地带。对律师事务所来说，出具真实出售意见书总是有风险的，因为如果交易出了问题，签署意见的律师事务所通常会和出售者一同面临指控。由于这一原因，出于对法律责任及道德的担忧，一些律师事务所并不情愿出具真实出售意见书。

文森艾尔斯律师事务所是安然的主要律师事务所，它对安然有争议的交易发表过公正意见，但它的命运与安然的会计师事务所安达信的命运形成鲜明的对比，这一点值得注意。正如前面章节所描述的那样，安达信在民事诉讼、刑事控告和负面报道的风暴中坠入万丈深渊。相反，文森艾尔斯在安然丑闻中毫发无损。事实上，直到安然垮台，安然一直都是文森艾尔斯的最大客户。有人把安然垮台后的一段时期描述成是这家事务所的"不粘锅时期"。

是依据自己作为一家顶级律师事务所的声誉进行交易，还是摆脱这一束缚，完全捍卫安然在很多交易中的立场，为这家腐败的公司提供便利，在这两者之间，文森艾尔斯选择了一条巧妙的行走路线。对于安然越来越多的有争议的交易，例如臭名昭著的 LJM 合伙企业，文森艾尔斯的担忧曾不断增加，但它并没有向外界发出警示，为此，文森艾尔斯受到广泛的批评。在一封评估安然与 SPE 的某些交易的著名信件中，文森艾尔斯的合伙人马克斯·亨德里克斯（Max Hendricks）将安然设立 SPE 以便将债务表外化的行为称为"创新和激进的"。不过，多少有点奇怪的是，他又说："从技术角度上看，没有人会有理由认为这样做有什么不合适。"除了安然自己以及被逮住的安达信之外，如果还有的话，具体还有谁是亨德里克斯咨询过的对象完全不清楚，他怎么能肯定就没有人会有理由认为安然的会计是不合适的。

最终，文森艾尔斯对安然的诉讼达成和解，同意免除对安然先前为其提供的、尚未支付的 390 万美元法律服务费用的追索，并就安然的破产向安然的债权人支付 3 000 万美元的现金。这一和解金额只是将预计给安然投资人带来的 400 亿美元损失中的一个很小的数值。文森艾尔斯在 1997 年～2001 年的 4 年间，从安然那里总共进账 1.62 亿美元，即便支付 3 000 万美元的现金以及免除的账款，用简单的算术计算都会得出一个结论：文森艾尔斯仍然是盈利的。在此之前，《商业周刊》就做出评论："在由安然崩溃引发的大悲剧中，只有文森艾尔斯毫发无损。"这家刊物注意到，安达信倒了，JP 摩根大通支付了 22 亿美元来了结一桩股东欺诈诉讼，其他银行和安然的外部董事们支付了差不多超过 50 亿美元。没有一位文森艾尔斯的律师因为职业行为不端而受到得克萨斯州法庭的指控，负责安然业务的合伙人约瑟

夫·迪尔格（Joseph Dilg）还被擢升为主管合伙人。事实上，文森艾尔斯在 2005 年
支付给合伙人的平均报酬就突破了 100 万美元，这在得克萨斯州的律师事务所中是
第一家。

法庭指派的安然破产一案的审查员尼尔·巴特森（Neal Batson）在他就安然崩
溃提交的综合性报告中指出，文森艾尔斯的意见书对安然能够完成各式各样的交易
至关重要，这些交易成功地使有问题的资产转移出安然的资产负债表。这些意见书
允许安然将还没有真实出售的资产现在就记入利润。其实，从这些交易中实际获得
的利润远比安然宣称已收到的利润要少得多。根据彭博社《商业周刊》的报道，文
森艾尔斯在为安然那些不正当的交易提供真实出售意见书和其他确认性文件时，没
有充分履行其职责。比如，约瑟夫·迪尔格在谈到准备与安然的首席法律顾问詹姆
斯·小德里克（James V. Derrick Jr.）会面时写道："我们不确定提供怎样的意见书
才能满足（财务会计准则委员会的）要求。"文森艾尔斯 1998 年 3 月的一份意见书
包含有可能会危及文件总体观点的内容。对于意见书批准的那些交易在安然向投资
者描述的财务状况中所起的实质作用，迪尔格给出如下的理解："大量的交易对盈
利产生重大影响，"他在这份笔记中还进一步写道："不希望交易在最后时刻引爆，
那会造成盈利惊喜。"

一个有趣的问题是，文森艾尔斯激进性的法律风格是否曾给自己带来风险？事
实上，对它来说，为安然做代理利大于弊，似乎不存在什么风险。由《商业周刊》
做出的一篇报道分析了安然投资者对文森艾尔斯提出的各种各样的起诉，该报道认
为诉讼对文森艾尔斯的主要威胁是对其声誉的威胁。由于文森艾尔斯在 1992 年已
重组为有限责任合伙制，合伙人不用承担个人责任，因此原告也只能依靠保险公司
来获得赔偿。

一个更有趣的观点是，尽管文森艾尔斯的律师们认为安然的所作所为是合法且
恰当的，并为安然做坚定的代理人，但此举并没有使文森艾尔斯的声誉遭到损害，
反而使其声誉获得提升。客户喜欢激进性的律师。当然，和其他企业一样，比起关
心自己在记者和其他实际上不相关的外部观察者中的声誉，文森艾尔斯更关心自己
在现有及潜在客户中的声誉。

因此，从声誉角度来看，律师事务所以及法律职业所引领的是一种双面生活。

监管者、学术界和律师职业人士拥护并散布着一种变形的传统声誉经济学理论，按照这一理论，律师事务所和律师充当"守门人"的角色。守门人也就是"声誉中介"，其职责是向投资者确保公司发布的"信号"质量。正如约翰·科菲（John Coffee）等人所说，守门人在资本市场里是"双面玩家"，既享受着正直的声誉，又拥有接触客户这一信息发布者的特权（例如，试图融资的公司是直接借债，出售证券，还是参与相关的融资交易）。

法律声誉模型

法律声誉模型的基本思想是，投资者或其他交易方在没有听说或不信任某一具体发行人的情况下，愿意信任该发行人聘请的、享有盛誉的律师事务所，因为它们拥有声誉。因此，如会计师事务所及投资银行一样，享有盛誉的律师事务所会采取与传统声誉经济学理论相一致的方式，将其声誉租借给它们的公司和金融客户。

过去这一传统的声誉模型运用于律师事务所，的确有效过，但如果认为现在依然有效，这就值得高度怀疑，其理由有几方面。

首先，信息技术已大幅提升。随着信息技术的不断提高，律师事务所拥有的相对于发行人客户的声誉优势价值大大降低。曾经，尤其是在证券法规颁布实施之前，发行人（其名称及声誉完全不为人所知）雇用一个标志性的律师事务所（其名称及声誉广为人知），这会让投资人放心。然而，随着信息技术的提高，投资人已经可以直接了解发行人的详细资料了。

第二点，也是密切相关的一点，随着证券法规，尤其是美国《1933 年证券法》和《1934 年证券交易法》的颁布，发行人和客户不仅可以更为直接地沟通（因而减少了曾存在的信息不对称问题，这一问题创造出对律师事务所充当信息中介的需求），发行人还可在历史上首次确信地宣称，有关自身情况以及所报告的财务信息这些各种各样的信息发布是准确的。1929 年，股市大崩盘后，一批证券法规应运而生，如果发行人作出虚假声明，或故意不发布必要的澄清信息以防止披露的信息遭到误解，那么依据法规，发行人要承担相应的民事或刑事的证券欺诈责任。

值得注意的是，旨在使监管公司在向公众出售证券时披露信息的《1933 年证券法》，极大地限制了某些形式以外（比如，正式上市申请书和相关招股说明书）

的信息披露。另外，一切形式的信息披露，包括口头或书面的信息披露和任何其他与第三方的沟通，只要是虚假的，不管是出于什么原因——是有意的欺诈还是单纯的疏忽大意，发行方都要承担严格的责任，并且废除一切补救措施。这意味着，只要发行方在重要事项上有虚假陈述，任何人在公开发售中购买该证券后，都可以将证券以发行价退还给发行方。因为无论是有意还是无意，在公开发售过程中，发行方对在重要事项上虚报瞒报的行为都负有严格赔偿责任。这样一来，对律师事务所和其他声誉中介独立验证的需求就降低了，发行方的声明变得更加可靠。

另外，承销商、公司经理和董事也对重要事项的误报瞒报负有责任。尽管他们可以以"恪尽职守"为名进行合法辩护。以恪尽职守来辩护，这为虚假或误导性的陈述以及信息披露文件中的信息缺漏提供了开脱责任的方法。如果一位非发行人（回想一下，发行人是严格的责任方，所以不能在恪尽职守的辩护中逃避责任）可以证明他们在分析、核实和调查发行人做出的报告过程中是"用心负责的"，他们就可以逃避责任。在我看来，由于在法律上强制要求由大量的其他组织提供服务，承销商、公司经理及董事的潜在责任就会降低对律师验证功能的需求。这些律师为提供这样的服务收取高额价码，因为证券法规强行要求客户为这些验证服务买单，他们中的许多人就不再愿意为得到这样的服务付钱给律师事务所了。

而且，这些条款以及证券法的反欺诈条款，特别是美国证监会的10b-5条款，使得炮制与买卖任何证券相关的虚假或误导性陈述都是违法的，这些法规降低了律师事务所在声誉资本上投资的激励动因，不再做这方面的投资甚至可提高事务所的竞争力。这些证券法规使得那些低声誉的事务所（其在开发声誉资本上很少或根本没有投资）更容易作出可信的宣称，说他们会对潜在发行方出具的报表进行全面可靠的审查。证券法规的反欺诈条款使得低声誉的事务所有能力与高声誉的事务所同台竞争，因为证券法规所要求的法律责任替代了声誉资本。在历史上，声誉资本是那些受尊敬的老牌律师事务所享用的。这些证券法规颁布之后，新的事务所（比如风险法律集团、威尔森索尼斯及其他事务所）能够首次进入这个市场，甚至在不投资开发声誉资本的情况下，称自己能够与不择手段的客户撇清关系而赢得信任。这些新的事务所声称，他们值得信任不是因为他们担心其声誉资本的价值在下降，而是因为他们担心证券法规下的民事及刑事责任。

　　第三个促使律师事务所降低其声誉投资的原因是，客户的内部法律顾问更加精明老练，且能够随时随地相伴，律师的职能也就更加专业化。几十年前，律师事务所会为它们的客户公司处理所有法律事务。大的事务所还会在银行法、公司法、证券法、知识产权法、反垄断法、商法、国际贸易法、特许经营法、劳工法、合同法和民事侵权行为上提供建议。另外，这些事务所还会代表他们的大客户上庭诉讼并从事相关的企业内部工作。现在，内部律师在选择外部咨询上更加精明，他们挖掘律师个人的细致、高度结构化的情报，而非律师事务所的情报。

　　这意味着，为了代理具体事务，公司客户不再花费那么多的精力去挑选律师事务所，而是用更多的精力去挑选律师个人。反过来，这又意味着：首先，投资律师事务所的声誉不再像从前那样有价值了，因为现在吸引客户的是事务所里的律师个体或律师所在部门的声誉，而非事务所的声誉；其次，虽然在某种程度上，律师事务所仍然能从因投资声誉以扩大的客户需求中获得回报，但这份回报在不断减少，因为客户需求可能只是来自事务所内已经开发出声誉的具体律师或律师群组的声誉。

THE DEATH

OF CORPORATE REPUTATION

第 8 章

引发金融崩溃的信用评级机构

市场力量激发出来的真实需求被监管规定激发出来的人造需求所取代。就像在审计服务市场发生的那样，监管导致这两个行业形成卡特尔组织。随着卡特尔组织的出现，公司即使有选择，也只有极少的选择余地来决定是否与信用评级机构打交道，就如它们在和四大会计师事务所做生意时一样，没有什么选择余地。随着时间的推移，我们看到信用评级机构提供的服务质量出现显著的、不可否认的下降，但是对这些服务的需求却没有相应地减少。监管取代了声誉。当最终采取措施改革监管时，已经太晚了。投资者已经变成旅鼠，在路灯下集体寻找，却没有发现任何有用的东西。

设计信用评级是为了帮助投资者确定一家公司有怎样的风险，采用的方式是度量公司及时偿还评级债务的可能性。信用评级机构像会计师事务所一样，曾经是声誉中介。然而，如今的信用评级机构已经失去其独立、客观、诚实甚至能力的声誉。只由三家大的世界性企业做出的信用评级不再包含有用的信息，然而它们仍然影响着证券价格和公司的借贷成本。

> 继续使用信用评级源于两方面原因：一是旅鼠效应，即从众效应；二是在金融市场里使用贝塔系数来度量风险的方法复杂，造成投资者在投资时，宁愿从而使用信用评级机构给出的简单易懂的评级信号。

评级的改变能造成借贷成本的变化。评级的变化可认为是过去30多年里发展起来的一系列监管措施所始料未及的。这些监管开始于美国证监会批准的全国认定统计评级组织（nationally recognized statistical rating organizations，NRSROs）的确认。NRSROs 的确认创造了一个监管驱动下的、与评级的实际效用割裂的对信用评级的需求。随着这一人为创造出来的需求的增加，信用评级机构可通过提高其发布的评级数量和降低评级质量来增加利润。公司会进一步地选择可以发布最有利评级的评级机构，实质上就是买通信用评级机构。

在 2008 年金融危机之前的年份里，信用评级机构为大量的极其复杂的结构性金融工具给出了高评级。由于提供的不准确评级造成了虚假信心，评级机构理应为这场金融危机负责。然而，信用评级机构基本上逃避了法律责任，至少在美国是如此。尽管新的《多德－弗兰克法案》（the Dodd－Frank Act）试图医治信用评级的某些影响以及对其依赖所带来的问题，但投资者似乎仍然在使用评级，继续使用信用评级源于两方面原因：一是旅鼠效应，即从众效应；二是在金融市场里使用贝塔系数来度量风险的方法复杂，从而造成投资者在投资时，宁愿使用信用评级机构给出的简单易懂的评级信号。

由信用评级机构——如穆迪和标准普尔所作出的信用评级，被认为是对投资者有帮助的。设计出的评级可以帮助确定被评级公司的风险，风险用公司能及时偿还所评级债务的可能性表述。对公司或发行的具体债务作出的评级越高，偿还的可能性就越大。

信用评级机构就像会计师事务所，一度是纯声誉中介。根据传统的声誉经济学理论，除非发布信用评级的评级机构受到投资大众的信任和尊重，否则，无论如何，信用评级都没有价值。信用评级机构最早出现在美国的西部快速扩张早期，筹措的投资所需的资本来自波士顿、费城及纽约的东海岸。随着不断发展，新的投资机会出现在遥远的西部地区。最早出现的信用评级机构为东海岸的投资者提供了有关"荒野西部"投资机会的信息。

根据传统声誉理论的基本逻辑，如果投资者及其他人不信任信用评级机构作出的评级中所包含的信息，那么评级机构就注定无法存活。如果商业社会不信任信用评级机构所作出的评级，它就不会让这些评级影响投资决策。在某种程度上，曾经从信用评级机构购买评级的公司会发现，获得评级的成本根本不值那么多的钱。根据理论，一旦出现这种情况，信用评级机构不仅失去了唯一的收入来源，也必定会退出这一行业。

另一方面，如果投资界对信用评级机构有信心，投资者就会对评级怀抱强烈的兴趣。评级会影响投资决策，投资者愿意为高等级的证券支付更多的费用，而为那些被信用评级机构认为风险较大、等级较低的证券更少地付费。就像阿曼达·巴哈娜（Arnanda Bahena）在一本论述这场金融危机的优秀的电子书中指出的那样："当他们比较承诺相同收益率的金融工具时，投资者更愿意投资在高等级的证券上。"当然，这只有在投资者确实相信高等级的金融工具比低等级的工具更有价值的前提下才成立。换句话说，如果公司或其证券是低等级的，公司必须给投资者提供额外的激励——如更高的利率，才能使投资者决定投资。有证据表明，评级直接影响筹资的成本。

然而，当总数很少的巨型评级机构成为庞然大物，就像美国和整个发达国家的那样，当由信用评级机构提供的信息质量作出分析变得困难时，其结果就会变得相当难说了。目前，信用评级产业由三家全球性的公司所主导，其中有两家在美国，即标准普尔公司和穆迪公司；非美国的公司是英国的评级机构惠誉，惠誉的市场份额与前两者相比有较大差距。这三家主导了这个市场，加在一起所占公司及证券评级的份额超过95%。

对评级者的评级

虽然规模庞大、业界流行、可见度高，但这三家信用评级公司及其评级仍受制于明显的缺陷。有关评级的一个大问题是人们熟知的"反馈效应"（feedback effects）。如果评级改变公司借贷成本，不是因为评级揭示了新的信息，只是因为公司受别的因素影响而使借贷成本提高，那样的话，评级并没有告诉我们多少信息。更糟的是，没有正当理由发生下调评级会导致公司借贷成本提高，甚至单纯因为投资者或贷款人看到信用下调而避开这家公司，就会迫使该公司被逐出市场。

在现实中，信用评级无处不在。虽然不是绝大部分，但在很多的贷款协议和债券条约中，信用下调都是所谓的"违约事件"。

贷款协议和债券条约通常约定，在违约事件发生时，贷款人和债券持有者拥有立即要求还款的权利，不管当初借贷协议中规定的原始到期日期是何时。提前支付债务通常会迫使借款者陷入无力偿还的境地，也必定会给那些遭遇违约事件的公司带来麻烦。也就是说，即使一家完全健康的公司，当它遭遇评级下调，借贷人要求其立即偿还那些在正常情况下、应在未来几年后才会到期的债务时，它也有可能会发现自己陷入大麻烦之中，甚至还会破产。违约事件也会提高发行者的借款成本，会使贷款人中止本应该在未来给公司提供贷款的合约义务。麻省理工学院的古斯塔沃·曼索（Gustavo Manso）教授在一篇论文中指出了由信用评级所引发的反馈效应问题。他认为，虽然信用评级机构应该给出有关发行者信用质量的独立观点，但信用评级能自我影响发行者的信用质量。发生这一现象的原因在于，市场参与者信赖信用评级来做投资决策。曼索教授提供了一个例子："评级下调可以导致贷款企业的资本成本更高，因为这会引起金融合约中的利率上调。"

有研究表明，信用评级会影响公司的借贷成本。有些人把这样的统计结果解释成信用评级机构享有商业社会中强大声誉的证据。

很多这样的研究是信用评级机构自己做出来的，但有些则不是。有独立研究者，如麻省理工学院的几位学者就简明地指出："债券的评级越低，借贷成本越高。"但是，仅仅因为它们的评级影响了借贷成本，就把这样的结果解释成可以证明信用评级是可信任的和值得尊重的，那这样的解释更值得高度怀疑。

因为，刚才讨论过的反馈效应显示，评级变化能引起借贷成本（如评级所预料的）出现明显的上升。这一点在下述情况下似乎相当难以得到论证：如果评级下调迫使企业不得不提前偿还所有贷款，并且使得贷款人中止给公司发放新贷款的义务，造成公司破产，在这种情况下，证券评级下调将对其下调的公司具有统计上的显著影响，即使这一等级下调与公司实际的财务状况没有一丁点儿关系。

也就是说，因为评级下调经常是贷款协议和其他债务条款中的一个"违约事件"，评级下调能够（并且经常）在现实中让被下调的公司遭受如评级下调所"预料"的严重的财务困境：一方面，完全由评级下调本身引发违约，这一事实会造成问题；另一方面，上千种不同的监管规定及公司内部规则会使投资受到严格的限制，或将投资者禁止在低等级债券之外，这一事实也会造成问题。相比之下，后一问题要严重得多。这些监管是反馈效应的主要来源。事实上，信用评级机构在准确性方面存在可怕的声誉。对信用评级的需求不是源于评级质量，而是源于监管。学者弗兰克·帕特诺伊（Frank Partnoy）在一系列文章和书中采用编年史的方式论证了监管是如何造就信用评级市场的。

> 美国证监会以 NRSRO 确认的方式实施监管，创造了对评级的人为需求，尽管这些评级对投资者缺乏有用性。

对于信用评级机构来说，反馈效应的产生来自现实中成千种的监管，它们以各种各样的方式要求如保险基金、共同基金这样的大型的机构投资者，只能或至少应主要投资在"投资级"工具上，甚至投资在比投资级更高等级的证券上。美国证监会以 NRSRO 确认的方式实施监管，创造了对评级的人为需求，尽管这些评级对投资者缺乏有用性。这些监管也使评级业由竞争性行业转变成反竞争的卡特尔。

NRSRO 与质量降级

这些监管要求投资者将其投资限制于那些债务得到评级的公司，而作出评级的机构是为数很少的几家由美国证监会确认的所谓 NRSRO 成员公司中的公司。美国证监会利用 NRSRO 信用评级来确定，当从事经纪及交易的企业持有债务证券时，依据《1934 年证券交易法》（"交易法案"）第 15c3-1 条款的规定，企业必须维持多少资本。

1940 年颁布的投资公司法（"1940 年法案"）是治理货币市场共同基金的法律，依据第 2a-7 条款的规定，多年来在监管货币市场基金时，NRSRO 确认机构的评级被用来度量短期工具的信用风险。货币市场基金是一种投资于短期、高质量、高流动性证券的共同基金，它是作为支票账户的替代品而发展起来的。如同支票账户，货币市场基金是投资的安全品种，不过，对于那些想要即时方便使用或只是在相对短期存储资金的客户来说，它们通常也会提供比传统商业银行支票账户更有竞争力的利率水平。

NRSRO 问题始于货币市场共同基金规模变大，普及程度变高的前几年。当时，美国证监会发现，高质量及高流动性的资产是当时投资者已经认识到的与货币市场基金相关联的资产，有些共同基金即使没有专门投资于这类资产，但为了营销，这些共同基金也可能会把它们的基金叫做“货币市场共同基金”，进而试图欺骗投资者。为了解决这一问题，1975 年，美国证监会提出全美认定统计评级组织这一概念，让它对具体公司进行识别，让这些通过识别的公司提供信用评级，美国证监会就可依靠这些评级进行监管。美国证监会起初在 1975 年采用“NRSRO”仅仅是为了界定“货币市场共同基金”，目的是把共同基金的能力限制在其声称的共同基金是“货币市场共同基金”的这一范围内。在这种规则下，除了满足其他要求之外，基金的资产还需要被两家 NRSRO 机构评定为处在两类最高短期评级类别中的一种，这样，这个基金就可以说自己是货币市场共同基金。

但 NRSRO 确认的这一专门用于货币市场共同基金的情形并没有维持多久。很快，就要求公司或证券发行也要由两家 NRSRO 机构评级，并要求处于两类最高短期评级类别中的一种。这一要求开始用于公司财务领域。

比如，发行者要发行某种由一家 NRSRO 机构作出投资级评级的债务证券，发行者得到授权可依《1933 年证券法》（“证券法案”）按照更短小、更简单的 S-3 表来登记。银行及其他监管者也依据 NRSRO 的信用评级来保护金融机构的资本。于是，只要很多受监管的金融机构从一家 NRSRO 机构那里获得投资级的评级，它们就可以购买某些类别的证券。在全美及地区层面，上千种这样的监管措施被创造出来，驱使或命令投资者在购买证券时查看由美国证监会认可的 NRSRO 机构作出的评级。《美国联邦法》（*The Code of Federal Regulation*）规定，一家承保的国家储蓄协会成员……可能不会获得或持有任何投资级之外的公司债务证券。该表述既反映了这类监管的典型方式，也代表了这类监管的用语。

这片监管沼泽地带来的后果就是，想要出售其证券的发行人除了为评级付费，

这片监管沼泽地带来的后果就是，想要出售其证券的发行人除了为评级付费，就别无选择。因为如果它们的证券没有获得评级，即使有，也只有极少的投资者合法地购买这样的证券。

就别无选择。因为如果它们的证券没有获得评级，即使有，也只有极少的投资者合法地购买这样的证券。在这样的环境下，质量很快就变得不再相关。信用评级机构不是靠提升质量，而是通过削减成本来增加利润。理所当然地，削减成本的一种方法就是提供更低的、不具竞争性的工资薪酬，雇用更廉价或有文凭却无能力的员工。在评级的需求已经变得与评级质量没有关系之后，信用评级机构可以在不负担相应成本的条件下作出评级。削减成本的另一种方法是在技术和信息收集上更少地投资。还有一种方法可以削减成本，就是依靠被评级的客户来做那些为得出评级结果需要进行的、困难的建模工作。所有这些做法在信用评级行业都曾经发生过，所有这些做法也都对信用评级行业出现的评级质量下降发挥了不同程度的作用。

除了削减成本，评级机构增加利润的另一种方式是扩大所要评级的公司及证券数量。美国证监会所辖的评级机构根本不想拒绝为那些结构毫无意义的、奇形怪状或有缺陷的债券作出评级。这些评级机构也根本没有动力在旧的监管制度下提供低的评级。这就引发一轮新的、奇怪的、有悖常理的、各式各样的管理竞争：那些评级快速、结果可料、慷慨大方、合作最友好、最轻松的评级机构需求最旺。很明显，评级机构会被其证券需要评级的公司所收买。在抵押证券市场崩溃前几年，由 NRSRO 机构作出评级的抵押证券及抵押贷款支持证券的发行数量呈现出爆炸式增长。

理解结构性证券发行

不过，对于评级机构来说，更重要的是被称为"结构性证券发行"的爆炸式（更准确地说是指数式）增长，包括信用衍生品、信用违约互换（CDS）和抵押债务凭证（CDO）这些复杂的衍生工具的增长。信用违约互换是契约性证券，它要求一方对另一方进行支付，条件是某一个证券（称为参考证券）发生"违约事件"。华尔街的交易者能够创造出无数 CDS，是因为这些证券实际上仅仅只是对某一证券的财务业绩打赌。所以，就正如可以有无数的人对一场意大利足球比赛或一场美国橄榄球比赛的结果打赌一样，也可以有无数人对某一证券是否违约打赌。

CDO 以一种特殊及复杂的方式打包并销售信用风险。在一款 CDO 里，由一种债券投资组合产生的现金流按几种方式被分拆开来——"被切块并被拼接"，从而创造出多种类别的证券，即所谓的各档证券，每一档的偿付与不同现金流模式的支付相关联。换句话说，每一档都有资格以不同次序享有不同的优先级偿付。一旦发生违约，每一档也都有自己不同的合约权利。

正如创造的 CDS 数量可以无限量一样，也可以采用无数种方式将 CDO、CDS 及其他复杂衍生产品组合、混杂以及匹配起来。JP 摩根是构造复杂衍生产品领域的领先者，它提出了一种想法，将 CDO 和 CDS 组合成一个单一的、极其复杂的金融工具，该产品号称是迄今开发出的一款最极端的金融工具，甚至可称为"弗兰肯斯坦怪物"。这些金融工具成长为控制着并有一段时间严重削弱着美国经济的金融产品。它们对崭新的后声誉时代的评级机构也有着巨大的利益，其原因有两方面：第一，它们为信用评级创造了一个巨大的、新的市场。为了出售，CDO 和抵押支持证券不得不评级。为了使证券达到成功营销的目的，越复杂的衍生工具就越需要评级机构给出高等级；第二，不仅大部分衍生工具本身必须要评级，而且组成证券组合的单个证券也必须要评级，这就增加了评级的需求。此外，难以置信的是，许多复杂的衍生工具允许发行人改变基础证券组合的构成，只要新进证券的信用评级至少和从证券组合中移出去的旧的证券有同样高的信用评级即可。

正如耶西·艾斯纳（Jesse Eisenger）较早所观察到的，这些新产品为金融公司和银行提供动力去承担比它们本该承担的风险更高的贷款，帮助提高了全球金融系统的杠杆水平，使范围广泛的金融公司暴露于违约风险之中。如果没有评级机构的推波助澜，这些本来都是不会发生的，评级机构应当为 2007 年～2008 年的金融危机负大部分责任。

> 如果没有评级机构的推波助澜，这些本来都是不会发生的，评级机构应当为 2007 年～2008 年的金融危机负大部分责任。

无法回避的结论是，信用评级机构是这场金融危机不可回避的原因。用律师讲究事实的方式来说就是，要不是信用评级机构的所作所为，2007 年～2008 年的金融危机是不会发生的。著名的经济历史学家拉里·怀特（Larry White）写道："当记录美国次级住房抵押贷款在 2007 年 ~ 2008 年崩溃，以及随之而来的全球性金融危机历史时，三大评级机构——穆迪、标准普尔和惠誉，肯定会被视为这场崩溃的中心成员，且应该如此。"

在这场金融崩溃爆发之前，信用评级机构确实生意兴隆，但是它们不是在称职地做事。马丁·弗里德森（Martin Fridson）在一篇有关"评级机构在金融危机中的表现"的周密实证研究中就写道："替那些为抵押相关的担保债务凭证作评级的机构辩护，那将是不可能的。因为穆迪在 2007 年授予的 89% 的投资级抵押支持证券评级，随后都被降至投机级。"

> 衍生品繁荣所带来的大量新业务，以及由此可能带来的巨大利润会使信用评级机构堕落。

有趣的是，弗里德森的发现不仅表明评级机构做得很差劲，而且表明当它们把评级业务延伸至复杂的与抵押市场繁荣相关的证券及衍生产品时，信用评级机构的评级质量就出现明显的下降。基本上可以肯定的是，衍生品繁荣所带来的大量新业务，以及由此可能带来的巨大利润会使信用评级机构堕落。弗里德森在他的研究中注意到，从总体上看，评级机构在公司及市政债券发行上的表现尚可，评级、违约与损失及净收益之间存在相对高的关联性。

1929 年 10 月，美国股市大崩盘，从而引发了大萧条。在那之前的数周及数月，是大的信用评级机构最美好的时光。尤其重要的是，在那场股市大崩盘之前，我们现在所熟知的标准普尔公司，其前身标准统计和普尔出版两家公司，建议它们的客户将其投资组合清仓。在 2008 年金融危机前几个月，这种事情没有发生。

实际证据和假说相一致，2001 年 ~ 2008 年，评级机构降低了它们的标准，导致各档次的很多 CDO 获得名不副实的 AAA 评级。这似乎不仅仅是巧合，更显示出发行者实际上买通了信用评级机构。评级机构通过出售其声誉换来一大罐金子，它们这样做，是因为它们的声誉对它们来说已经一文不值，反倒是装金子的罐子变得硕大无比。

降级的评级

评级质量的下降似乎可能发生在新千年来临之前的至少数十年。1975 年，标准普尔暂停了它对纽约市债券的评级。但是这个决定对于评级机构来说不是一场胜利，相反，却令人难堪。因为对纽约市评级的暂停是滞后，而不是领先于市场的表现。标准普尔只是在所有人已经离开大厦之后，才关门熄灯。暂停纽约市评级的决定滞后于银行家信托以及当时世界其他主要银行所做出的拒绝参与承销纽约市债券的决定。标准普尔甚至承认，退出该市评级的决定主要源于承销商不愿意帮助该市销售债券或者以新债还旧债。事实上，直到银行家信托决定不再承销该市短期的待付税款票据，标准普尔才给予该市债务一个高的 A 评级。但这次评级的改变并没有给投资者或市场提供新的信息。

即使提供这些评级的评级机构已经丧失了所有的可信性和尊严，美国证监会和其他无数的法律制定者还是公布了确保信用评级为发行者所需的规定。对于评级的可信度在金融危机之前的年份里出现下降这一现象，弗里德森的解释是："看起来很清楚，评级机构屈服于它们所面临的利益冲突。虽然其使命是作出客观的、无偏向的评级，但其利益是最大化其股东的利润。"正如弗里德森所解释的，CDO 与抵押相关，对 CDO 中的高档类衍生品进行评级，这对于与 CDO 相关的交易至关重要，因为其发行者不是对资本有新需要的现存公司，相反，之所以发行出这些可能的产品是因为承销商对一池子抵押贷款进行了结构化融资。如果投资者不买高档衍生品，而是接受一个相对低的收益率以换取一个非常高的可理解的安全性，这一交易即使能成，也不会成功。这一安全性来自 3A 评级。如果银行家不认为这样的评级是可能的，他们甚至一开始就不会费心着手准备该交易。在这种情况下，CDO 不会被创造出来，评级机构也不会获得收入。

> 即使提供这些评级的评级机构已经丧失了所有的可信性和尊严，美国证监会和其他无数的法律制定者还是公布了确保信用评级为发行者所需的规定。

我们现在有令人信服的证据表明，信用评级机构作为一个重要的声誉中介，在为那些寻求为结构性资产评级的客户作评级，相对于在为那些寻求为传统票据和债券评级的公司和市政客户作评级，更加缺乏效率。产生这一怀疑的原因是，当客户寻求为结构性资产评级时，需要支付更高的费用，这为评级机构的利润贡献了不成比例的大部分份额，所以在评估这些债务发行风险时，评级机构执行了更低的谨慎性标准。

我们现在当然知道那些评级是不准确的。正如弗兰克·帕特诺伊（Frank

Partnoy）所评述的，有大量的证据表明，评级机构所发出的信息是过时且不准确的。评级机构在一大批债务发行的评级中是表现特别糟糕的，包括加州橘县、水星金融、太平洋煤气及电力、安然、世界通信，以及最近发生的通用汽车和福特的债务评级。这些足以充分说明这一点，也正如大量的学术研究所表明的：信用评级的改变滞后于市场。

安然公司的例子对大的 NRSRO 成员的低质量信用评级提供了一个特别生动的说明。在 2001 年 11 月 28 日之前，不管是标准普尔，还是穆迪，都没有把安然的债务信用等级下调至投资级以下。而 28 日这一天，也就是安然公司破产的前四天，安然公司的股价暴跌至几乎没有价值的 61 美分。在降级的前一个月，评级过的安然 2.5 亿美元的优先无担保债务的价值从 90 美分跌至 35 美分。换句话说，在信用评级机构动用它们的力量下调公司债务等级之前，市场就拒绝对安然的债务给予投资级。

多少有点讽刺的是，信用评级机构在从事最初创造出 NRSRO 确认需求——使货币市场共同基金对投资者更安全的工作上也表现糟糕。在 2007 年～2008 年金融危机期间，美国证监会注意到，货币市场共同基金持有的最重要的证券类别，即大公司发行的短期票据有着从 NRSRO 处获得的"高质量"的评级。然而，不久就发生了违约。尽管几家货币市场共同基金持有这些票据，但它们的股东仍然没有遭受任何损失，因为每一家基金的投资顾问公司都按其摊销成本或本金，从基金中购买违约商业票据。

然而，一个重要问题浮现出来：信用评级机构的客户们知道那些评级是不准确的吗？如果是，那么评级机构在这场危机爆发之前就已经名声扫地了。有一点是可以确定的，那就是不可能找到任何一位中立的观察者或行业专家在金融危机期间真的相信那些信用评级对人们有一丝作用。

回答这一问题的一种更严密的方式是去观察市场对评级改变的反应。如果信用评级含有声誉内容，那么当评级改变时，债券的价格应该随之改变，调高等级导致更高价格，调低等级导致更低价格。另一方面，如果连评级很大的改变都没有导致被评级证券的价格变化，我们必然断定人们正在忽略评级，评级毫无用处，没有信息含量。情况似乎正是如此。

在一项重要的实证研究中，研究者观察由穆迪和标准普尔两大信用评级机构作出的向下和向上的债券评级调整。他们一共研究了 125 次不同等级的评级改变（例如从 AAA 级到 AA 级）。有趣的是，研究者发现升级后的债券平均借款成本（利率）与升级之前的所有债券借款成本相近，即评级改变后并无大的不同。研究者得出的结论是，大的信用等级上调没有降低债券的借款成本，但是大的信用等级下调增加了债券的借款成本。例如，如果信用评级从 BBB 级下调为 BB 级，其借款成本增加会接近 50%。

信用评级的提高没有导致证券价格的上涨，这一发现与信用评级机构缺乏信息含量的观察相一致。当信用评级机构降低评级时，降级会导致证券价格下降，这一发现与上述结论也不矛盾。因为，如果在某种程度上监管制度禁止投资者持有新的、更低评级的证券，不具信息含量的降级仍然会导致价格的下降。由于这种情况的存在，降级促使价格下降不是因为评级具有信息含量，而是因为降级要求投资者卖掉证券，以便符合相应的法律及各式金融合约的相关条款。

> 信用评级的提高没有导致证券价格的上涨，这一发现与信用评级机构缺乏信息含量的观察相一致。

客观的观察者对信用评级是不准确的这个事实没有任何争议。信用评级机构引发金融崩溃这一事实也没有争议。市场对信用评级完全成瘾不仅导致了金融危机，而且还引发了金融的极端脆弱性——金融世界的软肋，这一惨淡的现实最终被国会所认识。正如美国证监会主席玛丽·L. 夏皮罗（Mary L. Shapiro）所表述的："在通过《多德－弗兰克法案》时，国会注意到，针对结构性金融产品的信用评级被证明是不准确的，且很大程度上造成了金融机构和投资者不当的风险管理。"夏皮罗主席表示，新提议的有关信用评级的美国证监会规则致力于加强诚信和改善信用评级的透明度。

> 市场对信用评级完全成瘾不仅导致了金融危机，而且还引发了金融的极端脆弱性——金融世界的软肋，这一惨淡的现实最终被国会所认识。

并不让人意外的是，由于信用评级机构造成或促成巨大的伤害，屡屡受挫的投资者控告所有的信用评级机构。他们声称自己受到了伤害，因为他们怀疑所依赖的评级是在疏忽大意、甚至是在故意欺骗下做出的。至少在美国，这些信用评级机构利用隐藏在宪法第一修正案中的言论自由条款，逃避了评级失败的法律责任。正如弗洛伊德·诺里斯（Floyd Norris）在他那读者众多的专栏中写到的："评级机构一直设法避开诉讼，声称它们有发表其观点的言论自由权利，不管这些观点最终是否正确。"

但是，看到澳大利亚一位投资者控告标准普尔的结果，诺里斯先生发现，金融危机之后，法官似乎变得不那么愿意继续让信用评级机构免于牢狱之苦。法律的保护可能开始变得松动。特别是，在 2012 年 12 月下旬，澳大利亚的一位联邦女法官发现，标准普尔要为发行的一款顶级的 AAA 投资级产品负责，她把这款产品描绘为一项风格奇异、结构复杂的金融工程。面对总共超过 4 000 页、多卷本的冗长乏味的观点与证据，这位法官深入细致地追查标准普尔是怎么给它做出一个顶级评级的。她的结论是，没有一家有着理性能力的评级机构会像标准普尔一样为这个被称为固定比例债务证券（constant proportion debt obligation，CPDO）的特殊结构化金融产品授予这一评级。

正如诺里斯在他的《纽约时报》专栏所写到的，虽然造成的金钱损失总额相对较小，大约为 1 400 万美元，但对这家企业声誉所造成的损失以及由此引发的其他诉讼可能会是更大的。

标准普尔作出评级的这些证券就像成百上千种其他证券，尽管给予 AAA 级评级，但不过是一场赌博，并且是一场风险特别大的赌博，它实际上会要求追加下注的资金量，如果参赌，就会输钱。理论上看，随着时间推移，一切都会顺理成章。然而，如果损失继续积累，投资者可能会失去其初始投资额的 90%。

巨大的潜在损失最终会变成现实。前一次下注失败，下一次就会下更大的赌注，这一赌场策略被用到该投资中来。正如该法院观察到的，如果你碰巧撞到霉运，你的净资产就会变得很少，然而多数时间你将会赌自己会从坑中爬起来。该法院认为，CPDO 的买家没有认识到正在发生的事情。这些投资者依赖标准普尔的评级，而这家机构为 CPDO 作出 AAA 级的评级。据说，这一评级意味着评级机构认为亏钱的可能性不到 1%。

很多对信用评级机构提请的讼案涉及使用有缺陷的统计模型，大多数这类模型包含着不切实际的假设，假设不同地区的房地产价格不相关或房地产价格永远不会下跌。然而，在这起交易中，标准普尔在评级前甚至没有对 CPDO 建立模型，只是简单地采用了一家银行（荷兰银行）所使用的模型来发行 CPDO，并且还要求为这次评级向标准普尔付费。法院还发现，标准普尔并没有费心地验证模型的假设。该法官还分析了那家银行及这家评级机构使用的假设条件，发现很多时候它们远比历史证明的合理取值更加乐观。很明显，在授予这一评级时，标准普尔的确识别出由那家银行在其预测模型中使用的一个假设，但从未费心地对其作出必要的调整。澳大利亚的这位法官发现，即使作出调整，也没有办法由这家银行的模型合理地得出AAA 级评级。

传统与简化优于声誉

这个案例中的证据暴露出信用评级业对声誉的整体观念已经变得扭曲和堕落。信用评级机构明白，结构性金融工具——例如信用衍生产品，是评级机构认为的"一锤子评级市场"。一锤子评级市场是说在这个市场里，金融工具要么获得 AAA 级评级，要么就不让评级进入市场。如果不让它进入市场，发行就得不到评级。发明这一新工具的银行在这一证券身上就赚不到钱，并且重要的是，信用评级机构也赚不到钱。有证据显示，一位标准普尔的官员曾讲述道，该公司已经在这一（为信用衍生品评级）领域做得相当成功，其原因来自他们（对发行者）的反应及方法的一致。他还表示对标准普尔声誉的担忧，认为它处于极其危险的情形中，并且实际上是名誉扫地。这位官员估计，这一影响会波及我们所有的综合性业务领域——需要有效掌握我们相对于穆迪和惠誉的有明显差距的市场份额和收入。就像诺里斯先生所描述的，这位官员并不担心公司在那些依赖其评级的人心目中的声誉。相反，他认为银行的同意才是关键。备忘录的签订才是想要达到的效果。几天之内，标准普尔就决定它可继续为 CPDO 授予 AAA 级评级……

最后，在 2010 年，国会通过了一个法案，用来处理信用评级问题。《多德－弗兰克法案》要求美国证监会（和所有联邦机构）在通过的一年时间内消除对信用评级的参照。举例来说，这意味着美国证监会不得不改变其有关谁在法律上有权认定自己是货币市场共同基金的规定，要去除参照信用评级机构的做法。特别是《多德–弗兰克法案》还要求每一家联邦机构复查现有的监管规定，这些规定有些要求使用对证券或货币市场工具的信誉所作出的评估，还有对信用评级的参照；复查时，即使信用评级机构在准确性方面已经声誉丧尽，且失去了大部分监管保护，但发行者对其评级仍然维持着高的需求。

识别出需修改的规定，消除其中任何对信用评级的参照、要求及依赖；用一套信誉标准来替代，联邦机构应该确定信誉标准以适应这样的监管。

《多德－弗兰克法案》通过后，美国证监会暂停了它自身的 NRSRO 确认规定。但是，NRSRO 继续控制着金融界。换句话说，即使信用评级机构在准确性方面已经声誉丧尽，且失去了大部分监管保护，但发行者对其评级仍然维持着高的需求。为什么这些发行者仍然愿意为评级付钱，这令人好奇。

历史上，尽管信用评级机构尽管没有向投资公众提供有价值的信息，但却享受着巨大的成功。对这一不可思议的事实，人们给出的最好解释是，当美国证监会错误地发明出 NRSRO 确认这一规定时，它就在无意中为一小撮受优待的评级机构的服务创造了一个人为的监管需求。经过一段时间，尽管评级对投资者没有作用，但这一确认还是引发了对评级的人为需求。即使现在评级机构遭到各媒体大量的曝光，但评级机构仍继续控制着金融市场，评级的需求仍然没有减少。

还有一种解释是，这是某种程度上的旅鼠效应。旅鼠是很小的啮齿类动物，据说，有时候它会不假思索地追随同伙，盲目地跳过高高的悬崖，奔向死亡。追随大众，又称旅鼠效应，显然也是人类根深蒂固的基因特征。旅鼠效应被用来解释金融泡沫。的确，旅鼠效应会对证券价格和金融市场产生特别强烈的影响，这提供了一种好的解释。

经过几十年对信用评级盲目的依赖之后，评级现在已变成一种信号，投资者就像旅鼠一样，在它的引导下开始奔向某一特定方向。并且，只要有人认为其他投资者会追随这一愚昧的信号，那么投资者去密切关注信用评级就是相当理性的。

如果某位证券交易者意外地得知会有上百万的其他交易者即将同时买入或卖出某一具体股票，那这位交易者就会完全理性地在大部队到来之前尽力地买进或卖出这一证券。同样地，完全理性的交易者，尽管他知道信用评级是一派胡言，但如果他认为所有其他市场交易者会紧紧地追随评级，那么他也会这样做，并且基于评级进行交易。这就是我们对待信用评级的方式。经过几十年对信用评级盲目的依赖之后，评级现在已变成一种信号，投资者就像旅鼠一样，在它的引导下开始奔向某一特定方向。并且，只要有人认为其他投资者会追随这一愚昧的信号，那么投资者去密切关注信用评级就是相当理性的。

另一种思考这一问题的方式是，我们陷入到一个庞大的集体行动问题之中。要是信用评级被忽略的话，我们的经济系统会变得远比现在更安全、更稳定，因为市场对评级的过度依赖是资产泡沫以及困扰经济几十年的盛衰周期的主要来源。但是，只要这个市场的参与者预期其他每个人都会密切关注评级，那就没有一位市场参与者愿意忽略信用评级。

> 很显然，尽管信用评级不可靠，但我们却把它当成是经济生活的中心，为它作茧自缚。

旅鼠效应导致本章早先讨论的反馈效应。即使评级缺乏有关被评级公司和证券有意义或及时的信息内容，它们仍然推动着股票价格的波动，因为它们导致羊群行为。在过去的几十年里，监管本身引发羊群行为，这进一步强化了反馈效应。

信用评级仍然受追捧的另一个原因必定与风险在金融市场中的复杂地位有关。公司理财学的基础知识告诉我们，当投资者正决定是否买进或卖出特定证券或特定组合时，他们会聚焦于两个因素：风险和收益。成功的投资者是那些收益最大化并风险最小化的人。当一个理性的投资者面对两个有相同风险的证券时，总会选择有高收益的那个。同样地，一个理性的投资者在两个相同收益的证券之间，总会选择低风险的那个。

> 信用评级仍然受追捧的另一个原因必定与风险在金融市场中的复杂地位有关。

所有的专业投资者，从共同基金经理到对冲基金创业家，再到养老基金经理，无一例外地都要面对风险与收益，并且要由市场或他们所在的组织来评价。想象一下，举例来说，两位组合投资经理为一家复杂的共同基金工作，再假设这两位经理所构建的投资组合有着完全相同的风险。那么，更优秀的那位组合经理其投资组合在相应的观察期内应有更高的收益。同样地，如果这两位竞争对手的投资组合在相应期间获得相同的收益，那么，证券组合风险更低的那位投资经理则会做得更出色。

当我们分析特定的投资组合或投资策略的业绩时，风险和收益这两方面都必须加以分析。很明显，如果我们想

> 当我们分析特定的投资组合或投资策略的业绩时，风险和收益这两方面都必须加以分析，那就必须要有一些度量风险与收益的机制。这方面的好消息是，收益相当容易得到客观和准确的度量。

然而，不好的消息是，
虽然收益容易测量，风险
却不能。

要评价存在竞争关系的经理们的业绩，或者想要分析某些策略是否真有作用、值得信赖，那就必须要有一些度量风险与收益的机制。这方面的好消息是，收益相当容易得到客观和准确的度量。人们能够实时地算出证券的收益，拥有大量数据的银行可方便地测算历史收益。事实上，仅由芝加哥大学布斯商学院的证券价格研究中心（the Center for Research in Securitres Prices，CRSP）提供的数据库，就提供了几乎所有证券完整的、准确的历史价格数据。

然而，不好的消息是，收益虽然容易测量，风险却不能。人们直观地理解收益。收益是有形的、外在的和可视的。证券价格从一个价位变到另一个价位，这很容易看到；一家公司支付高的股利，或诚实地支付利息，也容易看到。但度量风险则难得多，它更加内在。

度量风险的基本工具是称为"贝塔系数"（beta coefficient）的指标。用贝塔来衡量风险的观念在投资及金融界的专家心目中是相当根深蒂固的，但这一观念却不为投资和金融以外的世界所知晓。

用贝塔度量的风险比用价格变动度量的收益要复杂很多。贝塔被定义为市场收益与证券收益的协方差相对于市场收益方差的比率。不过，专家们承认，这一标准定义确实没有提供任何关于贝塔的直观性信息。另外一种表述贝塔的方法是，贝塔等于证券波动率相对于市场波动率的比率乘以证券收益与市场收益的相关系数。一位专家相当有信心地声称："以这样的表述来思考贝塔，可提供更多的直观信息。"

当然，专业人士懂得股票的贝塔。然而，贝塔作为风险的度量指标，要被普通投资者很好地理解，则不容易。无论如何，贝塔的确不如信用评级那样直观或直接。贝塔实际上是度量某一特定时期某一特定股票或股票组合相对于整体市场的历史波动性。甚至可以适当地认为，贝塔概念很复杂，决定某一特定股票或组合的贝塔值不是完全客观的。也就是说，计算贝塔需要主观判断。

尤其是，要确定贝塔，必须选择一个基准组合，用它来计算股票或股票组合的贝塔值。比较一只股票或一个股票组合相对于一个整体波动的市场所表现出的价格变动，这会使所研究的股票或股票组合的波动性看起来显得相对平稳。相比之下，比较一只股票或一个股票组合相对于一个整体稳定不波动的市场所表现出的价格变动，这会使所研究的股票或股票组合的波动性看起来显得更加波动。选择不同的历史时期作为参考点，也会影响单只股票或者股票组合的贝塔值的计算。比如，把一段高波动时期包括进来，这会明显降低贝塔衡量的单个股票或组合的风险。而且，单只股票的贝塔值随着时间的变化会有相当大的波动，这还只是意味着，同一家公司或同一组合的贝塔在不同时间段得到的度量值可以有很大的差异。基于这些原因，专家们认识到，当需要在某项工作中用到贝塔时，重要的是用带着怀疑的眼光去使用它。专家们还提醒："总要明白某一推导得出的指标是怎么计算得来的，这很重要。如此，当你做投资决策时，你就能自己评估你应该如何使用这一指标。"对专业投资者来说，这是很好的建议。但是，对于普通投资者来说，要理解一个"推导得出的指标"，如贝塔系数是如何计算得来的，这几乎不现实。

因此，即使现在的评级机构已经名誉扫地，并且逐渐从监管的参照中去除掉，但人们还继续依赖着评级。其原因除了本章讨论过的反馈效应和旅鼠效应之外，另外一种最好的解释则是众所周知的"路灯下的笑话"，这是经济学家们经常说的玩笑话。基本上，我们仍然非理性地依赖信用评级，因为它们很容易找到。这个玩笑解释了这一现象：

> 某个深夜，一位男子在遛狗时遇到了一位经济学家，他正在路灯下寻找着什么。这位男子问这个经济学家在干什么。
>
> "我在寻找我丢失的钥匙，"正在找东西的经济学家说，"我在从酒吧回家的路上把钥匙弄丢了。"他含糊地说道。
>
> 于是，这位男子帮忙寻找钥匙，在路灯下寻找了几分钟也没有找到。
>
> "你确定是在这里丢的？"男子问。
>
> "噢，我不知道我是否丢在这里，"经济学家说，语气开始有点动摇，"我所知道的是，我确定是丢失在回家的这条路上。"
>
> "那你为什么只在路灯下寻找？"
>
> "是啊，"经济学家眨了眨眼，慢吞吞地说，"因为这儿是我看得最清楚的地方。"

所以，很显然，尽管信用评级不可靠，但我们却把它当成是经济生活的中心，

很显然，尽管信用评级不可靠，但我们却把它当成是经济生活的中心，为它作茧自缚。

为它作茧自缚。也就是说，信用评级机构在其准确性及正直的声誉早已死去的很多年以后，依然想方设法地生存下来，它们并没有静静地、默默无闻地死掉。

历史上，公司利用公开市场筹集债务或股权资本，它们利用信用评级机构的理由与它们利用会计师事务所提供服务的理由一样：它们想让一家可靠的、独立的机构，或者说一家高声誉的机构来验证它们的财务状况。对评级机构服务的需求源于这样的事实：当公司订购信用评级机构的服务时，公司会降低其资本成本，并且降低的资本成本得到的节省额大于信用评级机构为公司证券评级所收取的订购费成本。然后，最终结果是，如同会计师事务所一样，信用评级机构已经丧失其独立、客观甚至业务能力的声誉。

THE DEATH

OF CORPORATE REPUTATION

第 9 章

声誉价值荡然无存的证券交易所

在美国资本市场，证券交易所曾经是重要的声誉信号，但如今已不再发挥这样的作用了。随着各交易所之间出现越来越激烈的竞争，随着监管趋于让实践中的不法行为（如场内场外的内幕交易）变得安全，传统上的一些交易所——如纽约证券交易所，能给企业提供的实质性服务变得越来越少。于是，企业更加没有动力去维护自己在交易所的上市地位，并且往往，下市对交易所的影响比对企业的影响更大。因此，曾经与交易所上市相关联的声誉信号已经无效。

有组织的证券交易所，特别是纽约证券交易所，曾经在美国资本市场中发挥着重要的声誉作用。证券交易所现已起不到这样的作用了，但它不同于会计师事务所和信用评级机构。交易所的声誉之死不能责怪监管。相反，交易所丧失这一身份是交易所的产品和服务性质往世俗化方向变化的结果。

今天，证券交易所变成了为客户争夺证券交易业务的一门生意。曾经，在一家大的证券交易所获得挂牌上市对公司来说相当于盖上审批签章。除了有声誉信号作用外，证券交易所还提供 3 种其他服务：流动性，监督交易以防止如内幕交易等欺诈，为上市公司提供一套现成的公司治理规则。曾经，存在激励动因来鼓励交易所监督交易活动，因为内幕交易会迫使交易所提高其买入价，从而降低交易量，减少交易收入；另一方面，上市公司有动因遵循交易所制定的规则，因为交易所可以采用下市的手段对违禁行为作出反应。在交易所主导交易市场时期，这种下市措施对公司来说是灾难性的，会给投资者传递不应该投资该公司的信号。另外，交易所提供一个集中化的、有效的监督体系。

今天，美国证券交易委员会已经把交易所的监督职能标准化了。不断增加的来自柜台交易市场（例如纳斯达克以及其他各式交易所）的竞争已经消除了由证券交易所取消一家公司所带来的后果，这侵蚀了证券交易所行使自身规则的能力，使得交易所对违反其规则的企业所采取的制裁措施变得无关痛痒。此时，下市对于让公司下市的交易所的伤害更甚于对下市公司的伤害，因为交易所会损失上市费和交易收入，并且下市企业会轻而易举地转移到其他交易所。出于这一原因，证券交易所让客户下市只会发生在交易所只能这样做的时候。在今天的环境下，证券交易所不再是声誉中介。

正如第 6 章和第 8 章所描述的，会计师事务所和信用评级机构丧失其声誉有几方面原因，但在破坏其声誉上起主要作用的是僵化的监管，是它让这些商业组织变得不再

> 交易所的声誉之死不能责怪监管。相反，交易所丧失这一身份是交易所的产品和服务性质往世俗化方向变化的结果。

> 会计师事务所和信用评级机构丧失其声誉有几方面原因，但在破坏其声誉上起主要作用的是僵化的监管，是它让这些商业组织变得不再存在竞争。证券交易所丧失其声誉中介身份，是因为交易所提供的产品性质出现了向世俗化方向的转变。或者说，这一世俗化转变的出现源自交易所服务的性质发生了世俗化的转变。

存在竞争。而证券交易所的情况有所不同，如果要追查谁应为交易所声誉中介之死负责，监管只能承担一点点责任。证券交易所丧失其声誉中介身份，是因为交易所提供的产品性质出现了向世俗化方向的转变。或者说，这一世俗化转变的出现源自交易所服务的性质发生了世俗化的转变。

尽管在学术界许多法学家不断声称会计师和审计师继续对其声誉漠不关心，并享受这种状况。不过，对于这种声音，人们只是左耳朵进，右耳朵出，那些明智的人并没有真正听进去。如果想要找到一个人愿意去争论证券交易所依然像很多年前信用评级机构和会计师事务所那样作为声誉中介提供服务，那是非常困难的。今天，当经济学家和政策制定者们想到证券交易所的时候，他们脑海中会清晰地浮现出一个经营实体，为了客户利益来争夺证券交易业务。证券交易所赚钱的方式包括收取交易佣金，有时还有其他方式，比如出售从交易所交易中收集来的数据，以及收取上市费，这是交易所对允许其股票上市的公司收取的费用。

今天，证券交易所对在所里交易股票的公司提供的"产品"是供给的"流动性"。投资者会看重在一个快速和无风险环境里出售手中证券的能力。但从历史上来看，占主导地位的证券交易所，如纽约证券交易所和东京证券交易所，提供一批远比现在更有趣和更复杂的服务。简单地回溯一下证券交易所的历史，就会发现交易所提供的一些服务是如何作为声誉发挥作用的。

不同于会计师事务所和信用评级机构曾是在竞争环境下运行的（会计师事务所处在高度竞争中，信用评级机构的竞争要弱一些，但仍然是竞争性的），主要的证券交易所是以垄断者的身份开始其生命的。技术及市场结构的改变已经将证券交易所从垄断者变成了企业，需要其在竞争愈加激烈的环境里开展竞争。还有一点，理解证券交易所提供的一批产品发生了怎样的变化，对于理解为什么声誉在证券交易所业务中发挥的作用变得愈加不重要起着根本的重要作用。

证券交易所像其他商业一样，它们为上市公司提供服务，以换取上市所要求的费用。为争夺上市公司，证券交易所相互间竞争。上市不仅可为交易所带来首次上市和后期周期性的费用，还为其带来交易收入。以前，在一家交易所——如纽约证券交易所挂牌的公司，其股票几乎只能在纽约证券交易所交易。成为交易所会员的经纪交易商——并且所有的经纪交易商都是会员，在交易只在纽约证券交易所上市的公司股票时要求遵守"场外交易限制"的规定。

在纽约证券交易所创立之前，交易商们经常非正式地聚集在华尔街转角的通天咖啡屋外面及曼哈顿下城区的水街（当下雨时，交易商们就移到咖啡屋里面）。1792 年 5 月 17 日签署的《梧桐树协议》正式确认了交易商间的关系，这一协议取名于咖啡屋外面那棵高大的"梧桐树"（现在称为无花果树）。天气好的时候，交易商们就在那里聚会，这群股票交易商便以协议的形式正式确认相互间的关系。这群被称为梧桐经纪商的交易员最终会派出一支代表团去考察费城证券交易所的章程，当时，费城交易所是美国最大的证券交易所，费城也是当时美国最大、最重要的城市。因此，费城证券交易所采用的商业模式便成为纽约证券交易所（当时叫做纽约股票和交易板）的模式。所有在《梧桐树协议》上签字的人都受到这一协议的限制。这些人都是全天候的股票经纪商，他们开展业务的地点是固定的，就位于曼哈顿华尔街 40 号的一间出租房里（一场大火毁掉最初的地点后，1865 年移至主街转角处和华尔街）。《梧桐树协议》要求参与签字的人每次交易开盘时都得露面，以确保那些临时性交易者和被动性投资者不可以加入到该俱乐部。

在早期，纽约证券交易所基于轮换原则来交易股票。在每个交易日的上午 11 时 30 分，交易所的主席以上市股票的字母顺序叫出股票名称。当叫出股票名称时，经纪商们就会报出他们愿意买入（出价）或卖出（开价）该股票的价格。当交易员完成第一只股票报价，主席就会叫出第二只股票。当时总共有 30 只上市股票。交易大约在下午 1 时结束。随后，所有交易进入结算，一方交付股票证书，一方支付钱款，这项工作会持续到第二天的下午 2 时 15 分。每位已成为该俱乐部或交易所会员的股票经纪商分得一把椅子（用以证明交易席位），并要求每次交易开盘时在场。

《梧桐树协议》对每个交易者都提出了要求。对于签字者来说，协议极其富有吸引力，因为该协议终止了经纪商间的激烈竞争，之前他们竞相削减为客户买卖股票收取的佣金。《梧桐树协议》则要求会员避免证券的公开拍卖。该协议还将经纪商收取客户的佣金下限设定为 0.25%。签字者还需同意在交易股票时相互提供优惠待遇。如果在买卖某只股票时，会员与提供相同价格的非会员展开竞争，会员或协议的签字者会获得第一优先权。

从整体经济的发展角度来看，特别是从投资纽约证券交易所交易股票的投资人的角度来看，让大家都知道股票交易在一个单一的、集中的具体地点进行是具有某些优势的。在投资者看来，位于曼哈顿下城区的纽约证券交易所这一具体地点被固定下来，就如同博弈论中所称的谢林点（又叫聚焦点）。谢林点是共同参照点。根据谢林书中的例子，游戏节目主持人告诉各个参赛者，如果他们彼此能成功地在某一特定日在纽约的某个地点聚集，他们就会获奖。但不告诉参赛者具体在这天的什么时候、纽约市的什么地点聚集。所以他们不得不猜测聚集的时间和地点。

游戏中，每个玩家试图凭直觉感知（猜测）其他参赛同伴可能选择的时间和地点。在地点上，成功的玩家会选择自然的聚集点，如纽约中央车站或帝国大厦。在时间上，参赛者也会选择聚集点，通常是中午。因此，梧桐树和通天咖啡屋便成为证券交易者的聚集点。

聚集点对交易股票来说至关重要，这一点在今天这个计算机普及、全球通信即时快捷的世界里是难以理解的。事实上，当我们在回顾1792年纽约证券交易所创建时的条件，我们会清楚地看到，纽约证券交易所在解决交易者快速通信问题上发挥了关键作用。电报是在1844年发明的，第一条跨大西洋电缆是1866年建成的，第一台股票报价机出现在1867年。

波士顿大学教授亚历山大·格雷厄姆·贝尔（Alexander Graham Bell）首次将电话展示给美国及欧洲的公众是在1876年，离签署创立纽约证券交易所的正式协议已经过去84年。纽约证券交易所（简称NYSE）迅速赶上新技术，仅仅在电话发明两年之后，在1878年，新奇的发明设备就安装在了纽约证券交易所的大厅里。

像纽约证券交易所这样大型的证券交易所的经济角色，最初是对投资者发挥谢林点或聚集点的功能。但随着技术的进步，证券交易要在一个集中的具体地点进行的需求就逐渐减弱了，并最终消失。今天，几乎所有证券交易都是通过电子通信网络和数字通信进行的。

纽约证券交易所依然保留着交易大厅，但这主要出于作为历史见证物的考虑。比如，在2012年秋，当飓风桑迪威胁美国东海岸时，曼哈顿下城区的许多公司都暂时关门，以等待飓风结束，纽约证券交易所暂停了其在交易大厅运行。然而，交易所宣布它会像往常一样开放交易。交易所只是把交易简单地移到它专有的、名叫阿尔卡（Arca）的全电子交易平台上。

实体证券交易所这一想法基本上已经过时了。今天，正如国际货币基金组织已经指出的，证券交易所提供的服务功能不再限于提供某个物理上的地点。它们为监督交易，为沟通交易信息确定规则。交易所与清算便利有着紧密的联系，通过清算系统，证券和衍生品在交易所交易后的活动才得以完成。交易所将出价和开价的通信信息集中在一起，传递给所有的直接市场参与者，这些人会决定是接受报价还是做出不同的报价。当一笔交易完成时，交易所马上会将这一信息传递给整个市场。这创造了一个公平的竞争环境，从而让每一位市场参与者以和其他人同样低的价格买到，或以和其他人同样高的价格卖出证券，只要交易者遵守交易所规则。随着电子交易的发展，交易所不再需要实际的地点，并且许多交易大厅都关闭了。纳斯达克股票市场、欧洲期货交易所、伦敦证券交易所完全电子化。纽约证券交易所既有交易大厅，也实行电子化交易，芝加哥商品交易所集团的衍生品交易也是如此。

尽管证券交易所不再需要一个集中的物理上的聚集点，但让所有交易在一个单独系统或场合发生仍然有其优势。一个组织化的交易所，即使"地点"是虚拟的而不是物理上的，也能将交易活动的完全信息几乎同步地通过电子手段传播开来。快速传播交易所挂牌证券的信息降低了市场职业人士的搜索成本，他们需要即时的价格信息，以便做出交易决策。

同时，证券交易所在愈加竞争的环境里运行。其最早的功能是在空间上作为单一的、物理上固定的"谢林点"，在这一地点预先安排好营运时间，但后来这一功能变得没有必要，也逐渐过时了。证券交易所在进化，提供更为广泛的服务。这些服务中首要的曾是为上市公司提供声誉。的确，纽约证券交易所过去真的是在经营声誉业务，甚至在会计师事务所和信用评级机构之前就开始经营，更在证券交易委员会或在以《1933 年证券法》和《1934 年证券交易法》为代表的现代证券监管体系发明之前就开始经营，这两部证券法规对证券在公众市场，包括纽约证券交易所，进行发行和交易实施监管。

大型信用评级机构直到 20 世纪才出现。在那之前，作为信息中介的信用评级机构并不存在。审计是存在的，但它们直到 20 世纪早期才开始提供公众审计。重要的是，直到 20 世纪初，证券交易所一直为金融市场提供重要的声誉中介服务，在那之后，信用评级机构和会计师事务所开始接手这一角色。

信用评级机构

信用评级的历史可以追溯到 1860 年。在那之前，对美国萌芽中的铁路及建筑行业进行的独立第三方分析极其有限。在 1868 年，亨利·瓦纳姆·普尔（Henry Varnum Poor）和亨利·威廉·普尔（Henry William Poor）父子俩开始出版《铁路手册》（*The Manual of Railroads*），专为投资铁路的投资者提供信息，每册定价 5 美元，首次印刷的 2 500 本全部卖出。1906 年，另一家名为标准统计的公司创立。标准统计开始以年合订本的形式出版和销售铁路及其他产业公司的新闻和信息。书中信息保存在 5×7 英寸大小的卡片上，这使得公司能连续地更新合订本上出版的信息。标准统计公司成长迅速，1914 年，其所有者购得穆迪手册公司的控股权。然后，它开始谈判收购普尔评级公司，这家公司那时还叫做"普尔铁路公司"。像标准统计一样，穆迪和普尔两家都以书本的形式提供金融信息。最终，穆迪手册公司和普尔铁路公司合并在一起，合并后的企业叫做"普尔出版公司"。

标准统计依旧是一家有特性的公司。1922 年，普尔出版公司开始对公司债券和市政证券作评级。1923 年，标准统计公司首次发布股票市场指数。这最终发展成众所周知的标准普尔 500 指数，该指数延续至今，成为股票市场最重要的指数之一。

普尔出版最后濒临破产。标准统计于 1941 年与普尔出版合并，创建出现代的标准普尔公司。在那一年，标准普尔为 7 000 只市政债券和几百只公司债券作评级。

1900 年，当时的"约翰·穆迪公司"，后来的穆迪投资者服务公司，选择若干家公司发行的证券，第一次出版这些证券的信息和统计数据。到了 20 世纪 20 年代，穆迪开始为公司和政府债券提供评级。惠誉评级创建于 1913 年，那年开始出版两本书，一本是《惠誉股票和债券手册》（*The Fitch Stock and Bond Manual*），另一本是《惠誉债券之书》（*The Fitch Bond Book*）。惠誉开始时没有采用现代著名的字母分级（从 AAA 到 D）评级系统。这种系统是从 1924 年开始成为整个评级行业的评级基础的。

会计师事务所与公众公司审计

正如肖恩·奥康纳（Sean O'Connor）从审计发展史中所观察到的，审计直到

20 世纪初期才将目标对准普通公众公司。在那之前，审计只是因为投资者或经理想要检查债务人或下属的账目，让会计师或簿记员私下参与而已。审计主要是受所审计的公司委托为公司内部目的服务。这些审计的一项显著特点是，委托审计的公司有着充足的权威雇用、解雇或者酬劳审计师。这一 20 世纪 20 年代出现的情况与当今情形有着天壤之别。换句话说，审计并不直接针对投资大众。正如奥康纳教授所言，在 20 世纪之前实施的审计里，并没有一个清晰可见的第三方受益人。即使在审计师和客户承认有第三方受益人的场合（比如，一家银行或另一位债权人），审计师与第三方受益人之间也没有任何正式的合同关系。在 20 世纪 20 年代，尽管有些大的公司试行过"公众审计"或"向公众披露受委托的用于公司内部或股东目的的私人审计"，这也导致出现过大的第三方受益人阶层，但在 20 世纪之前，审计一直被认为具有公共属性。

正是在这样的背景条件下，审计师被认为承担着声誉中介的角色，并且至少在一段时期，对审计师存在相当理想的环境有利于发展声誉市场。同时，公司开始认同，为公司财务报表获得"独立的"验证能让公司在 20 世纪 20 年代兴旺的权益市场赢得优势。

作为声誉中介的证券交易所

国内和国外主要的证券交易所曾经作为声誉中介提供服务，后来，这一角色被信用评级机构和会计师事务所取代。上市曾被视为一种良好内务管理的审批签章。确实，纽约证券交易所长时期都以其提供这样的审批签章来宣传自己，即使怀疑之声与日俱增。现在的股票贩子们仍然把股票在证券交易所上市作为他们兜售股票的卖点来加以宣传。比如，为超高净资产家庭和个人理财提供营销服务的一家纽约服务公司的营销总监仍然使用日久年深的良好内务管理的审批签章这一隐喻来解释交易所上市所带来的声誉价值。这个人把获批在某主要证券交易所上市描述成一项类似于经历一个"审批过程"和"里里外外查看个遍"的事情。他把在纽约证券交易所挂牌视为证明公司已通过一个完全实质性的尽职审查过程的证据。纽约证券交易所上市对公司来说确实是令人开心的日子。上市赋予公司以可信度，并带来关注度和流动性方面的收益，这个会降低公司的资本成本。这个人还引用相关研究，认为研究已经表明，在纽约证券交易所上市之后，公司的合并与收购活动会增加。这些因素通常会对股票价格产生积极的影响。

但是，纽约证券交易所是否继续发挥着声誉中介作用，这一点很值得怀疑。在纽约证券交易所挂牌上市的公司中爆出各式各样的欺诈案和会计丑闻的名单数量巨大。很多垮台的超大型公司，从安然到世界通信，其股票都在纽约证券交易所上市。在爆出丑闻的大型公司名单里包括阿德尔菲亚、胜腾、安然、环球电讯、阳光电器（Sunbeam）、泰科、废品管理以及世界通信。除了其中两家公司（阿德尔菲亚和世界通信），其余均在纽约证券交易所上市。

纽约泛欧证交所，现在也称为证交所，正游说国会通过新的法律，以便使企业在纽约证券交易所上市变得更容易。它们还游说相关部门放松国外发行者的上市标准，比如像俄罗斯及中国的公司。纽约证券交易所担心自己缺乏吸引公司上市的能力，害怕自己因更加严厉的信息披露和审计规则使得公司被伦敦及其他竞争对手抢走，它想要弱化或放弃这样的规则，以便使自己更能吸引到非美国的公司。在过去几十年里，这些公司成为其发展的主要来源。

尽管在美国上市的某些外国公司因大量的会计丑闻已给美国投资者造成数十亿美元计的损失，但这一事实并没有阻止纽约证券交易所继续在海外国家推销其上市的服务活动。发展中国家特别在意纽约证券交易所的招募行为。不仅美国新闻界有报道，就连《经济时报》（印度）和《阿拉伯新闻》也报道过，纽约泛欧证交所的国际上市部主管艾伯特·甘余申（Albert Ganyushin）2012年12月在莫斯科用推销员的腔调招揽外国公司。甘余申告诉这些公司："过去3年里，外国公司在美国上市比美国公司容易多了——你可以遵从你们本国的公司治理实践，你不必有一个独立的董事会，你不必按美国的公认会计准则报告会计事项"。像这样的推销口吻，标志着纽约证券交易所作为上市公众公司的声誉中介已经彻底终结。

纽约证券交易所经过19世纪直至20世纪初的发展，最终实现了为客户提供一揽子服务，虽然相互补充，但总体稳健且鲜明，便于公司的股份在交易所上市交易。这些服务由以下四部分组成，每一部分对客户都有价值：

1. 提供流动性；

2. 密切监督交易所的交易，识别内幕交易、价格操纵以及其他形式的欺诈；

3. 为上市公司制定标准化的、现成的公司治理规则，以减少上市公司的交易成本，形成强大正面的声誉及信号效应；

4. 声誉信号传递给投资者的信息是，在纽约证券交易所上市并交易其证券的任何一家公司都是高质量的，交易所会承担公司透明及持续监督的义务。

在纽约证券交易所，对上市公司股票的所有交易基本上都得在交易所大厅进行，这种做法曾保证了流动性。为数众多的买家和卖家以及巨大的交易量，为纽约证券交易所的上市股票带来流动性。特许交易商制也为上市股票提供流动性。交易所规定，交易所会为每一家上市公司分派一位特定的人，即特许交易商，由他来分派公司股票，负责维持一个高质量的二级市场，配对同时出现的买家和卖家。作为一项惯例，特许交易商也会经常地持有一定数额的所分派公司的股票，这样，如若在某个时刻没有对应的卖家出现，特许交易商就可将手中股票立即供应给此时出现的买家。

先前描述过的早期交易制度是将股票交易分派到某特定时间来进行，或从名单中叫到名字时进行交易。在交易很多股票的利润变得特别明显时，这一早期的交易制度就不适用了，人们对全天交易产生强烈的需求，而不是把交易压缩到某个特定时段，这样容纳不了越来越长的需要交易的股票名单。新制度建立于19世纪后期，在这一制度下，经纪商开始专门做某些特定的股票。这些经纪商自然地汇集于交易所内的某个特定地点。这些点便成为某些特定证券的谢林点，交易所自身则成为更大的谢林点。最终，这一制度进化成大家熟知的"特许交易商制"。

每一只在纽约证券交易所交易的股票都曾经且现在也会分派给一位特许交易商，他有义务为分派给他的上市公司股票提供交易的便利。特许交易商负责为所分派的股票制造连续的、高质量的双边市场。

换句话说，创造出特许交易商是为了确立一个可靠的、值得信赖的交易环境，该环境确保股票投资人一发出指令就能买卖股票。也就是说，特许交易商提供了流动性。这些人享有接触其分派股票交易信息的特权，其买入价与卖出价之间存在价差，这会带来相应的收益，这些收益是作为流动性提供者的特许交易商发挥其作用所必要的。

对交易所上市证券的监督与特许交易商制有着密切的关联。像内幕交易和股价操纵这类鬼把戏会损害投资者，但它们对特许交易商和交易所的损害更甚。作为所分派股票的最活跃的交易者，特许交易商深受来自内幕交易者及操纵者的威胁，因为这些欺诈者会在特许交易商的价格很低时买入股票，在价格很高时把股票卖给特许交易商。换句话说，这样的交易会导致特许交易商亏钱。为了弥补内幕交易者及操纵者带来的预期损失，特许交易商必须提高其买入价与卖出价间的价差由此带来的更高成本会降低交易量，并有损交易所的收入。基于这些事实，交易所有强烈的动因去监督发生在上市股票中的交易活动。由于投资者从反交易欺诈及操纵的监督中获益，在某种程度上这些投资者会相信，交易所内的监督会好于交易所外的监督，在交易所上市的股票享有声誉，对交易的有效监督有利于交易所的繁荣。

证券交易所之所以监督二级市场的交易，发行证券的公司或个人投资者之所以不会提供这样的监督，曾给出的另一个理由是，集中化的股票交易监督存在显著的规模经济。之所以存在规模经济是因为一个单独的实体，比如一家交易所来对许多公司的股票交易实施监督会更有效率。同样的技术用于监督单只股票交易，也可以用来同时监督上千家公司的股票交易。比如，一个单独的计算机化的监测系统可监督很多公司的交易。让某个人或某家公司发明这样一个用来交易具体某家公司股票的系统，几乎没有什么意义，不如由一家交易所或政府组织在单独的计算机平台上为上千家公司同时提供这样的服务。

传统上由交易所执行的集中化监督功能已经被监管者，如美国证监会和商品期货交易委员会篡夺去。依照联邦法律，内幕交易和股价操纵，不管是发生在交易所场外，还是发生在交易所场内，都一样违法。美国证监会连同各交易所的不同竞争对手一道，像交易所一样勤勉地监督着这类活动。确实，没有证据表明，由于在交易所获得上市，公司欺诈会变得更少，或股价操纵会变得更少。

> 证券交易所具有的另一个声誉的好处是交易所提供的现成法律规则。标准化的现成规则为公司和投资者降低了交易成本。

证券交易所具有的另一个声誉的好处是交易所提供的现成法律规则。标准化的现成规则为公司和投资者降低了交易成本。这些规则曾经由证券交易所提供，但现在已不再提供。证券交易所出现在先，后来出现了各州在公司许可方面的管辖权竞争。历史上，证券交易所为大公司提供公司治理的内部规则，现在则由联邦法律提供，比如《萨班斯－奥克斯利法案》、《1933 年证券法》、《1934 年证券交易法》以及由各州如特拉华州颁布的公司法典。今天，其股票在纽约证券交易所交易的公司治理规则，与其股票在场外纳斯达克股票市场交易的公司治理规则，没有明显的差异。

在过去，若一家公众公司在某家证券交易所上市，这家公司就必须作出遵守一套公司治理规则的可信承诺。这套规则是证券交易所对所有注册者的要求，其目的是将股东财富最大化。也就是说，在一家交易所——如纽约证券交易所上市是在传递一个强烈的声誉信号。

例如，纽约证券交易所会告诉希望上市的公司，（成为）一家"纽约证券交易所上市公司"随之而来的声望和全世界认可，不仅对投资者有明显的好处，也会给相关的贷款人、供应商、客户和潜在的雇员带来与众不同的优势。纽约证券交易所从声誉角度强调自己的作用，它既是声誉中介，又是一种机制，想努力传递自己是一家正在按特定游戏规则行事的公司，上市公司利用这一机制就可以向投资大众发出可靠的承诺，表示将来仍会继续遵守这些规则。

下市的威胁使该承诺变得具有可信性。曾经，由于对公众公司的股票缺乏另外可选择的交易场所，下市对公司有着显著的效果。然而，随着技术进步以及市场的发展，逐渐削弱了传统交易所的至上地位。传统证券交易所有了一大批的竞争对手。现在，各交易所为上市展开竞争，很显然，只要监管者允许，这些交易所会让每家愿意付钱的公司上市。对证券交易所特别有吸引力的是那些有着很高成交量的公司，因为高的成交量带来极高的交易费用。

随着技术的进步，场外交易——特别是电子化交易，成为首选，与交易所上市的高成本相比，其成本更低。但交易所——特别是纽约证券交易所，作为声誉中介至少还持续繁荣过一段时间。把时光推到 30 年前，有资格在令人尊重的、有声望的纽约证券交易所上市的公司会选择去另一家竞争者的场所上市，那是不可想象的。因为那时的公司极其渴望得到伴随交易所上市带来的声誉贮存。然而今天，公司选择纳斯达克全国股票市场，甚至选择非美国市场，而不是纽约证券交易所，已成为司空见惯的事了。

一些著名企业，如自动数据处理（ADP）、亚马逊、安进、苹果、戴尔、五三银行、谷歌、英特尔、微软、新闻集团、甲骨文、星巴克、太阳微系统等这些公司很容易满足纽约证券交易所的上市要求。当它们想变成公众公司时，它们决定不在纽约证券交易所上市，而是更愿意在纳斯达克股票市场交易。理所当然地，Facebook 公司这个 21 世纪以来最大规模的公开发行，也选择了纳斯达克，而不是纽约证券交易所。这样的选择看起来并没有发生任何与之相关的声誉成本。历史上，纽约证券交易所是蓝筹公司、大公司、更传统型公司历来的上市之地，而高成长的技术公司往往被吸引到纳斯达克市场。在去年，这一界线已经变得模糊。美国证监会的监管挽救了一些证券交易所，使其免遭由技术进步带来的竞争加剧，从而被彻底清退出场的后果，挽救的方式是美国证监会通过的监管规定，这些规定限制交易所不可交易在其他交易所上市的证券（纽约证券交易所市场上的股票不能在纳斯达克或其他交易所交易，反之亦然）。

今天，证券交易所之间的竞争非常类似于美国联邦航空管理局规定固定票价和货运价时期航空公司间的竞争。1978 年以前，票价和其他价格必须获得政府同意，坚持标准化的费率。因而航空公司不能在价格上展开竞争，因此，航空公司的竞争改为在政府同意的固定价格水平上为客户提供最慷慨的服务。

> 证券交易所之间竞争的一个重要的非价格维度，就在广告上。交易所提供"免费"的联合品牌广告。说得更准确点，相互竞争的交易所发布广告，其费用计入上市费，由公司买单。

证券交易所之间竞争的一个重要的非价格维度，在于广告。交易所提供"免费"的联合品牌广告。说得更准确点，相互竞争的交易所发布广告，其费用计入上市费，由公司买单。该广告采用联合品牌的方式，广告中同时展现出公司的名称和交易所的名称。纳斯达克会采取非常夺目的方式引发公众关注上市公司，它在纽约时代广场拥有七层楼高的电子广告牌，上面会显示上市公司名称、产品及服务。当然，该地点是世界"顶级旅行胜地"，也是全世界多个频道每年竞相报道的盛大新年夜庆祝活动的所在地。对纽约证券交易所来说，它与 30 家美国及非美国的电视台及网站合作，在交易所大厅报道股票市场动态，纽约证券交易所还在圣克拉拉及加州雷德伍德城的第 101 号高速公路上，以及在硅谷这一美国技术行业的大本营树起数码广告牌。

传统上，公司从一个交易市场移到另一个市场（从纳斯达克移到纽约证券交易所），是因为公司已经成长起来了。过去把这一转移视为一种提升，从适合初创公司的场外市场提升到纽约证券交易所这个供成熟及成功公司选择的市场。一些非常成功的公司，如谷歌及微软，决定继续留在场外市场，同时也有几家令人尊敬的公司——如惠普，同时在纽约证券交易所和纳斯达克两个市场挂牌（归因于监管体系上的巧合）。这些现象表明传统次序的改变以及声誉模式的衰落。

现代的证券交易所易受到来自不同对手的激烈竞争，既包括交易所对手的竞争，还包括另类交易场所的竞争。主要的竞争者是那些已经组建出所谓的"黑池"或"暗池"的公司，这些池子是私人股票交易场所，由金融机构，包括高盛和花旗，有些也由很多独立的公司来经营。在 2012 年中，美国大约有 20 个黑池。对纽约证券交易所来说，其他主要的竞争对手包括美国洲际交易所（通常称为 ICE）、斯达克集团公司、阿瑞斯资本公司、芝加哥商业交易所控股公司、阿波罗全球管理以及阿波罗全球投资公司，以及主街资本公司。所有这些竞争对手给交易所的自我监管能力造成很大压力，也破坏了交易所从公共利益出发对其会员的公司治理事项实施监管的动力。

而且，有可获得的证据表明，有组织的交易所甚至不再起到对自身上市公司的独立监管的作用。在交易所上市不再具有声誉优势。现代技术、证券欺诈的相关规定，以及美国证监会不允许交易所按自己的方式来监管上市公司，所有这些结合在一起，让这些竞争性的交易场所，特别是让纽约证券交易所，想通过为上市企业提供声誉中介服务来提高其竞争能力的企图彻底丧失。

> 现代技术、证券欺诈的相关规定，以及美国证监会不允许交易所按自己的方式来监管上市公司，所有这些结合在一起，让这些竞争性的交易场所，特别是让纽约证券交易所，想通过为上市企业提供声誉中介服务来提高其竞争能力的企图彻底丧失。

反倒对美国证监会来说，当前所有这些交易场所可更好地被理解成一个个管道，作为自我监管组织的各交易所，很显然会颁布相应的公司治理规范，美国证监会可对这些规范加以协调。这方面可获得的证据主要是一系列的事例插曲，在事例中，交易所没有做好自我监管，后续通常还是采用美国证监会领导下的协同监管。交易所的自我监管在重要方面常常功能失调，其原因是证券通常在多个场所同时交易，这样便限制了交易所单方面实施监管的能力。正如几年前一篇有关市场结构、上市标准及公司治理的特别研究指出的，美国证监会鼓励交易所"自愿"地采用既有的公司治理上市标准，在实施过程中督促交易所、上市公司和股东就这些标准达成共识。这一模式延续至今。现在，美国证监会还对监管费用加以协调，各交易所自我监管组织收取的费用被固定下来，其多少与交易所和上市公司之间各方面的关系相关联。于是，美国证监会破坏了交易所传统上通过发挥声誉中介服务功能来展开彼此间竞争的方式，其声誉中介功能是靠提供和实施有效的公司治理规则，从而提高上市公司声誉来实现的。

我在前面已经指出，纽约证券交易所声誉已死。一个有力的实例是该交易所没有能力去实施其最强的一条有关公司治理的规定。这一规定要求上市企业只能让自己有一类发行在外的普通股，所提供的这类股票不多不少只能一股一张投票权。

在 20 世纪 80 年代并购浪潮的高峰期，公司高管们为了避免自己公司遭到并购，他们采用所谓的"双重类别"资本结构的方式，以此来违背这一规定。纽约证券交易所发现，当它对那些违背该规定的大型公司做出从交易所下市的威胁时，这些公司，如通用汽车和道·琼斯公司所作出的反应是同意下市。这一结果表明，用下市来"惩罚"这些上市公司这招，给纽约证券交易所带来的成本要明显高于给这些公司带来的成本。下市会让纽约证券交易所失去上市费和交易收入，而上市公司则会不花什么成本就很轻易地把自己转至对手的交易场所，如纳斯达克股票市场。于是，传统上的制裁方式——下市这一纽约证券交易所用来执行自身规定时采用的方法，不再对会员企业构成实质性的威胁。正如《洛杉矶时报》曾指出的："在 20 世纪 20 年代，当时一股一票制进入交易所的规则对股票交易拥有事实上的垄断。"这篇文章引用了前美国证监会委员 A.A. 小萨默（A.A. Sommer Jr.）的话，他说："没有其他交易场所是第一梯队公司会去交易的地方，在那样的竞争环境里，"他继续说道，"没有公司会想从纽约证券交易所撤退出来。"然而现在，这样的公司只需离开纽约证券交易所的显示屏就行了，场外交易市场的交易技术已经明显改进，受到下市威胁的公司现在能够镇静自若地投奔新的怀抱。

由于无力执行其自身的会计规定，纽约证券交易所就游说美国证监会，让其阻止这类公司下市，或排除其下市，让其要求纳斯达克采用一股一票的资本结构，其目的是消除那些希望采用双重类别投票权结构的公司想要退市的诱因。也就是说，随着这家交易所开始面对上市的竞争，它也开始丧失执行其独特的公司治理规则的能力。这反过来就意味着，在这家交易所上市的公司不再宣称这样的上市提供了与该交易所规则相关联的、可靠的承诺。

有大量的证据表明，交易所没有达到监管委托的要求。比如，在 2000 年，司法部和美国证监会制裁了美国证券交易所（American Stock Exchange）、费城证券交易所（Philadelphia stock Exchange）、芝加哥期权交易所（Chicago Board of Options Exchange）和太平洋证券交易所（Pacific Stock Exchange, 为 ECN 所有），理由是它们没有执行各自对期权交易的内部规定。这 4 家交易所不承认或否认有错，但同意花费 7 700 万美元来更新监控技术，实施新举措。在 2003 年，美国证监会调查并处罚了纽约证券交易所，其理由是它没有适当地监管好客户的交易指令，该交易所会员存在损害投资者利益的其他行为。当年的晚些时候，美国证监会的合规、审查及调查办公室撰写了一份机密报告，该报告根据《华尔街日报》的相关报道总结纽约证券交易所的自我监管没有合适地处罚或阻止交易所会员违背证券法的行为。并且在 2004 年下半年，美国证监会准备对 3 家交易所采取强制措施，它们分别是美国证券交易所、费城证券交易所、芝加哥期权交易所。美国证监会有证据表明，有些企业偷看到在这些交易所中的证券买卖，有价值的价格信息被截留，没有让公众知道，或在提交公众指令之前先在自己账户中交易。这些企业据称利用了他们掌握的价格走势信息为自己获得更有利的交易，这对其他投资者构成了不公平待遇。

所有这些清楚不过的事例表明，即使是由那些值得尊重的交易所，比如纽约证券交易所，所实施的自我监管在今天的环境条件下也是系统性的功能失调。美国证监会正施压交易所做好自我监管，其原因是交易所对其现场交易的监管并不积极，还有待加强。但问题是，这些交易所不再有足够的动力去做好涉及众多事项的自我监管。那些动力已经被生存需求所取代，它们需要从其他竞争对手那里吸引来订单。

在先前与莫琳·奥哈拉（Maureen O'Hara）的一项合作研究中，我们论证了交易所在传统上为投资者和发行者提供的一组服务，包括标准化的规则、交易监管、清算与结算、流动性以及信号功能。下市的规定允许交易所保存与某一特定交易所上市相关联的声誉信号的价值。这会通过允许交易所驱逐违规企业，强化交易所规范来提升交易所自我监管的地位。进而，投资者可以信赖在这家交易所上市的企业，因为在这里交易传递的是出该企业满足其基本要求的信号。至于这样一些建立在信号基础上的规则现在是否依然行之有效，是存在争议的。

随着时间的推移，投资者获取有关公司前景方面信息的渠道大大扩展，这意味着人们不再那么倚重上市地点了。

随着时间的推移，投资者获取有关公司前景方面信息的渠道大大扩展，这意味着人们不再那么倚重上市地点了。另一个复杂的因素是，现在公司在哪里交易经常与公司在哪里挂牌相脱节。这些因素破坏了在传统上上市所拥有的声誉内涵。尽管公司丑闻看起来没完没了地出现，但真正因此而下市的公司却没有几家。证券交易所之所以那么不情愿让这样的公司下市，其主要责任在于各交易所为争夺公司上市展开的激烈竞争。这样的竞争意味着，如果证券交易所拿下市来威胁对方，最终伤害的是交易所，而不是公司。这反过来使得下市威胁不论是对上市企业，还是对投资公众，都是空洞的、不可信的。

THE DEATH

OF CORPORATE REPUTATION

第 10 章

监管与声誉脱轨

美国证监会的监管行为展示了在美国金融市场，监管和声誉是如何被割裂的。美国证监会的雇员有动力专门精通于诸如抢先交易这类非常技术性的欺诈，而不是那些更有可能伤害普通投资者的简单欺诈。掌握这样的专业技能使得美国证监会的雇员们深受大型律师事务所和金融机构的青睐，增加了他们离开美国证监会后的就业前景。由于所有大型金融企业都遇到过周期性的诉讼，并且讼案最后往往以和解告终，被美国证监会提起诉讼不再意味着传递出更多有用的信息帮助投资者了解企业。于是，在美国资本市场，美国证监会的监管与声誉不再携手发挥作用。

监管的传统理论假定，监管与声誉是携手发挥作用的。监管者对欺诈者提起刑事或民事诉讼，这些指控向投资者传递出这些企业和个人不值得信任的信号。然而，监管已不再具有这一功能。诉讼正渐渐沦为那些野心勃勃的检察官用来辅助其职业爬升的政治工具。如今的监管者需要满足既得利益团体和政治监督者的诉求。美国证监会是现代监管的典型例证，但它不仅没有增强，反而削弱了声誉在资本市场中作用。美国证监会的监管者们不仅在寻求增加其组织权力，同时他们中的很多人还在寻求个人事业的发展。美国证监会与顶级律师事务所或银行的实权岗位之间存在着一扇旋转门。很多美国证监会雇员会在这些企业谋到相应职位。这种现象导致的结果是，为了增加企业和银行对他们的需求，美国证监会的雇员们有动机提升他们在高度技术性领域的专业能力。这使得美国证监会在各种简单欺诈行为方面缺乏具备专业能力和兴趣的监管者，从而识别不了诸如伯纳德·麦道夫（Bernie Madoff）的庞氏骗局这类简单的欺诈行为。这样带来的监管环境会过分地执行高度的技术性规则，如抢先交易，而对简单的欺诈行为则执行不足，因而削弱了美国证监会行动的声誉信号功能。此外，所有主要的投资银行和会计师事务所都曾陷入诉讼当中，这破坏了投资者们通过监管行为来识别好公司和坏公司的能力。另外，那些被提起讼案的公司几乎全都不认错，最后常以和解告终，这使得投资者更加难以理解监管行为释放出来的信息。这样的结果便是，在现代金融市场里，监管与声誉的关系被割裂。

> 美国证监会是现代监管的典型例证，但它不仅没有增强，反而削弱了声誉在资本市场中作用。

不管人们认为垃圾债券对经济是好还是坏，不管人们认为垃圾债券之王迈克尔·米尔肯是英雄还是恶棍，德崇证券的倒台标志着传统的声誉经济学理论终结之路的开始。这看起来是对的。那些涉嫌为恶者获得财富，并且这些财富没有被没收。尽管德崇证券倒闭了，但该公司的雇员们却在其他地方继续着他们的成功事业。个人声誉已经与他们曾为之工作的企业的声誉完全脱钩。

或许更重要的是，监管在德崇证券倒闭的过程中没有扮演起它应当扮演的角色。传统的监管理论假定，监管与声誉是携手发挥作用的，两者几乎共生共荣。监管者提请的民事或刑事诉讼是确认欺诈者的主要途径。这些诉讼传

> 传统的监管理论假定，监管与声誉是携手发挥作用的，两者几乎共生共荣。

递出行为不端的信号，这些诉讼有可能会敲响企业的丧钟，有可能确定某人有罪。

如今，华尔街的公司遭到起诉，除了说明这家公司被监管者盯上之外，已经传递不出其他任何信号了。不管怎样，最重要的一点是，监管与声誉已经不再协同运行来帮助维护华尔街公司的诚信了。相反，监管已完全丧失其微弱的声誉信

不幸的是，现在已不是这样。和其他国家一样，美国的诉讼愈加被某些野心勃勃的检察官用作不断爬升、谋求更高职位的政治工具。鲁道夫·朱利亚尼虽然不是第一个通过诉讼方式来提升自己职业台阶的检察官，但却是通过对华尔街的大公司运用诉讼这一手法获得成功的第一批人士之一。艾略特·斯皮策直接追随着朱利亚尼的脚步。如今，华尔街的公司遭到起诉，除了说明这家公司被监管者盯上之外，已经传递不出其他任何信号了。当然有可能，正接受调查的公司在与客户达成的交易中耍了滑头。另外，企业有可能因为政治原因成为对监管者有吸引力的目标。或者，就像后面将会讨论的，某人或某公司可能因官僚主义作祟成为监管者的目标而遭到起诉。不管怎样，最重要的一点是，监管与声誉已经不再协同运行来帮助维护华尔街公司的诚信了。监管已完全丧失其微弱的声誉信号角色的价值。

畸形的监管环境

主要问题就出在，正如华尔街的运营者有着与他们为之工作的企业的声誉相分离的个人声誉一样，监管者也有其自身声誉。并且，监督机构也是政府机构，因此需要获得政治支持以求生存。监管者不仅面临着"做正确事"的巨大压力，还需要满足强大的政治监督者以及各种有影响力的利益集团的诉求。此外，监管者还希望去做那些有利于他们获得职业晋升的事情，做那些会提升他们为之工作的政府机构权力的事情。

让这些问题变得更加复杂的是，关于"什么是对的"这个问题就连专家也很难说清。在实践中，公众不可能充分理解监管者采取行动的后果。这一种信息问题，经济学家称之为"理性的无知"，除了这一点，再加上要激励个体公民组织起来形成有效的政治联盟，以对抗特殊的利益集团的挥霍与偏袒行为，那是有很高成本的。这意味着，对监管者的监督极其困难。这反过来又意味着，监管者拥有相当大的自由来追求其自身利益而不是公众利益，这里面还要看如何界定公众利益这一词语。

　　本章旨在评估声誉与监管之间的关系，基本观点是，对现代资本市场的监管不再弥补或强化企业在声誉上的投资，而是正在愈加削弱声誉投资的价值。

> 对现代资本市场的监管不再弥补或强化企业在声誉上的投资而是愈加削弱声誉投资的价值。

　　作为华尔街的主要监管者，美国证监会正是现代监管不是在加强而是在削弱声誉在资本市场发挥功能的典型代表。有大量证据支持学者们提出的假设，即美国证监会官员们会将两个维度的指标最大化。首先，像许多官僚一样，美国证监会的官员们会试图将手中的权力以及美国证监会的预算最大化。至少在某种程度上，美国证监会官员们的职业是与他们为之工作的机构的权利与威望相关联的，这意味着当机构的权力与威望提高或降低时，在其中工作的员工的权利与威望也将相应地变动。这一结论似乎特别适用于那些"职业官员"，或者那些踌躇满志正准备在官僚自身权利结构中尽量往上爬的官员。

　　并非所有的美国证监会官员都会在美国证监会度过自己整个职业生涯。事实上，美国证监会是华盛顿的行政机构中人员流动率最高的机构之一。对于美国证监会的官员来说，在美国证监会监管下的大型律师事务所谋得一份顶级的法律工作是十分常见的，在美国证监会监管下的金融公司获得一份高级职位也变得越来越普遍。实际上有很多完成这种转变的例子。近年来，没有任何例外，所有领导过美国证监会最重要的分支部门（显赫的执法部）的人都改头换面当起了律师或者内部顾问，而他们所工作的企业正是他们以往监管的对象。一位前美国证监会执法部主管，现在是一家名叫戴维斯－波尔克－沃德韦尔的大型律师事务所的合伙人，在很多案件中，这位合伙人代表某客户站在美国证监会面前。

　　这位前执法部门主管的前任，现在是 JP 摩根大通公司的首席法律顾问，理所当然地在各种情况下，包括法律执行情况下，要站在美国证监会面前处理监管事宜。JP 摩根大通公司的这位首席法律顾问在美国证监会的前任执法主管，后来也跑到德意志银行的相同岗位——首席法律顾问的职位上工作。其他美国证监会的高官离职后继续在其他大型的律师事务所以及其他被美国证监会监管的实体组织，包括瑞士信贷和摩根·士丹利就职。有位学者曾评论道："研究美国证监会的人不会想不到，美国证监会执法部的官员空降下来，考虑的完全是能给自己带来更高报酬的华尔街职位。"

美国证监会的职员要想在华尔街寻找高薪职位，一种途径是在高度技术性的领域发挥自己的实际专业技能，因为在这些领域中的专家极少。在提升这方面技能后，这些机构里的律师就会让自己在私营部门变得大受欢迎，因为他们可以在实际操作中运用自己已经掌握的这些技术性规则。换句话说，从美国证监会工作人员的角度来看，掌握技术性规则比掌握非技术性规则更好，因为业界对美国证监会中高度技术性领域的专家有着特别高的需求。并且，这样的技术性规则越能得到严格的执行，对美国证监会职员的需求就越高。

这种相当有悖常理的激励体系已经构成一个监管环境。在这个环境里，对高度技术性的规则存在过度执行，对简单的、老式的欺诈存在执行不足。在很大程度上，这反过来又会削弱甚至可能完全损害美国证监会执法行动的声誉或信号传递效应。换句话说，美国证监会执法行动是在为美国证监会官员提供一个平台，以便他们展示自己在特定的监管领域对技术性规则的掌握情况，以及展示美国证监会的监管者们越来越多地把注意力集中在那些精密的监管领域。在这些领域，这些官员们拥有专门技能——美国证监会执法行动所释放出的这一信号甚至不再与监管行动的对象有关联。相反，现今释放的信号与监管者自己相关，他们正在向就业市场发出信号，说他们拥有监管当局所要求的精密的专业技能。

举例来说，或许最常见的同时肯定是最有著名的金融诈骗形式是庞氏骗局。在庞氏骗局里，骗子向投资者保证，他们正以某种聪明的方式用投资者的钱进行投资。接着，他们便简单地盗走一部分投资者的钱财，而不是把它们用于投资。然后，为了让骗局永续下去，庞氏骗局的运营者会从后续投资者投入的钱中拿出一部分，支付给早先的投资者，以此制造出一种他们正实际进行成功投资的假象。只要运营庞氏骗局的骗子能够继续从新的投资者手里拿到大笔的现金，用来支付先前的投资者，这个骗局就能持续下去。然而，最终就像所有空中楼阁一样，庞氏骗局必然会在达到某一规模后崩溃。随着越来越多的投资者要赎回他们的投资，骗子最终将不能融到足够的新资金，也满足不了现有投资者对其资金提出的预期收益要求。

著名的伯纳德·麦道夫诈骗案就是一个庞氏骗局，而且规模巨大，持续时间特别长。麦道夫从投资者那里融资，并声称将资金配置到安全的投资上，风险也很低，但却能产生非常高的年收益率。事实上，麦道夫根本没有做这种投资。相反，他实施了一个经典的庞氏骗局：把投资者新投入的资金的一部分据为己有，然后再用一部分新的资金支付现有的投资者以维持骗局。麦道夫的骗局相当成功，尽管有数十亿美元的财富蒸发掉了，早期一小部分投资者却成功地收回了他们的全部投资——包括利息（然而，这些"幸运的"一小部分人中的绝大多数后来都遭到了麦道夫资产托管人的起诉，要求收回其中一些钱，以便偿还部分亏欠后续投资者的数十亿欠款）。

美国证监会在麦道夫案中表现拙劣。美国证监会多次无视有关麦道夫的投资计划可能存在问题的警告，后来被迫承认事实上没有人能够或应该为美国证监会处理麦道夫事件中的责任辩护、找借口或开脱。在麦道夫庞氏骗局败露之后的数月，美国证监会遭遇公共关系的噩梦。当时，头版头条的新闻报道揭露美国证监会在数年之中曾经收到大量的、有关麦道夫的投资有可能是一场大骗局的特别警告。

美国证监会的内部监察者，首席检察官办公室就自己未能发现麦道夫欺诈案开展自查。其结论令美国证监会十分难堪：

> 美国证监会在数年中接到过大量的、详细的、有实质内容的投诉信息，有足够的理由对伯纳德·麦道夫和 BMIS（他的公司，即伯纳德·麦道夫投资证券公司）是否在操纵庞氏骗局展开彻底的全面的调查。然而，除了 3 次检查和 2 次巡查外，美国证监会从没有开展过一次彻底的和称职的调查。

首席检察长办公室发现，在长达 16 年的时间里，即麦道夫实际向联邦检察官供认的从 1992 年 6 月到 2008 年 12 月的欺诈期间，美国证监会收到总计 6 份独立的投诉，这足以对麦道夫的投资运营和对投资者资金的使用亮起特别的红灯。更令人吃惊的是，多年里，麦道夫谎称与很多金融机构进行了成百上千的特别交易，而这些机构都在美国证监会的管辖之下。美国证监会的调查人员竟然从来没有去核实这些交易是否真的存在。

换句话说，美国证监会只要询问一下那些麦道夫所说与他进行过买卖交易的金融机构，核实麦道夫的这些交易是否真的存在，就可以发现麦道夫的骗局。只要美国证监会询问这些金融机构，如瑞银和苏格兰皇家银行，他们就能立刻发现，麦道夫所说的代表投资者所做的那些交易从来就没有发生过。这理所当然是一个典型的庞氏骗局。显而易见，麦道夫知道，美国证监会的官员在对像瑞银和苏格兰皇家银行这样的非美国金融机构进行询问时会多么地无能，所以他才简单地称他与这些非美国公司进行了那些实际上并不存在的交易。美国证监会也知道欺诈案被揭发数年前的新闻报道，这些报道对麦道夫是否能通过合法途径赚到他所说的持续高收益提出了质疑。

美国证监会没有多少动力去调查像麦道夫策划的这类简单却往往有效的诈骗案，因为做这种调查几乎没有什么职业上的回报。像 JP 摩根大通和高盛这样复杂的银行可能存在道德上的缺陷，但它们从来不是因为操纵，甚至被怀疑操纵庞氏骗局或其他各种简单骗术而为人所知。因此，对于美国证监会的职员来说，即使提升自己在识别这些简单欺诈行为方面的能力、积累这方面的经验对他们未来的职业，即使有作用，也是微不足道的。事实上，有一支美国证监会的调查队曾被派去调查对麦道夫的欺诈指控，结果没有任何发现。究其原因，他们没有兴趣、经验及能力来发现如此简单的欺诈行为。

显然，这一组特别人员在对付一种更加复杂的、名叫"抢先交易"的欺诈行为方面是专家，这种欺诈在根基稳固的银行中时而出现。当证券交易商接到客户指令买进或卖出数量超乎寻常的证券时，抢先交易就出现了。买入大量证券往往会推高价格，卖出大量证券往往会压低价格。这样的价格效应可以归因为许多因素，包括正常的供给、需求力量。对这样的价格效应的另一种解释是，市场中的观察者和参与者理性地推测出大量的证券买入，这反映了证券分析师或交易者对公司的正面推测和评价。类似地，大量的证券卖出则反映了证券分析师对公司的负面推测和评价。

接到这些买卖指令的证券公司可以利用抢先交易，以牺牲客户利益为代价来为自己谋利。简单说来，就是在客户指令成交前，自己先交易。换句话说，抢先交易就是在代表客户执行大额买单前自己提前买进，在代表客户执行大额卖单前自己提前卖出。这能让证券公司先于客户买进证券来盈利，先于客户卖出证券来规避损失。

抢先交易不仅损害了客户的利益，而且是非法的。当抢先交易以买入的形式发生时，它之所以违法是因为这类交易往往会在客户的购买指令执行之前抬高客户要买的证券价格，从而损害客户的利益。当抢先交易以卖出的形式发生时，它之所以违法是因为这类交易往往会在客户的卖出指令执行之前压低客户要卖的证券价格，从而损害客户的利益。

证券公司频繁受到抢先交易的指控，因此，对于能够监督、控制以及为针对这类行为的指控进行辩护的律师和法规部门员工有着旺盛的、经常性的需求。因此，毫不奇怪，美国证监会的一些官员更愿意自己拥有此类调查的专业能力，而非拥有调查那些真正伤害普通投资者的、简单的欺诈案的专业能力。2009 年，6 家华尔街公司因为在 1999 年~2005 年这 7 年间从事抢先交易，先于客户的指令进行买卖，总共支付了 4 200 万美元的罚款。其中一家，即在线经纪商 E*Trade 支付了 3 400 万美元的罚款。据美国证监会所称，E*Trade 公司和其他五家规模更小的公司没有尽到它们作为交易商的基本责任，在执行交易时没有将公众客户的指令排在自身利益之前。

对于包括高盛在内的一些主要投资银行涉嫌抢先交易的传言从未停止过，这些传言也被不停地否定着。然而，实际上高盛多年来都在合约性地在使用事项与条件中将抢先交易的可能性通告给客户，在客户登录高盛网站进行操作前，先得接受这些事项与条件。高盛通告那些使用其门户网站进行交易的客户："你在该网站使用的产品及服务情况可能会被……高盛，以及……所监视，相应的信息可能会被高盛用于其内部目的……"

在其自有账户的交易（如今受到所谓的保尔森规定的限制，该规定是 2010 年《多德–弗兰克法案》中的一部分）中，高盛从没掩饰过自己的目标是通过低买高卖赚钱，即在证券价格上涨前从客户手里买入证券，在证券价格下跌前向客户兜售证券。在一次与监管者的著名对话中，高盛的 CEO 劳埃德·布兰克费恩解释道："在我们的做市职责里，我们是当事人。我们代表交易的另一方，做人们想做的事。我们并不是受托人。我们并不是代理人。"在《多德–弗兰克法案》里，做市仍然是合法的。

抢先交易的话题因高盛的一封电子邮件再次引起极大的关注。高盛的自营交易业务（被称为基本策略）曾给高盛的客户发送了一封电子邮件，该邮件可理解为高盛在通知它的客户，高盛照例会从事某种形式的抢先交易。正如《纽约时报》的安德鲁·罗斯·索尔金（Andrew Ross Sorkin）在描述这封信引发的问题时所说："高盛和其他公司已经因为先于或与客户同步交易而受到诟病。"这封信通知其客户，他可能偶尔会和客户就他们的基本策略团队提出的交易想法进行讨论。这家努力以合适方式处理利益冲突的公司发出的这封信清楚地表明，公司的基本策略团队是如何与公司的其他部门合作的，这又会如何影响交易想法。高盛通知它的客户："在我们与你讨论交易想法之前，公司也许已经按交易想法进行交易了。此外，在我们与你讨论交易想法之后，任何时候，基于交易想法公司可能继续做出'清仓'的交易。"同样的，高盛告诉其客户，它会与其他客户讨论交易想法，不论是在与之讨论交易想法之前或之后。

这封信继续劝告客户，他们不应该把交易想法看成是客观的或独立的研究，或看成是投资建议。高盛在这封信中清楚地表明，它在与客户谈论交易想法时不会以一位顾问的身份来行事，并且客户的责任是寻求合适的建议。这家公司以邮件的形式来保护自己，使自己免于承担因交易想法中的信息所引发的责任，还声称如果交易思路中的信息被证明不准确，那他们……不承担责任，最多承担遭受欺骗性误解的责任。

在高盛的辩解中，有一点很重要，那就是要看到，高盛将这封电子邮件分发给客户的行为无可争辩地证明，高盛并没有试图隐藏自己的商业行为。像高盛这样的华尔街公司出于赚钱的目的而从事业务，这肯定不是什么秘密，也没有什么不对的。同样地，除了通过向客户提供建议，以及代表客户执行交易来赚取费用和佣金外，高盛也拿自己的自有资本进行交易和承销来赚钱，这也不是什么秘密。

> 美国证监会的官员们有动力聚焦于执行这些最有技术性的规则，因为这样做，可最大化地提升他们在美国证监会内部及外部的职业前景。

在提供交易服务的同时，又提供经纪服务，管理这两项服务是极其困难的，因为在交易服务中，客户是交易对手，公司以牺牲客户的利益为代价进行交易；在经纪服务中，客户向投资银行寻求信息、建议及技术帮助。对这些领域的监管规则是非常有技术性的。美国证监会的官员们有动力聚焦于执行这些最有技术性的规则，因为这样做，可最大化地提升他们在美国证监会内部及外部的职业前景。然而，与此形成鲜明对比的是，就像麦道夫传奇事迹痛苦地提醒我们的，聚焦于像麦道夫的巨大庞氏骗局那样简单的、老式的、平凡的诈骗案，这对美国证监会的官员来说几乎没有什么职业回报。

美国证监会在当前的工作中提起了一些相当技术性的讼案，这些讼案有可能会，也有可能不会实际涉及控告某家公司或某个人的错误行为。美国证监会的这一做法看起来必然成为一种理由，它解释了为什么美国证监会提请的讼案对其针对的公司或个人来说，即使有也不再有那么大的负面声誉信号效应。美国证监会的强制行动不再具有声誉信号的另一理由是，无论被告的行为有多么恶劣，没有一位会认错，绝大多数这类案件最终都是以和解告终。由于诉讼费用高昂，美国证监会瞄准的公司和个人照例替自己辩解，说与美国证监会达成和解是必要的，是为了避免昂贵的、分散精力的、耗费时间的诉讼。

还有另外两个理由可以帮助解释美国证监会的强制措施为什么缺乏声誉信号。首先，要让一个诉讼案件传递声誉信号，这个案件中必须包含某些信息使得市场参与者们，比如潜在的客户，参与者们能够凭借这些信息把诉讼案中的对象与同行业中其他公司或个人区分开来。但现在，诉讼案件却不包含这类信息，因为根本找不到一家投资银行、信用评级机构或者会计师事务所拥有干净的诉讼记录，能够把自己与其竞争对手区分开来。所有主要金融企业都曾经历过，并和解过各自的诉讼，并宣称他做过相似的讼案，或经常完全相同的不当行为。四大会计师事务所都有曾经涉嫌会计欺诈的客户。这使得客户、监管者和公众根本无法根据质量差异来区分为上市公司提供审计的主要会计师事务所。

其次，由于所有的主要投资银行都曾被包括美国证监会在内的政府部门控告过欺诈，因此这些诉讼不再能传递很多的信号。例如，不久前，俄亥俄州的克利夫兰市对包括德意志银行、高盛和美林在内的 21 家投资银行提起诉讼，控告它们制造了一个"公害"，即它们推销并出售的不合时宜且误导人的住房抵押贷款。贷款违约以及作为贷款抵押品的房屋被没收，破坏了完整的邻里关系。这些被列为被告的银行从放款人那里买来这些次级债，而放款人又是从直接与客户打交道的市场商人或者"贷款初始者"那里买来这些次级债。这些银行随后把这些抵押贷款打包变成证券，并将这些抵押贷款支持的证券出售给投资者。

其他很多的城市，包括巴尔的摩市、马里兰市，也对主要银行和投资银行提起诉讼，控告它们操纵关键利率，即众所周知的伦敦银行间拆借利率（London

Interbank Offered Rate，LIBOR），用这一利率来为浮动利率的抵押贷款或其他贷款确定利率，为它们自己谋利。巴尔的摩市起诉了 JP 摩根大通、美国银行、巴克莱银行、花旗银行和德意志银行，指控它们在金融危机期间通过非法手段压低 LIBOR。其中一家大型银行——巴克莱银行已经承认它参与操纵 LIBOR，而且英格兰银行（英国的中央银行）似乎知道并很有可能也参与了这一计划。其他涉及金额高达数十亿美元的和解案，有可能也会陆续浮出水面。

与之相似，所有主要的评级机构都为那些发行复杂的抵押贷款支持证券的特殊目的实体作出过夸大的、不准确的评级，正是这些复杂的抵押贷款支持证券引发了这场金融危机。2010 年，美国常设调查下属委员会发现，美国两家最大的评级机构穆迪和标准普尔，对于促成这场金融危机的关键证券——住房抵押贷款支持证券（RMBS）以及债务担保凭证（CDOs）给出了有偏颇的评级。严格地说，这两家信用评级机构任由其证券正在被它们评级的金融机构影响并干扰它们的分析。该委员会提交的报告总结称，评级机构是为了钱而做这样的事。报告认为，这些大型的评级机构是 2007 年～2008 年金融危机的催化剂。它们在住房市场开始崩盘的数月后，仍给那些以住房抵押贷款做支持的、高度投机性的证券以最高评级，随后，在2007 年 7 月，开始大批地降低评级。报告推测，也许相对于其他单独的事件，突然大批地降低住房抵押贷款支持证券以及债务担保凭证的评级是金融危机的直接导火索。

在起草《多德–弗兰克法案》的过程中，国会仔细考虑了针对这些机构的激进的改革方案，但最终的议案草稿中没有包含主要的改革措施。美国证监会对评级机构溃败的反应完全是在向这些行业大佬们俯首称臣。

在这场金融危机期间，华尔街企业对信用评级机构施加巨大的压力，让其给它们正在创造的数以十亿美元计的各式各样的衍生证券以最高评级。比如，参议院下属调查委员会在报告中引述了 2006 年 8 月的一封电子邮件，其中提到评级机构就像被大型银行结结实实绑架了的人质一样。有位雇员说，评级机构患上了一种他称之为"斯德哥尔摩综合征"的病。这是一种心理疾病，其主要症状是，犯罪的被害者开始认同罪犯，接纳罪犯的目的和价值观。在关于所监管的公司事务方面，美国证监会有时看起来也患有这种病。美国证监会确实会起诉它所监管的企业，但是它们会友好地和解，不要求认罪。接下来，美国证监会的高级官员转换到他们曾经监管的行业中谋得一份舒适的工作。在这样的职位工作几年之后，这些美国证监会的前雇员会友好地与他们的老同事商谈更优厚的和解条款。

THE DEATH

OF CORPORATE REPUTATION

第 11 章

甘为棋子的美国证监会

美国证监会显然肩负着一项使命。不幸的是，它的使命似乎是提升其自身事项，包括提高自身的预算和权利，以及为那些权高位重者拓宽职业道路。新的美国证监会官员们把注意力更多地集中于努力改善美国证监会在华盛顿的地位，而不是努力改进美国证监会本身。最糟糕的是，从一开始，美国证监会就在削弱企业维护其声誉的能力上，在破坏企业构建声誉的激励动因上扮演着积极的角色。可以肯定，拥有优质的声誉从来就不是感动美国证监会的方式，因为美国证监会有着同等的热情起诉所有的市场参与者。

美国证监会的声誉与会计师事务所、评级机构和证券交易所的声誉类似，在最近几十年里一直在下降。美国证监会保护那些老练的、容易受到诸如抢先交易这类复杂的欺诈行为影响的投资者，而不是那些小的、容易成为简单的欺诈行为受害者的投资者。这种情况的出现主要是因为美国证监会的雇员有激励动因增加自己在监管复杂欺诈行为上的能力，以帮助他们提高今后被大型律师事务所或华尔街的公司聘用的机会。美国证监会似乎已经被大型信用评级机构所操控。《多德－弗兰克法案》以及由此创立的信用评级办公室，只是使该问题变得更加严重，因为这给雇员们创造了新的动机来提升自己在这些领域的专业能力，继而确保自己获得那些信用评级机构的雇用。美国证监会对小型信用评级机构伊根－琼斯（Egan-Jones）的起诉就显示出美国证监会的能力范围。而美国证监会起诉某一行业的所有参与方，虽然有时是必要的，但却不能帮助投资者确定哪些公司是"好的"，哪些公司是"坏的"。这削弱了公司为自己声誉投资的动力，也让人们对美国证监会的监管行为留下这样一种印象，即监管没有办法区分行业中的不同企业，因为它们都同样地肮脏。此外，美国证监会有意让与非法行为（比如内幕交易）相关的法规变得模糊，且变化不停。这些法规增加了美国证监会的权力，并且让政府的律师们可以选择起诉的对象。于是，美国证监会不仅毁掉了自己的声誉，还毁掉了金融机构的声誉，而这原本是它应当保护和守卫的。

美国证监会的症结

从美国证监会的角度来看，它似乎正经历着斯德哥尔摩综合征的困扰。在这场金融危机期间，信用评级机构似乎被发行方所操控。然而，美国证监会被大型信用评级机构操控得似乎更加彻底。不久前，美国证监会暂停了一项审议中可能会增加评级机构责任的法规。美国证监会之所以被迫暂停这一法规，是因为当大型信用评级机构了解到这一新规后，它们会拒绝准许它们对资产支持证券的评级在美国证监会文件中出现或引用。正如《纽约时报》报道的那样，美国证监会很快就屈服了，暂停了这项法规。与此同时，信用评级机构开始了幕后游说的游击战，

从美国证监会的角度来看，它似乎正经历着斯德哥尔摩综合征的困扰。在这场金融危机期间，信用评级机构似乎被发行方所操控。然而，美国证监会被大型信用评级机构操控得似乎更加彻底。

以削弱美国证监会努力推行的《多德－弗兰克法案》的其他内容。

> 换句话说，就在它本应该鼓励投资者忽视，不再依赖评级机构的时候，美国证监会给那些大型信用评级机构投了信任票。

换句话说，就在它本应该鼓励投资者忽视、不再依赖评级机构的时候，美国证监会给那些大型信用评级机构投了信任票。这一由证监会对评级机构发给的审批签章，与国会之前在《多德－弗兰克法案》中所表述的目标，即戒掉投资公众对评级的上瘾般的依赖，完全背离。

美国证监会被信用评级机构左右并不令人吃惊。主要的信用评级机构是美国证监会前职员获得支持和就业的重要源头。《多德－弗兰克法案》有可能加重了这一问题。该法案为美国证监会创立了一个新的信用评级办公室。这个办公室负责管理美国证监会的有关法规，这些法规涉及信用评级机构用来确定评级的方法。随着这一办公室的建立，美国证监会的员工们甚至会有更强的动机，以及更多的机会，为了未来就业前景而专门精于照料及喂养信用评级机构。

面对一家新进入信用评级行业的弱小、无经验的企业，美国证监会发起了一场看起来有些残酷无情的反击战，这无疑提供了一个绝好的例子，说明美国证监会多么愿意去保护盘踞在信用评级行业中的那些实力强劲的企业。这家新手企业名叫伊根－琼斯评级公司。在国会的压力下，2008年，美国证监会勉强允许伊根－琼斯获得其关键确认，成为一家正式的信用评级机构。从全世界范围来看，任何层面上的对所有公司的监管规定都禁止共同基金、银行、信托公司、保险公司和其他金融机构投资于没有获得美国证监会官方确认的评级机构认可的证券。只有在美国证监会让一家评级机构获得其确认，成为一名NRSRO，即全国认定统计评级组织的成员后，这家评级机构的评级才真正管用。

2012年4月，美国证监会宣布，它正起诉伊根－琼斯公司，并试图取消其在几年前才获得的NRSRO成员确认。在一篇题为"美国证监会起诉一家不属于华尔街圈子的评级企业"的文章中，彭博社的威廉·科汉（William D. Cohan）预见性地发现，在提起这一诉讼时，美国证监会似乎丧失了理智。美国证监会起诉这家小企业（只有20名员工），明显是受"纯粹的恶意"所驱使。它从来没有因为评级机构在这场金融崩溃中扮演的角色而起诉过任何一家主要信用评级机构。

根据彭博社的报道，这起伊根－琼斯与美国证监会之间发生的事件开始于2011

年 7 月 16 日。当时，伊根－琼斯把美国政府债券的评级下调了一个等级，从 AAA 级降到了 AA+ 级，原因是美国相对较高的债务水平以及大幅削减开支的困难性。这一评级的下调明显早于随后穆迪和标准普尔的评级下调。伊根－琼斯下调评级后的两天，美国证监会的合规检查办公室就联系该企业，索要其评级决策的信息。

2011 年 10 月 12 日，按照美国证监会的标准，伊根－琼斯收到了美国证监会异常神速的通知，告知它很快会收到一份证券律师们都熟知的"威尔斯通知"（Wells Notice）。这是一份正式函件，用来告知调查对象，美国证监会的官员将建议美国证监会对调查对象（此时就是伊根－琼斯）采取法律行动。2012 年 4 月 19 日，从美国证监会泄露出的消息称，美国证监会已经投票通过一项针对该企业的"行政诉讼程序"。6 天后，美国证监会的官员提请诉讼，不过，这已经是这起诉讼的新闻泄露给媒体的一个星期之后了。

美国证监会对伊根－琼斯的起诉是高度技术性的。它并没有就伊根－琼斯对企业或国家进行评级的能力提出任何疑问。它甚至没有斤斤计较，更别说质疑伊根－琼斯曾单独作出的某次评级。相反，美国证监会声称，在一次申请获得 NRSRO 成员资格的补充资料中，伊根－琼斯夸大了其已评定的资产支持证券和政府债务的数量，其目的是想隐瞒自己的经验不足。部分争议涉及伊根－琼斯是否满足美国证监会的一项技术性要求，即评级"只有公开发布"才算数。显而易见，不论评级是否公开发布，提供评级本身就已经给评级机构提供了经验。

而且，伊根－琼斯的经营模式使得伊根－琼斯不能按美国证监会所喜好的方式公开发布其评级信息。传统的评级机构都是从发行证券的企业那里获得报酬。不论这些机构在多大范围内发布其公司评级信息，它们获得的报酬都是一样的。这类评级经常在互联网或者在发行证券的企业向美国证监会呈报的公开文件中公布。相反，为了避免与发行者的利益冲突，伊根－琼斯——在 NRSRO 中仅伊根－琼斯一家并不从发行证券的企业那里获得报酬，而是从获得评级信息的客户那里收取回报。发行方总想获得高评级，以便更容易以低成本出售证券，而不同于发行方的是，客户只想知道事实，也就是他们考虑购买的证券的实际质量。由于它使用客户支付的商业模式，而不是发行方支付的商业模式，如果像其他既有的评级机构或者 NRSRO 成员一样公开其评级信息的话，伊根－琼斯就无法赚钱。毕竟，客户不会花钱去买一样他们能够免费得到的东西，因为它已经被公布了！因此，美国证监会的诉讼事实上是要告诉伊根－琼斯：你必须退出这个市场，或者，如果你想继续持有美国证监会的牌照，就必须改变商业模式。

> 伊根－琼斯因两件事而广为人知：对不稳靠的信用前景做出某些大胆地宣告，以及其采用的商业模式明显不同于那些大公司——穆迪、标准普尔以及惠誉。伊根先生的组织从其评级信息的使用者那里获得报酬；寡头则从债务，即将被评级的发行者们那里获得报酬。

美国证监会发动的这场针对伊根－琼斯的战争，对美国证监会声誉的伤害大于对伊根－琼斯声誉的伤害。正如一位受人尊敬的记者杰西·艾辛格（Jesse Eisinger）写道的："在美国证监会起诉之前，伊根－琼斯因两件事而广为人知：对不稳靠的信用前景做出某些大胆地宣告，以及其采用的商业模式明显不同于那些大公司——穆迪、标准普尔以及惠誉。伊根－琼斯从其评级信息的使用者那里获得报酬；寡头则从债务，即将被评级的发行者们那里获得报酬。"艾辛格先生向他的读者勇敢地发表自己的看法："伙计们，这就是你的美国证监会。它无所畏惧地攻击小企业，这家伙懒得出奇，宛如三趾树懒。它追逐猎物时，只是看到一个未检查过的箱子，而看不到深层的、系统的问题。不幸的是，这里还有更加严重的问题。对伊根－琼斯采取的行动让人们看到，或许是百密一疏，美国证监会正对长期以来批评评级机构的人采取回击。而这只会加剧我们当今这种可悲的评级寡头垄断的局面。"

该诉讼的另一个麻烦问题是，对于评级机构需要分开来分析的多重证券发行，以及多"档"证券发行，它们是在不同时间点出售，本金及利息支付的来源也不同，一家创新的信用评级机构该如何对它们评级，才能使这些证券发行的评级变得有价值，这里面有很多监管的模糊地带。美国证监会在该诉讼中还有一件麻烦事是，事实上，现在的评级机构在很久很久以前获得批准时，都不必为向美国证监会提交申请材料成为 NRSRO 一员。换句话说，标准普尔和穆迪从来没有面对过与伊根－琼斯相同的问题，因为在它们成为信用评级机构之前根本不需要向美国证监会报告。

美国证监会：病急乱投医

一次又一次，美国证监会采用的诉讼策略是起诉所有行业参与方。当然，这是因为所有行业参与方有时都会涉嫌相同行动。但是，在伊根-琼斯案里，美国证监会只起诉了一位行业参与者，而它选择起诉的对象又碰巧是信用评级行业的唯一竞争者，这一竞争者威胁着要让行业变得更具竞争性。这一美国证监会的诉讼怒火瞄准的对象也碰巧是这个行业里唯一不是美国证监会雇员们未来主要就业场所的重要竞争者。

当美国证监会选择起诉整个行业时，它的诉讼不可能产生任何声誉效应，因为这类诉讼让投资者和其他社会公众成员很难区分谁是好人与坏蛋。无论如何，根据起诉谁不起诉谁，做不出这样的区分。当然，当某一行业的所有企业都从事某种相同行为时，美国证监会除了对它们全部提起诉讼，没有其他选择。例如，当世界上几乎所有主要银行都在参与操纵诸如 LIBOR 这一关键利率指标时（LIBOR 被用来为浮动利率贷款和住房抵押贷款设定利率），这并不是美国证监会的错。在这种情况下，监管者没有任何依据从可能的被告中作出挑选，因为里面根本就没有好人。

全行业的违规行为发生的频率比人们想象得更频繁。举例来说，在美国历史上最大的限定价格案件中，每一家单独进行股票报价的金融公司都涉嫌非法限定它们与客户交易的股票的价格。那些为像股票这样的金融资产设定价格的金融公司被称为"做市商"。它们通过报出一个"买入价"来设定价格，这个买入价是它们愿意购买的它们正在做市的证券的价格。同时，它们还会报出一个"卖出价"，这个卖出价是它们愿意出售相同证券的价格。因此，如果一个做市商在市场上对某只股票报出 99.50 美元的买入价和 99.75 美元的卖出价，这表明这个做市商愿意以 99.50 美元的买入价买入股票，以 99.75 美元的卖出价卖出股票。做市商的利润就是买入价和卖出价之间的价差。在这一例子中，每次买入并卖出一股，赚 0.25 美元。买入价和卖出价之间的差价越大，做市商的利润也就越高。

1994 年，美国范德堡大学两位年轻的金融经济学家威廉·克里斯蒂（William Christie）和保罗·舒尔茨（Paul Schultz）发表了一些实证研究结论。其研究结论在 1994 年 5 月 26 日及 27 日被多家全国性报纸报道。该研究发现，股票市场中一些很难解释的定价模式，是由于报价企业存在合谋造成的。通过从全美证券交易商自动报价（简称 NASDAQ）系统协会得来的价格数据进行研究，他们发现，做市商似乎避免申报某些价位。当克里斯蒂和舒尔茨做这项研究时，像苹果和微软这类公司的股票价格必须以 1/8 的倍数被申报。这意味着，100 加 1/8 倍和 100 加 1/4 倍的报价是合法的，而小于 1/8 倍的申报，例如 1/16 倍则不被允许。当然，进行报价的华尔街企业根本不会违反这一规则，因为它们不想要小到 1/16 倍的报价区间。更宽的报价区间意味着更大的价差，更大的价差会让华尔街的做市商获得更高的利润。克里斯蒂和舒尔茨卓越的洞察力体现在，他们观察到如果市场没被操纵，人们不可能看到某些特定的报价倍数出现的频率比其他倍数出现得更频繁。有位学者这样解释克里斯蒂和舒尔茨的研究：

> 买入或卖出报价必须是 1 美元的 1/8 倍……买入或卖出报价或者为 1/8 的偶数倍（0、2/8、4/8、6/8），或者为 1/8 的奇数倍（1/8、3/8、5/8、7/8）。因此，最小的内部价差为 1/8。例如，如果买入价为 25.50 美元，卖出价是 25.625 美元，价差就是 1/8 美元，即每股 12.5 美分。克里斯蒂和舒尔茨预料，如果市场是竞争性的，所有倍数应该被观察到有大体相等的出现频率——正如在纽约证券交易所看到的情况。

然而，这位学者解释道，克里斯蒂和舒尔茨发现："事实上，苹果公司股票的内部价差从未小到 1/8。实际上，几乎所有的出价都是 1/8 的偶数倍（这确保 1/8 的价差不会出现）。"克里斯蒂和舒尔茨进一步深入他们的研究，去观察更多的股票：

> 当他们考察前 100 只交易最活跃的股票时，他们发现，对于其中的 70 只股票，1/8 的奇数倍的报价都是极其少见的，他们考察的股票中包括一些非常显眼的、交易十分活跃的股票，例如英特尔、安进、微软和思科系统等公司的股票。因此，克里斯蒂和舒尔茨总结道，做市商在这 70 只股票上有不使用 1/8 奇数倍的报价倾向，这一行为能确保他们每次交易的内部价差不会小于 2/8，即 25 美分。

发现 1/8 奇数倍的买入价是容易的，因为做出这一买入价报价的做市商都会在每家金融公司的电脑屏幕上显示出来。

在各家报纸报道了他们的研究后，律师们提起了一系列针对主要经纪公司的反垄断集体诉讼，声称他们参与了非法的价格限定。美国证监会和美国司法部也展开了调查。当然，被告们永远不会承认违法，只是交付了超过 10 亿美元的罚款及和解费。

美国证监会拥有独特的优先权

然而，美国证监会经常因为自身原因把在同一行为上违规的整个行业当成调查起诉的对象。例如，当美国证监会职员开发了某一新的理论，或者设定了某一新的规则，或者对原有规则做出了新的技术性解释后，他们经常会发现，由于他们的上述行动而恰好变得涉嫌违法的行为在整个行业中十分普遍。一个例子是，美国证监会打击共同基金行业中的延迟交易和市场时机的模糊执法行为，这最终让美国证监会再一次陷入尴尬之境。

美国证监会的尴尬源自这一事实，那就是当时的纽约州首席检察官艾略特·斯皮策，针对主要的共同基金发起了一系列非常高调的诉讼。这些共同基金理应接受美国证监会的监管，而斯皮策从不会放弃任何羞辱美国证监会的机会，说它没有尽到保护公众的责任。例如，2003 年 10 月 29 日，斯皮策严厉地批评美国证监会负责共同基金的部门，他在媒体采访中说的一句名言是："（美国证监会）应该有人滚下台。"他认为（美国证监会）有个完整的部门理应监督共同基金，并问道："他们去了哪里？"

绝大部分共同基金都是所谓的"开放式"基金。这些基金通过向投资者出售共同基金份额来募集资金，随后共同基金将客户的资金投资在股票及其他金融资产上。当客户想要取回资金时，共同基金要"赎回"投资者购买的份额，按照投资者赎回当日的市场价将份额的价值支付给投资者。举例来说，一个投资者以 1.00 美元购买了一份共同基金，共同基金就会用这些资金购买价值 1.00 美元的证券。接着，一年后，投资者想要出售或赎回其份额，如果证券价格上升了，投资者会收到每份超过 1.00 美元的现金；如果基金份额的价格下降了，投资者只会在赎回日回收到每份价值小于 1.00 美元的现金。当然，共同基金支付给顾问和主管的费用会减少投资者最终获得的现金数额。

在任一时点，投资者持有的共同基金份额的价值称为共同基金的"单位份额净资产价值"（per-share net asset value）。很多时候，单位份额净资产价值可简称为

NAV，意指共同基金的"净资产价值"（net asset value）。确定 NAV 需要计算出共同基金所有资产的价值，比如，所有资产是现金和证券，再减去诸如费用等成本，然后除以发行的基金份额数量。一般来说，为了确定基金的净资产价值，基金每日累计的成本会从基金投资组合（包括现金）的价值中减去，然后再用该值除以发行的份额数，这样便得到基金的净资产价值。

共同基金行业面临的一个问题是"延迟交易"。这个问题的一个最坏形式是允许某些受优待的客户在 NAV 已经确定之后再买入或卖出基金份额。这种行为经常被比喻为在赛马结束后，还让人赌马。

一种典型情况是，共同基金计算其 NAV 是在每个交易日的下午 4 点以后，经常使用下午 4 时的价格来确定基金资产的价值。延迟交易允许客户在一天内足够晚的时候进行交易，这能够让他们获得巨大的优势。举例来说，假设下午 4 点 15 分，美联储宣布它将大幅降低给银行的贷款利率，人们会普遍预期这一变动会显著推升股票价格。如果某位客户得知这一信息，然后在某个时点，比如说下午 4 点 20 分进行交易，他仍然按当天的价格买入基金份额，当天的价格便没有反映这一新的信息。于是，当共同基金的 NAV 最终对这一新信息作出反应，在价格做出调整时，这一受优待的客户就可以在第二天以高价出售份额，从而获得一个几乎无风险的收益。

许多信息，包括公司的盈利报告、有关行业趋势的某些公告、并购公告以及利率变动，其公布时间一般都在下午 4 点之后，也就是在位于美国东海岸的市场收市之后。于是，如果一位客户被允许进行延迟交易，就意味着他可以将时间倒转，在较早的时间提出交易，从而将新的消息资本化，就好像这笔交易是在得知新消息之前发生的一样。这就等于允许这位投资者在盈利的状况下出售基金份额。

艾略特·斯皮策调查了美国银行和一家名叫金丝雀资本合伙人有限责任公司的大型对冲基金，这家对冲基金从美国银行购买共同基金。双方达成了一项协议，美国银行允许金丝雀在其基金的 NAV 已经确定之后——有时会迟至晚上 9 点，通过远程计算机交易其基金，以此来换取金丝雀同意维持其多个账户上的大量投资额，以便为该银行提供手续费。

其他一些例子则涉及共同基金的欺诈行为，比如，使用时间戳虚假地显示买卖指令发生的时间，让它早于实际发生的时间。一天中可能会发出多次指令，经纪交易商涉嫌随后在当天晚些时候与客户沟通，取消那些不盈利的指令，并执行那些有利可图的指令。美国证监会被这些丑闻弄得信誉大跌，十分难堪。然而，美国证监会最终的应对措施使问题变得更加复杂、更加模糊，也没有任何实质性的改革。新的规则要求共同基金及其顾问机构建立一套道德规范，并且对其行为作出新的、复杂的披露。新的披露规则涉及共同基金董事会批准投资顾问合约，涉及选择性地披露持有的投资组合，涉及旨在确保符合监管要求的项目细节，还涉及共同基金的公司治理以及管理基金组合的人员。所有的这些新规则都增加了对合规人员的需求，既为从美国证监会出来的员工们创造了新的就业机会，又为美国证监会因要审查这些新的披露而增加对员工的需求。因此，美国证监会的一些专业人士可能会从这些丑闻中获利。至于对净化或简化 NAV 计算方法有实质意义的一些规则，尽管曾有所考虑，却遭到了拒绝。

然而，美国证监会最终的应对措施使问题变得更加复杂、更加模糊，也没有任何实质性的改革。新的规则要求共同基金及其顾问机构建立一套道德规范，并且对其行为做出新的、复杂的披露。

至于美国证监会的声誉低下，毫不奇怪，美国证监会采用的强制措施不再向市场参与者传递出有关采取强制措施的对象的信号。除了美国证监会已侵蚀殆尽的声誉外，美国证监会的执法议程安排得十分糟糕，也使得它无法向外界公众发送任何声誉信号。美国证监会对企业的指控经常是高度技术性的。正如对伊根－琼斯的司法诉讼一样，美国证监会提请的讼案有时看上去是出于自政治目的，或者是受到个人或机构私人利益的驱使。美国证监会瞄准的目标企业和个人很少承认负有责任，更别提认罪了。这些当事人愿意和解，但无论如何都不接受任何指责。美国证监会往往会把一个行业的所有企业看做违法行为的瞄准目标。

还有一个原因使得美国证监会的标准运作程序不能让其行动传递出任何声誉信号，那就是美国证监会有目的地采取一种维持其规则模糊及变化不定的策略。对于美国证监会采取的这一故意的模糊化和精巧的暧昧不清的策略，一个典型的例子就是美国证监会长达数十年的有关内幕交易的政策和执行策略。事实上，美国证监会与最高法院就

还有一个原因使得美国证监会的标准运作程序不能让其行动传递出任何声誉信号，那就是美国证监会有目的地采取一种维持其规则模糊及变化不定的策略。

有关反内幕交易的法律应当如何理解及执行一直进行着一场不同寻常的、有如史诗

般壮丽的争斗。这场争斗最终以美国证监会的失败而告终，同时也严重损害了美国证监会的声誉。

这场争斗是一场事关法律原则的争论，作为争论一方的美国证监会采取相当极端的观点，不同意对内幕交易的法律作出仔细的审视，而作为争论另一方的最高法院则利用大量的标志性案件清楚地表达自己的观点。根本问题是，与最高法院不同，美国证监会没有区分出基于不正规却合法的研究所进行的交易，与基于不适当方式获得的专有信息所进行的非法交易。这一对合法与非法交易的区分是必要的，也是符合公众利益的。因为如果不能清楚地区分，基于合法的研究、卓越的洞察或能力所进行的交易将会与基于不择手段的内部人员通过非法手段窃取来的信息所进行的交易一样可疑。

美国证监会对阵最高法院及司法部

美国证监会与最高法院之间的界线，以及美国证监会与美国司法部的界线基本上已于1983年由最高法院在其作出的一项决定中划定了。当时，最高法院决定不支持美国证监会，而支持被美国证监会以内幕交易为由起诉的一位名叫雷蒙德·德克斯（Raymond Dirks）的投资分析师。雷蒙德·德克斯利用自己坚持不懈的研究以及来自一位心怀不满的内部人士罗纳德·西克里斯特（Ronald Secrist）的小建议，发现一家名叫美国权益筹资公司的大型保险公司内部存在数量巨大的欺诈。这家公司正实施着各种所能想到的诡计。它把那些甚至根本不存在的人的人寿保单再出售给其他保险公司。除了出售伪造的不存在的人的保单，还伪造这些人已经死亡，以便获得死亡赔偿。显然，该公司中即使没有数千，也有数百位内部员工知道这些骗术。美国权益筹资公司尽力采用恐吓和威胁员工以及使用"篡改后的磁带"等手段试图掩盖真相。

大法官刘易斯·鲍威尔（Lewis Powell）在这起典型的德克斯对阵美国证监会的案件中代表最高法院，他清楚地表明，交易者应该具有搜集信息并根据其进行交易的自由。最高法院还明确地表示，美国证监会含糊不清的规则是无效和自私的。事实上，美国证监会对德克斯的迫害是如此"明显"，以至于另一个更为明智的政府部门——美国司法部出具了一份简短声明，表示不同意美国证监会的观点。美国司法部在声明中写道："按照美国的法律，美国证监会谴责（雷蒙德·德克斯）的行为与最高法院（先前的判例）的决定不符，并且威胁到伤害私人揭发违反联邦法律的行为的积极性。"

司法部的这份简短声明，某些部分读起来像笔法老练的侦探小说，其中写道：

> 德克斯是一位证券分析师，以调查天赋而闻名，他从事保险公司的证券研究。在 1973 年 3 月，德克斯利用其调查天赋发现了一家公众保险公司犯下的重大欺诈案件。

通过两周艰苦的努力，德克斯调查并证实了美国权益筹资公司这家股票在纽约证券交易所交易的保险公司存在重大欺诈的传言。多亏了德克斯，这起近年来最为臭名昭著的欺诈案才得以发现曝光。

尽管因为他的努力，才得以发现并揭露出美国权益筹资公司的违法行为，但美国证券交易委员会却反过来控告德克斯（违反了）《1934 年证券交易法》第 10 节（b）条款。

法院详细地描述了德克斯是如何发现这一欺诈行为的：

> 德克斯先是从该公司前员工罗纳德·西克里斯特（Ronald Secrist）那里得知美国权益筹资公司的欺诈行为。1973 年 3 月 7 日，罗纳德·西克里斯特与他进行了长达几个小时的会面。西克里斯特对美国权益筹资公司做出了一系列详细却又令人难以置信的指控，其中包括指控这家公司伪造了大量的保单以增加销售利润，以及其高管与黑手党有关系，并利用他们威胁那些反对造假的员工的生命。西克里斯特恳请德克斯验证这些欺诈行为，然后将其揭发出来。他希望德克斯把欺诈的证据传播给他公司的消费者和客户，通过这种方式触发大量的证券抛售，进而会引发一个全面的调查。

司法部完全认同，由西克里斯特策划并由德克斯实施的这一揭露欺诈行为的策略是为了利用该公司股票价格的大跳水来"撼动公司"：

> "撼动公司股票价格，就可以撼动公司——这是我的计划——这将惊动公司的高管，同时也会让华尔街金融界恐慌，一些人会因此快速采取行

动。"西克里斯特相信，抛售压力会导致权益筹资公司股票快速地下跌到接近零，这样就可以把欺诈行为曝光给全世界并阻止它继续发生。

特别是，德克斯和西克里斯特也考虑过只通知监管部门或者新闻媒体，但最后否定了这一策略。

在他们第一次见面时，德克斯寻求并获得了西克里斯特的许可，同意把欺诈案的证据交给《华尔街日报》。然而，西克里斯特警告说，只是把信息告知监管部门——其中包括美国证监会，是不会有什么结果的。西克里斯特说，曾经有员工试图这么做，但却被说成是一个荒诞的故事而置之不理。这些雇员还发现这些信息有时会返回到美国权益筹资公司，他们并因此而身陷危险之中。

早在 1973 年 3 月 12 日，德克斯也曾尝试把他的证据交给《华尔街日报》。德克斯预计像《华尔街日报》这样广受尊敬的报纸能够有效地帮助他调查西克里斯特提出的指控，如果指控被证明真的存在，就将其曝光。这些努力同样没有成功。

德克斯在洛杉矶对美国权益筹资公司进行了整整一周的调查。在此期间，他也定期与《华尔街日报》驻洛杉矶的总编威廉·布伦德尔（William Blundell）联系。德克斯把调查的最新进展及时地通知给布伦德尔，并拜托他写一篇报道，以披露对美国权益筹资公司的欺诈指控。然而，布伦德尔担心刊登这样一则仅仅由前雇员提供的传闻所支持的毁灭性流言可能会涉嫌诽谤，因此，他拒绝撰写这样的报道。

德克斯告诉了布伦德尔所有他知道的材料，包括他本人访谈证人的笔记以及证人的姓名。尽管如此，考虑到欺诈的范围，布伦德尔怀疑这有可能是诚实的审计师给漏掉了，因此忽视了全部指控。

越来越多的有关这起欺诈的流言让德克斯相信，美国权益筹资公司的股票不可能在周一，也就是在 3 月 26 日公开交易，因为纽约证券交易所会暂停其买卖。然而，这并没有发生，德克斯再次联系《华尔街日报》的威廉·布伦德尔，请求他发表一篇揭露这起欺诈的报道。但布伦德尔依然拒绝这么做，但表示他打算与美国证监会驻洛杉矶地区办事处讨论此事。布伦德尔在得到德克斯允许后，提议与美国证监会进行一次包括他本人及其他两名关键证人的会面。德克斯随后联系了美国证监会，并在 3 月 27 日及随后的 3 天里在美国证监会的地区办事处自愿提交了他所掌握的全部信息。

德克斯揭发美国权益筹资公司的努力并不局限于简单地听取罗纳德·西克里斯特有关该公司的故事。

除了会见美国权益筹资公司的前雇员，德克斯还和美国权益筹资公司的现任及前任审计师会面，试图将欺诈的消息散布开来，并终止其欺诈行为。正如（证券交易）委员会解释的：

德克斯还了解到，美国权益筹资公司的审计师正准备在 3 月 26 日为该公司发布已审核的财务报告。他立刻联系他们，并告知他们这一欺诈指控，希望他们不要发布其报告，并设法暂停美国权益筹资公司的股票交易。不过，审计师们只是把德克斯的指控报告给了管理层。

……

在德克斯追查并散布西克里斯特所提指控的两周时间里，美国权益筹资公司的股票价格从每股 26 美元迅速滑落到了每股 15 美元以下。这使得纽约证券交易所在 3 月 27 日暂停了该股票的交易。不久之后，伊利诺伊州和加利福尼亚州的保险管理当局扣留了美国权益筹资公司的相关记录，并发现了欺诈的证据。直到此时，美国证监会才对美国权益筹资公司提出控告，也直到此时，《华尔街日报》才发表了由布伦德尔撰写但内容却主要根据德克斯所搜集信息的头条新闻。3 天后，美国权益筹资公司向法院提交申诉书申请破产。

虽然德克斯的调查活动可在数天内成功戳穿这家华尔街的宠儿、在 10 年里保持盈利持续高增长的公司，事实上是一个巨大的骗局，但拥有对美国权益筹资公司管辖权的政府的行动却没有那么快。早在 1971 年，美国证监会就收到了关于美国权益筹资存在欺诈性会计操作的指控。此外，在 1973 年 3 月 9 日，加利福尼亚州保险局的一位官员把西克里斯特提出的欺诈指控告知了美国证监会在洛杉矶的地区办事处。美国证监会中的律师表示对美国权益筹资公司的类似指控之前曾有不满的雇员提出过。尽管如此，他仍建议由于没有进一步证据，所有对美国权益筹资公司的调查都推迟到明年。美国权益筹资公司的主席、欺诈案的主要策划人之一的证词表示，1973 年 3 月之前，他没有收到来自审计师、州监管当局、联邦监管当局的提示他们怀疑美国权益筹资公司存在欺诈行为的有关问题。当被问及德克斯是否凭个人努力发现了美国权益筹资公司事件时，他坦白地表示："我想德克斯先生是靠个人能力完成此项工作的。"

在美国权益筹资公司的丑闻公开之后，洛杉矶的一个联邦大陪审团对 22 人（其中很多人是美国权益筹资公司的官员和董事）提出了多达 105 项的指控。这 22 人都进行了有罪抗辩或认罪，董事会主席斯坦利·戈德布卢姆（Stanley Goldblum）被判入狱 8 年，并处数额巨大的罚款。

虽然《华尔街日报》记者威廉·布伦德尔因为报道了美国权益筹资公司丑闻而获得了普利策奖的提名，德克斯却遭到美国证监会起诉，理由是他违反了联邦证券法的反欺诈条款，在向公众披露之前选择性地披露有关美国权益筹资公司的信息。在行政听证会后，美国证监会发现德克斯已经"听说"了有关美国权益筹资公司的非公开信息，这违反了相关条款。它还发现德克斯通过公司内部渠道获得信息。

按照美国证监会的说法，在德克斯建议其客户抛售手中美国权益筹资公司股票时，他拥有非公开信息，因此他犯有内幕交易罪。在德克斯案中，令人难以置信的是，美国证监会对内幕交易法的观点是，有关这一欺诈的信息本应该私人拥有。美国证监会坚持这一观点，是因为德克斯的信息源获得该信息时，是在他们履行对公司责任的过程中，并且公司本打算私下保存该信息，但他们却将信息透露给了德克斯。因此，尽管美国证监会完全承认德克斯在戳穿美国权益筹资公司的重大欺诈行为中是至关重要的……并且是他向美国权益筹资公司的审计师报告了欺诈事件，并寻求把这一信息发布在《华尔街日报》上，但美国证监会无论如何还是要起诉他。

在判定德克斯无罪时，最高法院向美国证监会解释了它应该如何履行其职责。

最高法院指出，履行禁止股票交易的职责只能是因为一个人明知从内部人那里获得实质性的、未公开的信息，并据此进行交易，且这可能对市场分析师的作用发挥产生压抑性影响；而对于市场分析师，美国证监会自己也承认这一角色对于维持一个健康的市场是必要的。大法官鲍威尔在加入法官队伍之前是公司和证券法方面的专家，他认为搜集并分析信息对于分析师来说是再正常不过的，而且这通常就是通过与公司内部的官员及其他员工会面并询问来完成的。

在对德克斯做出判定之前及之后，最高法院都认为，如果一个人在合法的商业活动过程中获得信息，比如通过研究或者采用合适的方式挖掘信息源，那么他就有权拥有该信息，并可以在该信息未披露时进行交易。另一方面，美国证监会却赞成社会主义哲学观点，认为有价值的信息属于人民——不管它是如何得来的。

当然，有时候美国证监会会调查那些坏蛋。合法的研究与非法的内幕交易之间的界线并非总是模糊不清。在 20 世纪 70 年代第一起有关内幕交易的犯罪控告中，作为庞蒂克出版公司员工的文森特·基亚雷拉（Vincent Chiarella）盗取了披露文件中并购目标的身份信息，披露文件把这

> 为了能够在证券交易这片充满危险与未知的汪洋中安全航行，人们需要美国证监会那帮占卜者提供的帮助和拥有的专业技能。

些并购目标列为可能的并购者。毫无疑问，他的行为是不对的，尽管他从交易中只是赚取了 3 万美元。同样成立的是，被取消律师资格的詹姆斯·奥海根（James O'Hagan）也遭到了美国证监会的起诉。奥海根是明尼阿波利斯市一家大型律师事务所的合伙人，20 世纪 80 年代后期，他在了解到他事务所的客户、总部位于伦敦的大都会公司正计划对贝氏堡公司采取敌意收购后，就购买了 430 万美元的贝氏堡公司股票和期权。奥海根先生因其盗取律师事务所文件里的信息，并用之进行交易而被宣判有罪。美国证监会在内幕交易执法制度方面的问题是，美国证监会不想把像德克斯这样的好人与像基亚雷拉及奥海根这样的坏蛋区分开来。美国证监会保持法规模糊且时常变动的动机是很清楚的。为了能够在证券交易这片充满危险与未知的汪洋中安全航行，人们需要美国证监会那帮占卜者提供的帮助和拥有的专业技能。

每天，数以千计的对冲基金经理、私人投资者、共同基金顾问、股票市场分析师以及其他人，都在使用各种各样的招数试图获取所关注公司的信息。这些招数从分析公开披露信息（这方面信息作为信息来源，正变得越来越没用）到出席他们正

在调查公司的诉案庭审。他们培育与公司员工的友谊，分析他们的一举一动，甚至深入到公司的停车场去查看他们车子的品牌及型号。

这种研究极少有什么迷人之处。翻看公司丢弃的垃圾，试图从中发掘信息，这种做法也有失身份。不过，经常看到的是，从美国证监会出来的员工受到青睐，可帮助确定交易是否违法。数十年来，美国证监会都一直让内幕交易规则保持模糊。这一模糊性提高了美国证监会的权力，容许政府部门的律师挑选起诉对象。虽然不是所有基于信息优势的交易都是非法的，但其中总有一些应该是非法的。对于什么才是构成非法内幕交易的要件，什么才是构成虽然有些激进但属于合法研究的要件，政府应当提供清晰的指导。

> 监管与声誉是紧密相连的。一种深思熟虑、稳妥周密的监管战略可能会利用珍贵的强制执行资源来强化而非削弱公司在其声誉投资上的价值，既包括自身诚信的声誉，也包括与客户公平交易的声誉。

监管与声誉是紧密相连的。一种深思熟虑、稳妥周密的监管战略可能会利用珍贵的强制执行资源来强化而非削弱公司在其声誉投资上的价值，既包括自身诚信的声誉，也包括与客户公平交易的声誉。不幸的是，情况恰好相反。在过去数十年间，美国证监会的强制执行策略反而进一步削弱了金融企业在建立其正直声誉上的投资价值。如今，美国证监会的强制执法议程即使传递出有关诉讼目标公司声誉的可辨识信号，也是微乎其微的。

美国证监会专注于高度技术性的证券违法行为，比如抢先交易，而非像庞氏骗局这样简单的欺诈案。也许，这种做法带来的一个甚至更加令人沮丧的后果是，美国证监会在保护那些易受简单欺诈伤害的较小投资者方面，即使会做一些工作，也不会在这方面做很多工作。只有那些超大的、最精明的客户才会成为抢先交易计谋的牺牲品。这其中的原因很简单。对于参与抢先交易的金融公司来说，要让抢先交易有利可图，客户的指令必须要足够大，这样才能撬动市场。抢在一位小客户买单或卖单之前交易，是赚不到钱的，因为这类订单不会改变正在买卖的证券价格。另一方面，当一家大机构客户下单交易一大笔证券时，由于数额庞大，其订单很可能会暂时性地撬动市场。

大型机构客户是唯一担心抢先交易的客户。抢先交易对于那些小的、不那么精明的客户来说不是风险。有趣的是，客户越精明，抢先交易的风险就越大。这是因为当交易展现出其股票正在交易的公司信息，而这些信息还没有充分反映在公司股票价格上时，证券价格变动最大。内幕交易当然是违法的，容易获得新信息的内部人交易证券是非法的，只有精明的交易者才有能力进行复杂的研究和必要的分析，从而在公司信息反映在其股票价格之前就发现它们。正是这些最精明的交易者在抢先交易中受到的损失最大。美国证监会专注于像抢先交易这类复杂的问题而非危害小投资者的简单欺诈，目的就是保护这群人。

正像在本书第 2 章中讨论的那样，在那次美国证监会最大的强制执行行动中保护的是像德国工业银行和苏格兰皇家银行这样的重要机构。美国证监会的执行行动没有为小投资者赢得任何收益，却为德国工业银行赢得了 1.5 亿美元的和解费，为苏格兰皇家银行赢得了 1 亿美元的和解费。美国证监会代表这些银行起诉高盛，说高盛允许、并且没有披露该公司一家大型的对冲基金客户保尔森公司参与挑选投资组合，而这些投资组合将由德国工业银行和苏格兰皇家银行购买，将由受到高盛优待的客户出售。机会又一次来了，美国证监会中的那些拥有调查和起诉这类复杂交易经验和能力的官员们看到了未来的希望。对于美国证监会中那些野心勃勃的律师来说，代表小投资者们提起诉讼似乎看不到什么职业回报。于是，毫不奇怪，在过去的几十年里，美国证监会的声誉所遭受到的损害相比于雇用了大量美国证监会前雇员的大型华尔街银行的声誉所遭受到的损害，相差无几。

本章花费大量篇幅讨论的德克斯案有一个有趣的结尾，当他被最高法院无罪释放后，他对纽约证券交易所的这些与美国证监会紧密合作起诉他的执法人员，发表了如下评价：

> 纽约证券交易所是受人尊敬的美国机构，它大力宣扬投资其上市公司是安全可靠的。然而，在我看来，纽约证券交易所是一个过时的、成本巨大的且危险的系统，一直为其成员提供便利。

> 这话放在美国证监会身上，同样成立。而且，美国证监会这个系统，既没有起到维护美国证监会自身声誉的作用，也没有起到维护金融机构声誉的作用，而这原本是它应当保护和守卫的。

THE
DEATH
OF CORPORATE REPUTATION

第 12 章

重构金融世界的信任

重建声誉是一个漫长且艰难的过程，但这必须要做。事实上，在一家大的投资银行里已经显露出一些早期的、积极的改变迹象了。下一步是美国政府要开始更多地聚焦于寻找各种方式，让其监管能够帮助而不是妨碍私有公司作出改进其声誉的努力。美国资本市场不能承受构成这一市场的各类企业的声誉继续恶化，遭到疏忽怠慢。在美国市场，由于美国证监会的无效，监管没有作为声誉的替代品发挥作用。反而，监管体系在削减投资声誉的激励动因上是有效的。基于此，在重构金融市场所必需的但已失去的声誉资本的道路上需要迈出的第一步，也是巨大的一步，将是去监管化。虽然去监管化并不是解决声誉衰落问题的唯一方法，但它有助于重新为企业投资声誉建立激励机制。没有一个对声誉的重新聚焦，在国际性竞争愈加激烈的世界里，美国就要冒失去其金融市场活力的风险。增加相应的投资，对于阻止这一衰落是有帮助的，也是必需的。

在金融世界，声誉不再作为一种信任来源的方式而存在。这样的结果便是，声誉在促进市场互动方面，即使有那么一点作用，其作用也微乎其微。某些现象，例如由于宗教、种族或文化差异而造成的社会歧视，还有社会网络、自助团体，以及监管，至少在理论上，它们可以作为声誉的补充品或替代品，起到信任来源的作用。然而，监管代替声誉是危险的。某种被认为是经济中较好的监管体系，其实对公司投资声誉的诱因更少，因为投资者已经相信公司的行为是为了满足监管的要求。至于其他三种声誉的替代品：社会歧视是非法的，且应该如此，它无论如何也不能很好地发挥作用；过去几十年，有助于培养信任的社会网络在美国一直遭受着侵蚀，并没有在一个最佳的环境里形成特别大的信任圈子；其他近来出现的机构，比如暗池或电子通信网络，允许投资者从金融中介中分流出去；虽然有效的监管是声誉的一个替代品，但在目前的美国，由美国证监会领导的监管机构并非有效。美国证监会更关注可测量的因素，如查处的案件总数和收缴的罚款总额，尽管它们并不是评价美国证监会表现的最好指标。这种监管模式不可能取代声誉资本的地位。尽管美国金融企业的声誉已经下降，并且重建声誉将很困难，但为了确保美国金融体系继续保持其活力，必须要重建。已有一些迹象，特别是来自巨型银行摩根·士丹利的迹象表明，重建声誉的艰巨工作已经开启。

至此为止，本书的核心观点一直认为，曾经存在的传统声誉理论不再以任何可识别的形式存在于金融世界。本章要探讨的问题是由这一观察得出的一些启示，以及如何思考声誉的替代品，用以作为一种培育和促进信任的手段。本章将考察：（1）宗教、种族、文化、民族以及其他或多或少具有内生性的身份特征因素，这些特征也许会造就出特殊的信任纽带，让其中的人们在合作时感到有信心；（2）由像罗伯特·帕特南（Robert Putnam）和弗朗西斯·福山（Frances Fukuyama）这样的思想家识别出的那些社会网络因素；（3）各式各样的自助救济因素；（4）用来作为培育信任及其副产品——金融市场中经济互动方式的监管因素。

至少在理论上，这四类因素或许可以作为声誉的互补品，起到发挥信任来源的作用；或者在声誉不存在或不可信的地方，起到声誉替代品的作用。在这里，我基本上是把这些因素作为声誉的替代品，而不是声誉的互补品来加以分析。因为，既然有证据表明声誉在衰落，那就意味着替代品必定能找到。不过，这四类因素与声誉之间的互动相当重要。声誉与监管之间的关系尤其重要。前三类因素——像民族、种族、社会网络以及自助行为，都有其内生的亲缘关系，这有利于巩固声誉在建立信任的经济关系中发挥其基础性作用。

第四类，也许是造就信任最重要因素的监管，并没有对作为信任来源之一的声誉起到补充作用。相反，监管是在替代声誉。监管导致公司投资其声誉的动因下降。监管制度看起来设计得很有效，但公司在对其声誉上投资的积极性却越来越低。声誉在监管稀少的自由市场、自由放任经济中扮演的角色，要比在像美国和欧洲经济里扮演的角色更重要，在欧美经济里，监管被认为是全方位的，在历史上还曾经大致有效过。

在美国资本市场很长时期的发展中，声誉发挥着非常重要的作用。一点儿也不夸张地说，其决定性因素就在于美国有一批质量特别优异的声誉中介机构，它们在第二次世界大战后长时期占据着美国资本市场和美国声誉中介机构的主导地位。虽然声誉中介机构的衰落与崩溃肯定不能完全解释美国资本市场长期缓慢的死亡，但它无疑是原因之一。

深深嵌入传统声誉经济学理论中的一个貌似相当合理的假设是，除非有意愿的市场参与者能够找到某种方式使得彼此相互信任，否则市场和经济不可能发展得很好。公司对此的解决之道便是投资于建立及维持诚实与正直的声誉。如此便能推论出，如果金融市场的参与者不再信任与之交往的公司及机构，这样的金融市场就会比其他市场明显地更加低效。人们不会愿意与自己不信任的机构打交道。当人们真要与他们不信任的机构做买卖时，他们会要求更高的利率以弥补自己承担的与对手交易相关的风险，因为他们害怕可能会遭到对方的欺诈。

事实上，传统声誉理论的一个合理解释是，声誉对金融市场的运行如此重要，以至于如果缺乏信任，这样的市场就可能会发生实质性的崩裂，甚至可能会停止运行。比如，一家诚实但不为人知的公司想要通过出售其证券来筹集资金，要是在过去，它就能够租借强大的声誉中介机构，如会计师事务所、律师事务所、信用评级机构，甚至承销其证券的投资银行的声誉。理性的投资者就会对这家迄今还不为人知的公司出售的证券相当有信心，因为其财务报表已由一家大的会计师事务所审计过，其提供给未来投资者的文书已由一家全国知名的律师事务所审查过，其发行的证券由高声誉的投资银行承销，并且为其提供信用评级的机构也很值得尊重。

现在，所有这些先前的声誉中介的声誉都处于崩塌状态。想找到一家愿意守卫自己正直声誉的机构，不管是在信用评级、会计还是投资银行领域，都相当困难。在最近的一次有关声誉的跨行业调查中，比金融服务业声誉更差的只有一个行业，那就是烟草业。有趣的是，如果按声誉在全世界金融服务企业中的排名，美国的这些企业则在全世界所有企业的名单中垫底。

> 现在，所有这些先前的声誉中介的声誉都处于崩塌状态。想找到一家愿意守卫自己正直声誉的机构，不管是在信用评级、会计还是投资银行领域，都相当困难。

就声誉在全世界排名，前 20 佳公司中没有一家是金融服务企业。有趣的是，按声誉排位，全世界金融服务业排名最高的是中国的招商银行，位居第 24 位；名单上接下来的金融机构是俄罗斯联邦储蓄银行，位居第 27 位；再接下的是印度国家银行，第 29 位。不足奇怪的是，著名的美国金融机构，包括美国银行、花旗银行、高盛、JP 摩根大通、摩根·士丹利，就没有在名单上露脸。乍一看，在发展中国家的金融机构呈现出极好的声誉，这似乎有点奇怪。

但一旦考虑到声誉与监管之间的关系，这样的结果也有道理。监管与声誉以一种复杂又有趣的方式相互作用。首先，并且也许是最重要的是，声誉与监管相互替代。想一想，并且坦率地说，这真要发挥一定的想象力——一个高度管制的金融体系，监管运行得很完美。在这样的环境下，企业就用不着投资建立正直的声誉。随着监管体系运行效率的提高，金融机构投资声誉的价值就会降低，因为投资群体能依赖现存的监管制度。这消除了企业投资及建立声誉的必要性，用不着为了激励投资者参与金融交易而赋予投资者以信心和信任。

沿着这一论证路径再往前一步，假设相反的情形，有一特别的经济体，所处监管环境高度低效、腐败、无能，简直烂透了。在这样的环境下，公司不得不发展自身声誉以便吸引客户，求得生存。这正是声誉与监管相互替代的方式。两者相互替代的这一事实是对声誉与监管两者研究得出的迄今为止若干重要的启示之一。

首先，声誉与监管的替代性在很大程度上解释了本书所讨论的声誉中介的死亡。由于自己的无能，由于受自己假装监管对象公司的操控，美国证监会已不再拥有其曾经的声誉。过去，从 20 世纪 50 年代直到 90 年代的大多数年份里，美国证监会以正直、胜任和专业精神的声誉闻名。这一声誉在纽约市首席检察官艾略特·斯皮策的执意攻击下不复存在。斯皮策指责美国证监会应为发生在那个时期的几起重大金融丑闻负责。也许最为著名的是，首席检察官斯皮策认为美国证监会应该有人下台。他尖锐地指责道："（美国证监会）有个完整的部门理应监督公共基金。他们去了哪里？"除了美国证监会内部政府机构为声誉展开的两败俱伤的争斗对其声誉起到腐蚀性作用之外，一系列没完没了的丑闻，以及特别明显的监管失责也不断侵蚀着美国证监会历史上曾有过的作为美国标志性行政机构的美誉。

在美国证监会声望盛隆时期，学者们和政策制定者们普遍忽视了声誉在美国资本市场中的作用，反而把严格的美国法律和美国证监会实施的强硬、有效的监管执法确认为解释因素，用来解释第二次世界大战后的几十年里，美国资本市场所拥有的几乎完全独尊的地位。人们把美国资本市场的成功大都归功于美国的法律法规及美国证监会实施的严格却还算公平的执法。

随着越来越多的投资者和交易者开始相信和依赖美国的法律法规和美国监管执法来保护自己免遭狡猾的交易与欺诈，市场参与者在声誉投资上的收益却不断减少。如果投资者现在看到的是保护自己免遭欺诈的手段是监管，而不是声誉，那么投资声誉就没有什么意义。声誉投资又是有成本的，这转而意味着，投资声誉的企业必须要比在声誉上不做任何投资的企业收取更高的价格，这样才能补偿先前的声誉投资。如果不在声誉上做任何投资的竞争对手只需将自己的司法管辖地选在像美国这样对其名不副实的监管制度还相当自负的地方，就可以轻而易举地吸引到客户。于是，这样的对手就会战胜那些在声誉上进行重大投资的企业，因为它们能以更低的价格吸引到客户。这些客户对于这类企业在声誉上的缺失并不在意，因为他们信任并依赖着现存的监管制度来保护自己免遭与之交易企业的不法商业行为之害。

也许只是一个巧合，就在美国证监会的声誉达到顶点时，企业在声誉方面的投资似乎开始了其漫长、持续的下滑之路。不管怎样，声誉与监管相互替代这一事实仍然存在。这一观点带来的一个不容忽视的启示就是，随着市场参与者对监管功效及正当性所拥有的信心不断提高，企业投资声誉的动因毫无疑问会不断下降。这是因为，声誉与监管两者都给交易双方提供了某些保证，保证自己在金融交易过程中不会被骗或被利用，两者在这方面都发挥着一定作用，因而两者相互替代。

声誉与监管这一理论至少有两方面的实际意义：首先，一个基本事实是，随着某一具体行业——比如金融服务业，变得高度管制，这个行业中的单个企业所拥有的投资声誉资本的动因就会降低。于是我们可以预期，在一般意义上，金融服务行业中的企业会比管制较少的行业公司有着更差的声誉；其次，在像美国这样一个有着巨大且完整的金融监管及法律体系，并且对这些法律还有着一套非常严厉的执行机制的国家里，在当地注册的金融企业会更不愿意为建立声誉而投资。

总结一下本书所得出的推论的启示，在过去 20 年，市场参与各方既失去了对金融市场中各类公司（会计师事务所、信用评级机构、投资银行，等等）声誉的信心，也失去了对理应保护投资者免遭投资银行欺诈和恶意交易的监管制度的信心。并且，我们现在似乎陷入了一个相当大的困境，如果人们不认为他们可以信任现存的监管体系，或者可以信任金融服务行业的公司，无论如何，资本形成将变得非常困难且代价高昂。

当然，我们当前面临的情况一点儿也不新鲜。在很长的历史时期，世界上的很多经济体都缺乏声誉中介机构，并且都设法应对生存考验，甚至实现成长。在中东及非洲地区，散布着很多的经济体。在那里，从来就没有发挥功能的声誉中介机构，这些经济体迄今并不繁荣。不过，过去和现在的经济体，以及我们自己在 2007 年 ~ 2008 年金融危机之后的经历，为我们在思考美国金融市场在崭新的、后现代、后声誉时代将会呈现出什么样的形态提供了重要的洞察力。对于原来基于声誉模型的金融市场，还有其他可选项。

马克斯·韦伯与统计判别

经济学家马克斯·韦伯（Max Weber）为我们思考后声誉时代的资本市场提供了一个很好的起点。在其经典著作《新教伦理与资本主义精神》（*The Protestant*

Ethic and the Spirit of Capitalism）一书中，针对市场如何发展，从而超越个人直系家族或宗族（韦伯称为一个人的近亲）的狭窄限制，韦伯提出了一种理论。韦伯认为新教，特别是加尔文教派的道德规范与企业家精神及资本主义成功存在关联。韦伯的观点是，新教中有关以一种道德上可接受的方式对待所有人，甚至陌生人的宗教训诫将会极大地扩展市场的规模与范围。宗教伦理通过将个人经济活动扩展至个人直系同族或宗族范围之外来为合作性经济活动铺路，从而扩张与之能够进行商业交易的人员数量。

在这一情境下，宗教认同和宗教背景发挥着与声誉相同的作用，也就是说，它们作为一种机制给潜在的客户和交易方传递着可靠的值得信赖及正直的信号。

换句话说，如果拥有某一特定宗教信仰的一组特定人群相信可以公平地与其交易方开展交易，交易方就会在这一宗教群体里寻找对其生意特别有吸引力的具体交易对象。在这一情境下，宗教认同和宗教背景发挥着与声誉相同的作用，也就是说，它们作为一种机制给潜在的客户和交易方传递着可靠的值得信赖及正直的信号。

在确定可信度方面，使用常规的组别分类（文化、人口统计、种族、宗教，等等）方式也许实际上就先于使用声誉这一方式。无论如何，为确定交易的可信度，人们采用某种方式加以判别，比如使用声誉方式，这样的判别一直延续至今，其历史也许与经济交易的历史一样长久。常规的分类，即所谓的陈规旧习，运用它来区分出中意的交易伙伴与不中意的交易伙伴，这一做法叫做"统计判别"（statistical discrimination）。统计判别是对特定组别进行的统计推断，它在员工录用，或区分客户、供应商、客户，或交易伙伴方面都有实际运用。

经济学家理解的统计判别概念是指，理性的人可能会判别出自己并不喜欢某一特定组别的人群，即使他们对这一特定组别的人群并不存有偏见。

经济学家理解的统计判别概念是指，理性的人可能会判别出自己不喜欢的某一特定组别的人群，即使他们对这一特定组别的人群并不存有偏见。参与统计判别的人不是基于偏见来做判别，他们这样做是因为，要获得他们需要了解的具体个人的信息太困难，也太昂贵。比如，如果一家金融公司正在考虑是否给某一特定个人发放贷款，或考虑是否与某一特定个人进行一笔证券交易，但这家金融公司并没有有关这个人的完全或可靠的信息。公司也许会发现，不根据这个人而是根据这个人所在的组别分类来做统计判别，基于这样的陈规旧习来决定是否与这个人进行交易，这一做法也是有利可图的。

如果某家银行或交易企业对某组别的人群拥有很多的信息，对另外组别的人群缺乏信息，这家银行或交易企业可能会发现与自己拥有最多信息的组别进行交易会有效率。有关统计判别的例子是各种各样的。雇主通常会拒绝雇用有犯罪前科的人，虽然不是每一个有前科的人未来都会犯罪。但没有法律禁止统计判别。汽车保险公司对青少年驾驶者，特别是对其中的男孩子所收取的费率要高于年长些的驾驶员。有时候，公司会判别出已婚女子或怀孕女子，或订婚准备出嫁的女子，其依据是她们可能不会全身心地投入到工作中去。缺乏所需要的精力投入，会使雇主在雇用和培训新员工方面的收益下降。如果采用相同的统计判别分类法，或许会不利于未婚男子。

在金融服务领域，统计判别通常不是很有效。彻底失败的麦道夫例子就再清楚不过地说明，宗教背景是一个不完全可信的信号。宗教背景包含的信息量不足，这意味着很多值得信赖的人不是同一信仰者，但根据宗教背景，却被排出交易圈。并且，若干世纪的历史表明，宗教背景不仅会出现包含信息量不足，也会出现包含信息量过度的情形，这使得它变得不可靠。很多很多的行骗者欺骗起同一宗教信仰者，或同一种族或文化成员时，一点儿也不会感到难为情。

宗教、民族、种族或文化亲缘关系这些因素的另一个失败之处在于，它们通常（虽然并不总是）很容易被行骗者们拿来作为套近乎的噱头。有时候，行骗者会把自己伪装成某一特定宗教、民族、种族或文化组别的成员，一些不择手段的金融职业人士也可能会让这些组别的成员因为移情作用或身份认同而上当受骗。也许，在当代，用宗教、民族、文化或种族亲缘关系作为创建交易组别基准的最大

> 有时候，行骗者会把自己伪装成某一特定宗教、民族、种族或文化组别的成员，一些不择手段的金融职业人士也可能会让这些组别的成员因为移情作用或身份认同而上当受骗。

问题是，这样的实践是，严重违法的。只与特定的、据称可信的组别成员进行交易，必然要求排除其他人。一大批联邦及州的法律——更别提美国宪法本身了，禁止基于一系列因素的歧视，包括种族、肤色、宗教、性别、民族、伤残、遗传信息、年龄这些陈规旧习，还有假设的能力、特点或某类性别、种族、年龄、宗教或民族组

别的个人业绩，或有伤残的个人，或对个人杜撰或假想出来的东西。

只提其中一个反歧视规定，那就是《信贷机会均等法》（the Equal Credit Opportunity Act，ECOA），该法禁止基于以下因素的歧视，包括种族、肤色、宗教、民族、婚姻状况、年龄或一个人是否收到某种形式的公共救助。贷款人在决定是否发放贷款，或在确定贷款条款，或决定另一种贷款方式时，不得使用这些信息。贷款交易对手甚至不允许询问对方的宗教。参与发放贷款决策或确立贷款条款的人，包括安排融资的房地产经纪商，都必须遵循 ECOA 的相关规定。考虑到使用民族或宗教亲缘关系来创建"信任带"所具有的非有效性，这些反歧视的规定很有意义，其背后是学术界和政府部门做了大量工作来减少使用文化、宗教以及民族这些陈规旧习。

在识别可信的交易伙伴时，把分组判别作为声誉替代品来使用会有一个特别的问题，那就是证券交易内在地就包含信息。受限制的市场是非有效的市场。即使采用某一种分组判别在道德上是允许的，代价也是高昂的。很多情况下，在金融市场实践中采用统计判别似乎也不可能，因为一个人是在与机构，而不是与个人进行交易。交易通常是匿名的，这意味着个人是给自己的经纪人下达交易指令或直接输入到市场，最终这笔交易的对手可能远隔千里。并且，这个交易对手也是通过其经纪商或利用一台无名无姓的交易设备，交易者甚至不知道与之交易的对手是什么身份。在证券交易中，实际买家和卖家通常对彼此的身份并不知情。这一事实意味着，在金融市场里想把分组判别作为声誉代替品来使用是不会发挥很好的作用的。

不过，社会学家罗伯特·帕特南（Robert Putnam）也发现了支持以下观点的证据：人们更愿意信任与他们共享相同内在特征变量，如文化、宗教背景、种族、民族认同以及信条的人。帕特南发现，随着群体变得愈加多样化，人们相互间的信任程度会倾向于变弱。

帕特南的研究结论相当令人沮丧，因为它与政治学上的一个正确的假设不一致。那个假设是说，在一个种族、宗教和文化呈现多样化且更容忍的社会里，人们慢慢地开始相互作用，会逐步地学会相互信任。多少有些令人郁闷的是，帕特南反而发现人们会做的，用他的话来说，就是蹲下不动，即人们简单地决定既不和同组别的其他人打交道，也不与不同组别的人员来往。这反过来则会导致社会网络的死亡，以及共同体感觉的消失。

帕特南的实证发现，随着社会变得愈加多样化，人们开始怀疑自己参与公民事务的价值，因为他们不再相信自己有影响政策的能力。比如，人们不去投票或去参与治理，并且他们对慈善捐赠和义务工作的参与率更低了。多样化还与对政府、政治家和地区新闻组织的信任丧失有关，更与集体行为问题有关。在群体行为时，人们想的是标榜自我，却不愿在需要进行环境清理或保护像能源或水资源等的努力中表现出自发的合作精神。

社会资本

随着时间的推移，发达国家已经变得愈加世俗，并且在种族上愈加多样化。想要根据一些特性，如宗教、人种或种族把人们聚集起来已不再容易，甚至不再可能。宗教在商业生活，特别是在金融行业中发挥的作用变得更小。在金融服务行业，虽有其他问题，但大的、主流的金融机构都是国际化和多样化的。在这些企业里，人们通常更多的是认同自己所在机构的人员，而不是认同其他特性组别的人员。比如，高盛和 JP 摩根的银行家们可能会把自己机构内的亲缘关系看成是最重要的关系。也就是说，人们对本公司人员的认同感会更高，其联系也更紧密，对于其他可能因素的认同，比如宗教、种族或人种，则没那么重要。对很多人来说，国家认同——比如作为美国公民的认同比历史或种族认同更为重要。虽然在很多地方，比如战后的德国、日本和瑞典，也许不太可能将国民的国家身份与国民的民族身份区分开来。

越来越多的社会学家已将注意力聚焦于社会资本和社会网络的概念上，并以此作为声誉或民族身份的替代选项，为经济交易过程中必须存在的信任发挥形成机制的作用。其基本思想是，信任能在社会网络中茁壮成长、繁荣发达。今天，我们倾向于把社会网络理解成像 Facebook 网站，或像 Twitter 之类的应用。也就是说，人们投身于这些网站或软件应用，将其会员、订户或使用者彼此联系起来，传递信息，或张贴评论、告示或图片，把自己的偏好、信息、观点或数据发送出去。社会网络一直被定义为"联谊系统"，这样的

> 越来越多的社会学家已将注意力聚焦于社会资本和社会网络概念上，并以此作为声誉或民族身份的替代选项，为经济交易过程中必须存在的信任发挥形成机制的作用。其基本思想是，信任能在社交网络中茁壮成长、繁荣发达。

界定更多的是形式上的，该系统允许人们在上面创建公共的或半公共的个人形象。这些形象可帮助人们和那些和自己有着相同观点、特点和兴趣的其他人建立联系，保持交流，查看并通过他们的链接名单，这些链接名单是由系统中的其他人创立的。然而，在历史上，社会网络一词的含义更广，只是被定义为"社会互动和个人关系的网络"。

在这方面，罗伯特·帕特南作出过相关的研究。帕特南运用社会网络试图解释一个由来已久的系统性差异，那就是在经济及制度绩效上，意大利北部呈现出高绩效，而意大利南部却呈现出低绩效。帕特南的研究引导出了一个重要的思想，即认为各种形式的社会组织和（不是基于互联网的）社会网络的存在是与信任、社会规范以及网络三者的发展相一致的。有点不幸的是，人们还是不清楚，在这一因果链开始的时候，是先有社会组织，后来引导出的信任，还是开始时先有的信任，后来再引出社会网络的创建，或者是所有这几方面都是同时发展起来的。帕特南把重点放在社会生活的特性方面——网络、规范和信任。这些能让参与方为了追求共享目标而一起更有效率地行动。同时，他也把重点放在一个事实上，那就是成功的社会网络有着很大的经济价值，因为社会网络会影响个体或群体的生产效率。社会网络产生出互惠及可信的社会规范，接着，信任以及上述的所有因素共同作用产生出"社会资本"，最终导致经济的发展与繁荣。

像帕特南一样，社会哲学家弗朗西斯·福山（Frances Fukuyama）也分析了各种社会网络和与之伴随发展的信任之间的关系。与本书的分析相一致，福山的研究指出，在美国、日本以及德国，近年来社会信任正在受到快速削弱。在福山看来，信息经济以及其他科技进步会导致个人主义兴起、社团衰落以及社会信任水平的普遍下降。罗伯特·帕特南采用与福山类似的框架进行研究，虽然重点更多地放在社会网络上，并把它作为信任的催化剂，但他也论证出这样的社会网络正处于衰落中，原因是在这些地方，如美国，人们更少地参与公民生活。

在其著名的《独自打保龄——美国社会资本的衰落与复兴》（Bowling Alone: The Collapse and Revival of Americam Community）一书中，帕特南列举出各式各样的证据，论证信任及社会资本正处于衰落中。他度量这一衰落的主要指标是社会组织和网络的衰落，如保龄球联赛（如书的标题所示）。帕特南指出，尽管越来越多的人在玩保龄球，但越来越少的人加入保龄球联赛。帕特南发现，从历史水平来看，社会交往水平和社会网络参与程度（不包括互联网）正处于衰落中。

自助与作为信任来源的新机构

由于金融交易存在重大利益，在低信任及低声誉环境里的人们就有着强烈的动因来开发技术性的替代品，从而让人们在像投资银行这类缺乏可信声誉的机构环境里参与金融交易。与这一假设相一致，在金融领域，一些特别重要的机构最好是被解释成方便人们在低信任度环境下进行交易的机制。

就以大户投资者想要买入或卖出大笔股票时所面临的基本问题为例。这类投资者面临的问题是市场效应与抢先交易。市场效应指的是大笔股票买入或卖出时通常会导致价格波动的问题。如果信息发生泄露，其他市场参与者就会意识到有机构投资者正在下大的买单或卖单，价格就会在订单完全执行之前上涨或下跌。这便会引起正在买入或卖出的金融资产价格在交易指令执行前出现涨跌，从而使机构投资者的交易变得更加昂贵。这不仅会降低与交易直接相关的收益，也会降低人们从事金融资产价格研究的预期收益。信息泄露的问题还提高了大众参与金融交易的成本，提高了资本成本，从而降低人们投资共同基金、养老基金或其他机构的积极性。

在第 11 章中讨论信任问题时，我们涉及过抢先交易的相关话题。抢先交易有着与信息泄露相同的影响。在抢先交易里，客户相信投资银行或经纪公司，给它们发出买卖指令，但投资银行或经纪公司在执行客户指令之前，先用自己的账户买入或卖出金融资产，客户就遭到欺骗。由于了解到客户指令的内容，参与抢先交易的投资公司能够在客户大笔买入指令驱动价格上涨之前低位买入，或在客户大笔卖出指令驱动证券价格下跌之前高位卖出。

大客户不断地采用各种方式来应对对指令的机密性信任缺失的问题，以及抢先交易所对应的问题。比如，有着大笔交易意愿的精明投资者通常会把一笔大的交易分解成很多小笔的交易，把买入或卖出指令发送给几家不同的经纪商，让它们各自执行其中的一部分，从而达到掩饰其交易规模的目的。这一策略通常并不成功，因为执行交易的金融机构不仅会根据指令规模，还会根据交易者的身份类别来收集相关信息。虽然哪怕公司或个人下达的是笔小额的指令，但如果知道下单者是一大户，或只是知道是一位老手、精明者或敏锐的交易者，这家公司或个人就很容易将自己给暴露出去，进而遭到抢先交易。随着客户与金融机构交易数量的上升，受欺骗的风险也随之提高。

所谓的暗池（dark pools）或黑池（black pools）是设计出来应对信息泄露及抢先交易的交易平台。对于大额交易者来说，它们正变得越来越重要。暗池简直就是集合场所。在那儿，金融机构能够远离开放给普通大众的证券交易所或其他交易场所进行交易。交易者有时可直接进入暗池，有时要通过通信网络，或直接通过市场参与方进入暗池。

暗池这一交易系统不像交易所那样向公众显示买卖指令，而是采用其他方法来完成交易。比如，在特定的价格点上匹配买家和卖家，这些会构成制度框架的其他内容。常见的一个价格点是出价方和报价方两者的中间点。另一种可能选择是，有些暗池只在买入价高到与卖出的最低价相匹配时才执行交易。有分析人士估计，在美国股票交易中，有15%的交易发生在暗池中，而在欧洲和亚洲股票市场里，暗池交易的比例会稍微小一些。暗池解决了先前描述的信任问题，特别是它们满足了大额股票买卖者的需求——没有把自己的一举一动展示给其他人。暗池避免了信息泄露和抢先交易的问题，因为无论是价格还是交易公司的身份都没有显示出来。

电子通信网络（Electronic communications networks，ECNs）是设计出来应对客户对金融中介信任缺失的另一创新。这一网络采用过去流行的方式来处理对经纪交易商的信任缺失，那就是去除这些经纪交易商。顾名思义，这一网络会自动匹配买卖指令，当买入价等于卖出价时就成交。使用这一网络的交易者，包括机构投资者和专业投资者，它们直接在这一网络上相互交易。

信任的缺失也许可以解释金融市场中个人投资者参与的下降和机构投资者参与的上升。金融中介机构惯常地敲诈中等规模的银行和精明的公司财务部门。小额或散户投资者，如果理性的话，或者不信任金融中介机构会公平对待自己的话，干脆拒绝参与市场，除非他们能发现存在没有能力欺骗自己的中介，如共同基金。很多投资者偏好的这类选择品种是指数基金。指数基金是一种自动管理的共同基金：经理人不用靠挑选股票试图战胜市场来主动管理它。相反，指数化的共同基金设计成匹配某一特定指数的收益，如标准普尔500指数，或代表某一分散的资产类别的其他市场指数。

指数基金是一款不错的投资产品，特别是对比其他的主动型管理的基金。很多研究发现，持有指数基金的共同基金组合通常比持有主动型管理的基金获得更高的收益。有一位研究者发现，有证据支持所有指数基金，在所有时间里，对所有投资者都是不可辩驳的、难以抗拒的和相当重要的。

想在这个相当崭新的低信任度的金融环境里生存下来，其他策略包括回避低信任度的证券，如股票；选择高信任度的证券，如债券。不同于股票或股票权益类证券，债券给予其所有者按合同约定的时间间隔、具体本金和利息支付额的法律权利。相对来看，到期时间短的债券将会特别受到喜爱。类似地，公众公司将会有所减少。私有企业和对冲基金将在美国公司中占据更大比例，因为这些大的精明投资者通常自己控制着大多数股份，在所投资的公司董事会中占有席位，他们保护自己的投资靠的是自己的资源和合约，而不是靠租来的声誉中介机构的资源。

也就是说，在一个低信任度的金融世界里驰骋，一个不错的策略是尽可能地让自己远离必须依赖身边那些外表看起来光鲜亮丽，但道德上却面临挑战的金融中介们的劝告。没有人强迫你关注信用评级机构，即使发行人按要求需要雇用它们。同样地，没有人要求投资人必须依赖审计过的财务报表、投资银行的公正观点、律师事务所或任何在本书中讨论过的其他声誉中介机构提供的基于声誉的外表光鲜亮丽的服务。在这个问题上，金融世界的这些君主们现在本应该是光着身子的皇帝了，如果我们还坚持信赖他们的劝告，那就只能怪自己了。

> 在一个低信任度的金融世界里驰骋，一个不错的策略是尽可能地让自己远离必须依赖身边那些外表看起来光鲜亮丽，但道德上却面临挑战的金融中介们的劝告。

监管：新世俗宗教

本书的大部分篇幅都在解释监管对声誉的侵蚀效应。在一个声誉经济学理论完美发挥作用的世界里，没有对监管的需求，是因为没有监管的、非政府的声誉中介，如会计师事务所、信用评级机构、律师事务所和投资银行会保护那些单纯的投资者。同样地，在这样一个世界——一个用纳税人的钱设计出的能够在保护投资者上能完美运行的监管体系中，也不会有为声誉中介付费的需求。每当声誉中介的某一特定群体的声誉遭到打击，或发生重大金融丑闻之时，你都会看到人们的反应是相同的——实施更多的监管。从这里可以清楚地看到监管与声誉两者的关系。公司治理体系的失败，特别是传统上由会计师事务所提供的审计功能的声誉倒塌，很快地催生出《萨班斯－奥克斯利法案》，政府用它来对会计师事务所实施新一轮密集的监管。信用评级机构的倒台以及全美银行业的贪婪与无所顾忌，既导致了 2007 年~2008年金融危机，也触发了《多德－弗兰克法案》的出台，该法案试图应对金融机构不顾后果的风险承担行为所带来的危险，且试图处理信用评级功能的丧失。

美国证监会正丧失其保护资本市场的使命，但它正成功地行使其对那些不幸在美国交易场所公开上市的公司实施严厉监管重任的使命。

传统声誉模型的崩溃在这些严厉的监管举措出台之前，就呈现出来了。但这些新的监管措施看起来并没有改善我们资本市场的健康状况。与此分析相一致的是，有关对美国资本市场缺乏竞争性的研究在 2007年~2008年金融危机爆发之前就已经大量出现。在2006 年 11 月，由 R·格伦·哈伯德（R. Glenn Hubbard）和约翰·桑顿（John Thornton）领导的一家一流的、市场导向的资本监管委员会表示，美国正失去其世界证券市场的主导地位，敦促采取适度的去监管化。接着，在 2007年年初，由纽约参议员查尔斯·舒默（Charles Schumer，不是监管层的朋友）和纽约市市长迈克尔·布隆伯格（Michael Bloomberg）委托的一项研究也令人吃惊地力劝去监管化。2007 年 3 月，由美国商会委托的一个专门小组在一次由当时的美国财务部长亨利·保尔森（Henry Paulson）主持的会议上也把焦点集中于此。美国证券交易委员会这家监督及实施监管措施的实体，现在也成为这一问题的发声体之一，为了争抢媒体的头版头条，它在美国企业中寻找可以高调处理的案子，在其提交的诉案中把声誉信号搅浑，让人看不清。美国证监会正丧失其保护资本市场的使命，但它正成功地行使其对那些不幸在美国交易场所公开上市的公司实施严厉监管重任的使命。

按当前这样的构建，美国证监会存在三项严重的弊端：一是曾经用来评价美国证监会成功的度量指标产生出非常有悖常理的激励动因，这会导致美国证监会的失败，甚至在它认为自己很成功之时；二是美国证监会没有清晰界定的诉讼委托人。换句话说，对于自己应该帮助谁，美国证监会是一无所知；三是源于这一事实，即美国证监会完全由律师来掌管，为数极少的经济学家也被边缘化，于是美国证监会理解不了由一群结构相同的家伙制定出的监管举措会有怎样的经济或金融含义。

回到弊端一，美国证监会最有悖常理的激励动因是它助长资本市场出现危机，并且阻碍（或禁止）发展一套市场机制，这套市场机制有可能选定几个恰当问题交给美国证监会来解决。

只要普遍的观点认为，在危机出现时美国证监会必不可少，而且没有其他更好的手段可替代美国证监会采取的危机干预特别措施，那么，便会产生出对这一委员会的切身需求。具有讽刺意味的是，金融危机出现的越多，美国证监会越可以宣称自己为了管理这样的危机需要更多的资源。

对美国证监会的评价主要是根据其执法部门的执法效率。用美国证监会网站上的话来说："首先，美国证监会是一个法律执行机构。"正如经济社会学家威廉·毕林（William Bealing）观察到的，美国证监会执法部门的活动是赋予这个委员会以存在的合法性，给国会拨付的联邦预算以正当理由。政治学者发现，美国证监会执法的议事日程被有意设计成满足那些负责给美国证监会经费的相关国会领导人的利益。

美国证监会采用聚焦于可度量的因素来满足国会、学术界及新闻界的监督者。特别是，美国证监会的注意力集中于两项因素：（1）它提请的案件总数；（2）它收缴到的罚款总额。提交的案件越多，在某一具体时期收缴的罚金总额越多，美国证监会执法部门员工就被认为业绩越好。这种情况由来已久，但由于美国证监会面临着来自政治投机的州首席检察官，特别是艾略特·斯皮策的政治挑战，这一问题变得更加恶化。

举例来说，在伯纳德·麦道夫金额巨大的庞氏骗局中，对于通风报信者以及某些危险信号提供者的无数线索，美国证监会都没有作出反应，面对外界的批评之声，美国证监会在国会听证会上却说："将 1 月下旬到现在这段时期与 2008 年的同一时期相比，执法部门已经公开了更多的调查案件数（1377 vs 1290）；发出正式调查令的数量增长超过 1 倍（335 vs 143）；提出应急临时管制的数量增长超过 1 倍（57 vs 25）；提出整体方案的数量也出现增长（458 vs 359）。"美国证监会在 2008 年的年报中也类似地强调自己在容易度量的指标上取得的成绩："在 2008 年，美国证监会完成的执法调查数量达到历史的新高，提交的内幕交易案件达到本委员会有史以来的最大值，对市场操纵行为采取执行行动的数量也是创纪录的……"该报告还称："美国证监会在 2008 年还实现了执法行动总数达到本委员会历史第二高的纪录。"

在过去两年里，每一年，美国证监会处理的公司罚款案件数据都是创该委员会的历史新高。其中在第二年，该委员会依据《萨班斯－奥克斯利法案》，动用我们的公平基金权力向受伤害的投资者返还了超过 10 亿美元。为支持这一创纪录的执法活动，美国证监会有超过 1/3 的员工现在服务于执法项目，占美国证监会总人数的比例比过去 20 年的任何时期都要高。

美国证监会在 2008 年投入到执法方面的资金高出该委员会历史上任何时期。在 2008 年，执法员工人数增长了 4%。美国证监会面对的有悖常理的激励动因解释了《纽约时报》的一段描述："在持续不断的批评声中，美国证监会基本不能对公司执行官提出控告，而是选择快速和解，还有就是对公司本身，而不是对公司领导人进行罚款。"美国证监会理性追求的策略是选择快速和解，因为判断其业绩主要根据美国证监会赢得案件的数量（公司不会像个人那样极力为自己辩护，所以美国证监会起诉公司就比起诉个人花费更少的资源）。因此，一旦人们理解美国证监会乐意登记所提请的大量案件以及收缴的罚金时，便会理解美国证监会具有强烈的对全行业，比如共同基金各类成员加以起诉及和解的嗜好，因为它这样做是明智的。

而且，近年来美国证监会试图在政策上寻求扩大法律的外延（这会使它更容易提请诉案），并保持法律的模糊性（比如，拒绝界定内幕交易）。

最后，也是最重要的，美国证监会所追求的政策与其理性人的自我利益相一致，但很清楚的是，从社会角度来看这是次优的。也就是说，它会压缩调查过程，因为全面的调查耗时费钱。在起诉及和解时，它会选择简约的方式，即使真要调查，也不会调查太深。美国证监会会紧盯那些高调的行业大佬——如高盛，而不是低调的骗子——如麦道夫，因为行业大佬更愿意和解。

执法行动数量与罚款规模不是评价美国证监会行为的最好准则，但它们是在社会心理学和行为金融学视角看来可获得的数据。在这两个学科看来，某事物是可获得的，指的是它能容易地从记忆中唤起，或很容易获取到。在决策及社会判断研究中，可获得性直觉是获得最为广泛认可的假设之一。美国证监会（以及国会和公众）聚集于美国证监会提请了多少起案件，收缴了多少美元的罚款，代表的就是行为上的可获得性直觉。与在其他情形中作判断一样，依赖可获得性会导致可预见到的偏差。

因而，近年来，美国证监会表面看来奇怪的行为不完全，甚至不是主要出自腐败或无能。相反，美国证监会只是针对相当奇怪的一套激励体系作出了差不多理性的反应，美国证监会面对的这套激励体系来源于国会的监督者，也来源于其他重要的机制性因素。

其效果便是美国证监会有强烈的动机促成资本市场处在危机中的局面，并回避开展声誉竞争，后者也许才是应该让美国证监会解决的恰当问题。

从 2001 年安然坍塌开始，过去 10 年，美国证监会员工的预算经费就一直处在前所未有的增长中。在 2003 年和 2004 年，美国证监会是唯一一家获得预算大幅增长的联邦机构。事实上，尽管美国证监会的预算在 2000 年～2010 年几乎增至 3 倍，但该委员会的现任主席和高层员工仍在争辩，说要解决近年来出现的一堆失败需要增加对该机构的资金投入。

历史上美国资本市场的实力，以及由世界优秀的会计师事务所、投资银行、商业银行以及律师事务所构成的规模庞大的金融基础设施，很长时期以来都证明了公司及机构声誉的力量。声誉带来信任，信任为创建充满活力的市场提供必要基础。正如本书所言，历史上的声誉模型已经被一个高度无效的、激励劣质的、政府花费巨大的监管模型所取代。这一转变已经削弱并侵蚀了美国的资本市场，降低了它在全球经济中的竞争力。

> 历史上的声誉模型已经被一个高度无效的、激励劣质的、政府花费巨大的监管模型所取代。这一转变已经削弱并侵蚀了美国的资本市场，降低了它在全球经济中的竞争力。

修补企业声誉的一种有效的方式是改变雇员获取回报的方式。经济学家说，人们会对激励机制作出反应。尽管这一论断对某一具体的人不一定成立，但把它用于那帮在华尔街工作的人身上，似乎特别有效。

与现代华尔街做法形成强烈对比的是，2013 年 1 月，投资银行摩根·士丹利停止了向高收入雇员发放当期现金奖金的政策。在每年年初，华尔街的企业像摩根·士丹利和高盛，多年以来都会向交易员、顶级销售员，以及其他薪酬数额位居前列的雇员支付大量的奖金，其数额多少依据银行对其上年提供服务价值的估算。

这一报酬策略的问题是它鼓励短期交易导向和过度的风险承担。如果一名交易员在11月下单交易，直至下一年1月都看起来很好，这位交易员在1月就可以获得一大笔奖金，即使他到4月输得一塌糊涂。另外，虽然这些交易员通常已经是百万富豪，但高昂的奖金数额总是会激励他们做出高风险的交易。哪怕结果很糟糕，但这并不会影响交易员原本的财富，交易员还是会对产生高收益的交易抱有微小的希冀，因为这样做偶尔还是会赚到数千万，甚至数亿美元的钱。

从声誉角度来看，需要的是一些结合的方式，用以将交易员及其他高薪酬雇员的利益与他们所工作的企业利益结合起来，也需要一套薪酬体系让企业中那些目光短浅者极为不适，让那些眼光长远者大受欢迎。也就是说，理想的薪酬计划从长期来看，有助于培植投资银行的声誉，因为它鼓励那些受欢迎的员工留在公司中，也鼓励那些目光短浅者另谋高就。

2013年1月，摩根·士丹利停止给那些薪酬超过35万美元的顶级雇员发放全额现金奖金。2013年5月，不再向公司雇员完全支付现金奖金，改为支付一半的现金，一半的摩根·士丹利的股票，且是从2013年5月到2015年底这段时间内分4期支付。《华尔街日报》在报道这一新政策时说："该政策将打中证券公司那些顶级薪酬交易员和投资银行家的钱夹子"。

摩根·士丹利的这一薪酬安排特别值得称道之处在于，它奖励那些将短期业绩长期化的雇员，这会降低过度的风险承担。我认为，这将有利于这家企业的声誉。正如我对报道这一新闻的《华尔街日报》记者所言："这是巨大的改变。这将会有利于摩根·士丹利的声誉。如果我是一位交易合作方，我会因此而乐意与它做生意。但是我不相信这一做法会持续很久。"

经过整整 4 个月的软磨硬拼，本书译稿终于可以提交了。当初触发自己接手这本书的内容特色，在今天看来愈加凸显：围绕某一主题，结合具体实例，从多学科角度出发，探讨其背后广泛而又深层的机制问题。有点有面，有例有理；不失学理的逻辑求证，又无学术的机械呆板；敢于批评，勇于发声。这样的内容与风格显然是国内少有的。

美国华尔街在当今中国投资人眼里，已经够令人羡慕的了。但在挑剔的学人眼里，仍然存在很多有待改进、甚至病入膏肓的问题。真正的学者，能够在表面的繁荣中看到问题，查找病根，振臂高呼，唤醒良知。这样的"啄木鸟"，何等可贵。也许，正因为有了这样一批人，美国资本市场才能在不断反省、纠错中前行，继续傲立于世界前列，继续率领美国经济领先于世界。

反观中国，在大力发展资本市场的今天，虽有进步，资本市场却将难堪重任。金融市场的健康不容小觑，亟待一个不断进步、不断完善的资本市场，其核心目标是实现资源的优化配置，其实现途径肯定少不了良好的声誉与监管机制。要构建这样的机制，任重而道远。如何构建，必须理清头绪，明白事理。他山之石，无疑会提供不可多得的启示。

本译稿的部分章节得到了几位帮手的协助，李威及林尚研分别提供了第 7 章、第 8 章的初稿，杨庆森提供了第 10 章及第 11 章的初稿，感谢这几位的大力协助。本书其余章节的初译及所有内容的修改校对工作均由本人承担，翻译中存在的所有问题，也理所当然地应由本人负责。最后，感谢李克军、汤和平、杨丹丹、汤泰萌、杨诗晴在本书翻译过程中给予的支持和帮助。

愿本书能为中国资本市场的健康成长有所贡献。

汤光华

中山大学管理学院副教授

　　经过整整 4 个月的软磨硬拼，本书译稿终于可以提交了。当初触发自己接手这本书的内容特色，在今天看来愈加凸显：围绕某一主题，结合具体实例，从多学科角度出发，探讨其背后广泛而又深层的机制问题。有点有面，有例有理；不失学理的逻辑求证，又无学术的机械呆板；敢于批评，勇于发声。这样的内容与风格显然是国内少有的。

　　美国华尔街在当今中国投资人眼里，已经够令人羡慕的了。但在挑剔的学人眼里，仍然存在很多有待改进、甚至病入膏肓的问题。真正的学者，能够在表面的繁荣中看到问题，查找病根，振臂高呼，唤醒良知。这样的"啄木鸟"，何等可贵。也许，正因为有了这样一批人，美国资本市场才能在不断反省、纠错中前行，继续傲立于世界前列，继续率领美国经济领先于世界。

　　反观中国，在大力发展资本市场的今天，虽有进步，资本市场却将难堪重任。金融市场的健康不容小觑，亟待一个不断进步、不断完善的资本市场，其核心目标是实现资源的优化配置，其实现途径肯定少不了良好的声誉与监管机制。要构建这样的机制，任重而道远。如何构建，必须理清头绪，明白事理。他山之石，无疑会提供不可多得的启示。

　　本译稿的部分章节得到了几位帮手的协助，李威及林尚研分别提供了第 7 章、第 8 章的初稿，杨庆森提供了第 10 章及第 11 章的初稿，感谢这几位的大力协助。本书其余章节的初译及所有内容的修改校对工作均由本人承担，翻译中存在的所有问题，也理所当然地应由本人负责。最后，感谢李克军、汤和平、杨丹丹、汤泰萌、杨诗晴在本书翻译过程中给予的支持和帮助。

　　愿本书能为中国资本市场的健康成长有所贡献。

汤光华

中山大学管理学院副教授

北京阅想时代文化发展有限责任公司为中国人民大学出版社有限公司下属的商业新知事业部，致力于经管类优秀出版物（外版书为主）的策划及出版，主要涉及经济管理、金融、投资理财、心理学、成功励志、生活等出版领域，下设"阅想·商业"、"阅想·财富"、"阅想·新知"、"阅想·心理"以及"阅想·生活"等多条产品线。致力于为国内商业人士提供涵盖最先进、最前沿的管理理念和思想的专业类图书和趋势类图书，同时也为满足商业人士的内心诉求，打造一系列提倡心理和生活健康的心理学图书和生活管理类图书。

阅想·财富

《柯氏股票投资心经：盈利趋势跟踪技巧与工具》

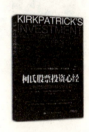

- 《柯氏股票投资心经》的作者是全球知名技术分析专家、技术分析领域第一宝典《经典技术分析》作者小查尔斯·D·柯克帕特里克。
- 集世界最具影响力技术分析师五十年心血之大成的高效股票投资绝招，引领你在股市中认清事实，找到投资方向，从股市中真正赚到钱。

《众筹：互联网融资权威指南》

- 第一部全面深刻剖析互联网融资问题、重塑投资者关系的专业权威著作。
- 汇集了欧美众筹界大腕、众筹业内权威专家以及美国众筹法案起草参与者的真知灼见。
- 清华五道口互联网金融丛书之一。
- 清华大学五道口金融学院未央研究、众筹网创始人孙宏生、88众筹网联合创始人刘锐 作序联袂推荐。

《幸福资本论：为什么梵高受穷，毕加索却很富有》

- 幸福资本＝正确的金钱观＋个人信用的货币化。
- 这不是一本指导你如何成为有钱人的书，却能帮你揭穿金钱的真相。
- 学会创造价值换取财富，提升幸福指数。

图书在版编目（CIP）数据

声誉至死：重构华尔街的金融信用体系/（美）梅西著；汤光华译.—北京：中国人民大学出版社，2015.4

ISBN 978-7-300-21125-1

Ⅰ.①声… Ⅱ.①梅… ②汤… Ⅲ.①金融—信用—研究—美国 Ⅳ.①F837.12

中国版本图书馆 CIP 数据核字（2015）第075139号

声誉至死：重构华尔街的金融信用体系

［美］乔纳森·梅西 著

汤光华 译

Shengyu Zhisi: Chonggou Huaerjie De Jinrong Xinyong Tixi

出版发行	中国人民大学出版社	
社　　址	北京中关村大街31号	**邮政编码**　100080
电　　话	010–62511242（总编室）	010–62511770（质管部）
	010–82501766（邮购部）	010–62514148（门市部）
	010–62515195（发行公司）	010–62515275（盗版举报）
网　　址	http:// www. crup. com. cn	
	http:// www. ttrnet. com（人大教研网）	
经　　销	新华书店	
印　　刷	北京中印联印务有限公司	
规　　格	170 mm×230 mm　16开本	**版　　次**　2015 年 6 月第 1 版
印　　张	14.75　插页1	**印　　次**　2015 年 6 月第 1 次印刷
字　　数	222 000	**定　　价**　55.00元